Prozessuale Meistbegünstigung im völkerrechtlichen Investitionsschutz

Schriftenreihe der August Maria Berges Stiftung für Arbitrales Recht

Herausgegeben von Dr. Hubertus W. Labes

Band 20

PETER LANG
Frankfurt am Main · Berlin · Bern · Bruxelles · New York · Oxford · Wien

Carsten Schmidt

Prozessuale Meistbegünstigung im völkerrechtlichen Investitionsschutz

PETER LANG
Internationaler Verlag der Wissenschaften

Bibliografische Information der Deutschen Nationalbibliothek
Die Deutsche Nationalbibliothek verzeichnet diese Publikation in der Deutschen Nationalbibliografie; detaillierte bibliografische Daten sind im Internet über <http://www.d-nb.de> abrufbar.

Zugl.: Münster (Westfalen), Univ., Diss., 2008

D 6
ISSN 1435-4748
ISBN 978-3-631-58356-2

www.peterlang.de

Vorwort

Die vorliegende Arbeit lag der rechtswissenschaftlichen Fakultät der Westfälischen Wilhelms-Universität Münster im Sommersemester 2007 vor. Das Manuskript wurde im Mai 2007 abgeschlossen.

Mein Dank gilt zuerst meinem Doktorvater Herrn Prof. Dr. Christian Walter, der mir bei Auswahl und Bearbeitung des Themas größtmögliche Freiheit ließ und doch trotz größerer Entfernung nie den Kontakt zu Autor und Arbeit verlor. Herrn Prof. Dr. Christoph Ohler LL.M. (Brügge) bin ich für die zeitnahe Erstellung des Zweitgutachtens und seine weitergehende Unterstützung, insbesondere in Fragen der Veröffentlichung, verbunden.

Besonderer Dank für ausgiebige Diskussionen, wertvolle Anregungen und stets ein offenes Ohr gilt PD Dr. Marc Bungenberg LL.M. (Lausanne). Ohne ihn wäre diese Arbeit nicht in der vorliegenden Form entstanden. Gleiches gilt für Herrn Dr. Peter Gnam, der durch seine Erfahrung auf Seiten Siemens im Verfahren gegen Argentinien die Arbeit kritisch zu würdigen und damit zu vervollkommnen wusste.

Ferner danke ich Prof. Dr. Michael Brenner der mir neben meiner Lehrstuhltätigkeit ausreichend Raum und Freiheit zur Erstellung dieser Arbeit eingeräumt hat.

Der August-Maria-Berges Stiftung für Arbitrales Recht habe ich weiterhin für die Aufnahme in die Schriftenreihe der Stiftung und den damit verbundenen Druckkostenzuschuss zu danken, ohne den die Arbeit nicht in dieser Form hätte veröffentlicht werden können.

Da eine derartige Aufzählung notgedrungen unvollständig sein muss, sei hier auch denjenigen gedankt, deren namentliche Erwähnung den Rahmen des Vorwortes gesprengt hätte.

Schließlich und vor allem danke ich meiner Familie, die mich – nicht nur – während des Erstellens dieser Arbeit ertragen sondern auch immer wieder motiviert und unterstützt hat, für ihr Verständnis, Anregungen, Diskussionen und Korrekturen.

Jena, im Mai 2008 Carsten Schmidt

Inhaltsverzeichnis

> "Words do have a limited range of meaning, and no interpretation that goes beyond that range is permissible."
>
> Justice Antonin Scalia, United States Supreme Court, 1995

A. Einleitung

Bilaterale Investitionsschutzverträge (BITs) bilden mit ca. 2500 Verträgen weltweit[1] nach dem Scheitern der OECD-Bemühungen zur Schaffung eines multilateralen Investitionsschutzabkommens (MAI)[2] im Oktober 1998 bis auf weiteres den rechtlichen Rahmen der Behandlung und des Schutzes ausländischer Direktinvestitionen[3]. Die hier regelmäßig anzutreffende Meistbegünstigung (*most-favoured-nation-treatment*) kam ursprünglich in Verträgen über Freundschaft, Handel und Schifffahrt, den direkten Vorläufern der BITs, auf[4]. Diese Verträge dienten vor allem den USA dazu, durch wirtschaftliche wie militärische Integration umfassende Netzwerke zu errichten[5]. Meistbegünstigung gehört zum harten Kern des bilateralen Investitionsschutzes und ist neben Inländerbehandlung (*national treatment*), dem Gebot einer gerechten und billigen Behandlung (*fair-and-equitable-treatment*) sowie dem Enteignungsschutz (*expropriation*) in nahezu jedem Investitionsschutzvertrag enthalten. Zweck des (materiellen) Schutzstandards ist es, ein gutes Investitionsklima zu erzeugen, um den Meistbegünstigung gewährenden Staaten Vorteile im Wettbewerb um ausländische (Direkt)Investitionen zu sichern[6]. Ist diese materielle Wirkung im Einzelfall auch umstritten, lässt sich doch zumindest ein einheitliches System erkennen, an dessen grundsätzlicher Konstruktion keine Zweifel bestehen.

---

1 *UNCTAD* World Investment Report 2006, S. 26.

2 *Karl* RIW 1998, 432 ff.

3 Vitzthum/*Dolzer* Völkerrecht IV Rn. 49.

4 *Herdegen* IntWiR § 21 Rn. 7; *Blumenwitz* Treaties on Friendship, Commerce and Navigation EPIL IV, 953 (954).

5 *Sornarajah* Foreign Investment S. 209.

6 *Karl* in Baur/Hobe Rechtsprobleme S. 47.

Diese Regeln zur Anwendung von Meistbegünstigungsklauseln sind als *like circumstances* und *ejusdem generis* bekannt[7]. Wird ein Vorteil vergleichbaren Investoren eines Drittstaates oder deren Investition gewährt, muss diese Besserstellung unter gleichen Umständen auch Angehörigen des anderen Vertragsstaates bzw. deren Investitionen zuteil werden. Dies gilt jedoch nur, solange es sich bei der gewährten Vergünstigung auch um eine Materie handelt, die im Gegenstand des gewährenden Vertragswerks erfasst ist[8]. Ob diese Konstruktion allerdings auch auf prozessuale Vergünstigungen Anwendung findet, wird auf dem Gebiet des Investitionsschutzes lebhaft diskutiert.

Gerade hier ist seit der Zuständigkeits-Entscheidung eines ICSID-Tribunals in *Maffezini v. Kingdom of Spain* vom 25. Januar 1999[9] die Zulässigkeitsfrage besonders entbrannt. Das Tribunal befürwortete die generelle Ausdehnung der Wirkung von Meistbegünstigungsklauseln auf Verhandlungsfristen nach der Schiedsklausel eines BIT und damit auf prozessuale Regeln. Ob tatsächlich von entsprechenden Wirkungen auszugehen ist, auf welche Regelungen im Rechtsschutzsystem der BITs sich Meistbegünstigung erstreckt und wie man deren immanenter Gefahr einer Aushöhlung des detaillierten Vertragssystems durch den Import isolierter Vergünstigungen (*treaty shopping*) begegnet, hat seitdem in mehreren Schiedssprüchen eine zentrale Rolle gespielt. Grundlage dieser Entwicklung war eine übertragende Wertung zweier IGH-Fälle[10] sowie insbesondere des Schiedsspruchs im *Ambatielos*-Fall[11].

Die stark gegenläufigen Positionen argumentieren im Spannungsverhältnis zwischen dem Zweck der Investitionsförderung einerseits und der Bewahrung eines detailliert ausgehandelten Vertragssystems andererseits. Ablehnende Tribunale sehen in der auch von Befürwortern anerkannten Gefahr eines *disruptive treaty shopping* das schlagende Argument gegen prozessuale Meistbegünstigung. Die Vertreter einer weiten, auch prozessuale Vergünstigungen erfassenden, Meist-

---

7 *Dolzer* FS Ress S. 47; *Ustor* Most-Favoured-Nation-Clause EPIL III, 468 (471 f.); *Sacerdoti* RdC 1997 (269), 251 (345 ff.); *Dolzer/Stevens* BITs S. 66.

8 *Dolzer/Bloch* Hdb WirtR Abschnitt J Rn. 82.

9 *Emilio Augustin Maffezini v. The Kingdom of Spain*, Case No. ARB/97/7, Decision on Jurisdiction 25. Januar 2000.

10 *Anglo-Iranian Oil Co. Case* (Preliminary Objections) Urteil vom 22. Juli 1952, ICJ Rep. 1952, 93 ff. und *Rights of Nationals of the United States of America in Morocco* Urteil vom 27. August 1952, ICJ Rep. 1952, 176 ff.

11 *Ambatielos Claim* (Greece v. United Kingdom) Schiedsspruch vom 6. März 1956, ILR 23, 306 ff.

begünstigung halten diesem Einwand die Schaffung eines günstigen Investitionsklimas als Zweck der betreffenden Verträge entgegen. Diesem werde durch die Eröffnung weit reichender Durchsetzungsmechanismen deutlich effektiver zur Geltung verholfen. Dem Nutzen adäquater Durchsetzungsmechanismen wird jedoch gleichzeitig durch die Definition spezifischer Ausnahmetatbestände ein Korrektiv beigefügt, das den angeführten Bedenken Rechnung tragen soll.

Neben den konzeptionellen Gegensätzen betrafen die bisherigen Schiedssprüche lediglich zwei Konstellationen, die aber inhaltlich übereinstimmend entschieden wurden. So erkannten die ersten Schiedssprüche *Maffezini* und *Siemens v. The Argentine Republic*[12] für die Verkürzung einer prozessualen Wartefrist mittels Meistbegünstigung auf deren Zulässigkeit. *Siemens* tat sich hier durch eine weite Gewährung des Vergünstigungsimportes hervor, die später in *Plama Consortium Ltd. v. Republic of Bulgaria*[13] überaus deutlich kritisiert wurde. Wie auch in *Salini and Italstrade v. The Hashemite Kingdom of Jordan*[14] sprach sich das dortige Tribunal beim Import einer ICSID-Zuständigkeit via Meistbegünstigung gegen deren Zulässigkeit aus. Die beiden Grundkonzepte wurden in der nachfolgenden Tribunalpraxis als nebeneinander bestehende Ansätze fortgeführt[15]. Die Auswirkungen der Meistbegünstigung im Streitbeilegungsmechanismus bilateraler Investitionsschutzabkommen unterliegen damit zurzeit weder einem klaren noch einheitlichen Regime. Gerade die inhaltliche Weite der in völkerrechtlichen Verträgen verwendeten Generalklauseln, die zu lediglich vermeintlicher Konsensbildung führen[16], hat an dieser im Ergebnis unerwünschten Situation maßgeblichen Anteil.

---

12 *Siemens AG v. The Argentine Republic*, Case No. ARB/02/8, Decision on Jurisdiction 3. August 2004.

13 *Plama Consortium Limited v. Republic of Bulgaria*, Case No. ARB/03/24, Decision on Jurisdiction 8. Februar 2005.

14 Salini Costruttori S.p.A. and Italstrade S.p.A. v. The Hashemite Kingdom of Jordan, Case No. ARB/02/13, Decision on Jurisdiction 29. November 2004.

15 Vgl. zum einen *Gas Natural SDG S.A. v. Republic of Argentina*, Case No. ARB/03/10, Award on Jurisdiction 17. Juni 2005; *National Grid PLC v. Republic of Argentina*, UNCITRAL Arbitration, Decision in Jurisdiction 20. Juni 2006; *Suez, Sociedad General de Aguas de Barcelona S.A., and InterAguas Servicios Integrales del Agua S.A. v. Argentina*, Case No. ARB/03/17, Decision on Jurisdiction 16. Mai 2006 und andererseits *Telenor Mobile Communications A.S. v. The Republic of Hungary*, ARB/04/15, Award 13. September 2006.

16 *Dolzer* FS Eitel S. 295 f.

Allein in Anbetracht der im Investitionsschutz regelmäßig erreichten Streitwerte stellt die aktuelle Lage damit einen Zustand dar, der dem Zweck der Rechtssicherheit durch die Schaffung von Investitionsschutzinstrumenten abträglich ist. Die Antizipation eingegangener Risiken wird merklich erschwert. Das sorgt für höheres Streitpotential und unnötige Unsicherheit, da nach einer vermeintlichen Einigung auf Staatenebene die Probleme, die durch den Abschluss der Investitionsschutzinstrumente eigentlich vermieden werden sollten, auf eine spätere Ebene verlagert werden. Folglich muss eine Lösung des Problems gefunden werden, die sowohl dem Interesse der Investoren nach Rechtssicherheit und Schutz ihrer Vermögenswerte, als auch dem Interesse der Anlagestaaten an kalkulierbarem Souveränitätsverlust beim Abschluss von BITs gerecht wird.

Dass sich die gegensätzlichen, unterschiedliche prozessuale Aspekte betreffenden Auffassungen im Ergebnis zu einem einheitlichen Konzept zusammenfassen ließen, scheint einzig insoweit denkbar, als beide trotz aller dogmatischen Gegensätze im *treaty shopping* eine beachtsame Gefahr für den ursprünglichen Parteiwillen sehen, die es zu begrenzen gelte. Der Konsens beschränkt sich somit darauf, dass ein konkreter Parteiwille nicht vorbehaltlos der Meistbegünstigung „geopfert“ werden dürfe. Dessen jeweilige Berücksichtigung als Grenze genereller Meistbegünstigung oder Auslegungsregel für ein restriktives Verständnis der Klausel insgesamt bleibt jedoch Wesensmerkmal der bestehenden Uneinigkeit. Neben dieser zumindest kleinen Gemeinsamkeit darf jedoch nicht aus dem Auge verloren werden, dass auch die Begründung des Ausnahmesystems in *Maffezini* zur umfassenden Auseinandersetzung mit prozessualer Meistbegünstigung nicht unreflektiert übernommen werden darf[17].

Die angestrebte einheitliche dogmatische Lösung muss zumindest im Rahmen eines allgemeinen Verständnisses von Rechtssicherheit den Zweck erfüllen, Vertragsparteien und Investoren eine Richtlinie zu geben, mit deren Hilfe die prozessuale Wirkung von Meistbegünstigungsklauseln handhab- und kalkulierbar wird. Dass aber selbst ein solch grundlegendes System keine Auslegungsergebnisse im konkreten Einzelfall vorwegnehmen kann, lässt sich schon wegen des unterschiedlichen Wortlauts der Klauseln in der kaum überschaubaren Zahl internationaler Investitionsschutzabkommen nicht vermeiden. Dennoch wird eine einheitliche systematische Konzeption helfen, die bestehenden Unwägbarkeiten abzumildern. Diese Vorteile ergeben sich sowohl für den Staat als Empfänger der Investition, der durch eine entsprechende Ausgestaltung der Meistbegünstigungsklauseln seiner BITs und deren prozessualen Unterbaus sicherstellen

---

17 *Gaillard* NYLJ (Vol. 233) No. 105.

kann, keine unangenehmen Überraschungen zu erleben, wie auch für den Investor, der sich schon zum Zeitpunkt der Investition relative Klarheit über den späteren Zugang zu gerichtlichen und außergerichtlichen Streitbeilegungsforen und -mechanismen verschaffen kann.

Um dieser Vorgabe gerecht zu werden, ist es notwendig, die Interpretation von Meistbegünstigungsklauseln einem dogmatisch einheitlichen Konzept zu unterwerfen. Als Anhaltspunkte werden hier die im Eingang skizzierten Ansätze der verschiedenen Tribunale herangezogen. Zur Erarbeitung und Begründung bedarf es aber mehr als einer (aus Gründen der *judicial economy* nachvollziehbaren) zusammenfassenden Auseinandersetzung mit dem vorhandenen allgemeinen und speziellen Fallmaterial. Ebenso muss den allgemeinen Grundsätzen zur Behandlung von Meistbegünstigungsklauseln sowie anerkannten Regeln zur Auslegung völkerrechtlicher Verträge Beachtung geschenkt werden.

Ziel dieser Arbeit ist es zu untersuchen, ob eine der auf Seiten der Tribunale vorgeschlagenen Konzeptionen die zutreffende Antwort auf die Fragen prozessualer Meistbegünstigung gibt. Wenn dies nicht der Fall ist, muss unter Berücksichtigung des Ausgangsmaterials ein eigenes Konzept entwickelt werden, das den Anforderungen der Systemstimmigkeit und Rechtssicherheit gerecht wird. Als Ausgangspunkt ist es dazu notwendig, sich des Gegenstandes prozessualer Meistbegünstigung in Abgrenzung zu deren materieller Wirkung bewusst zu werden. Danach sollen die Regeln zur Auslegung völkerrechtlicher Verträge allgemein und speziell mit Blick auf Meistbegünstigungsklauseln im Investitionsschutz und anderen Gebieten des internationalen Wirtschaftsrechts untersucht werden. Vor diesem Hintergrund wird eine Analyse des vorhandenen Fallrechts zu prozessualer Meistbegünstigung im allgemeinen Völkerrecht unternommen; schließlich folgt die Darstellung und Analyse des spezifisch investitionsschutzrechtlichen Fallmaterials. Die im Gang der Untersuchung gewonnenen Erkenntnisse sollen einen Vergleich zu den allgemeinen Regeln materieller wie eventuell prozessualer Meistbegünstigung erlauben. Anhand des gesammelten Materials wird am Ende der Untersuchung eine Konzeption stehen, die Richtlinien aufstellt, anhand derer die Zulässigkeit prozessualer Meistbegünstigung dogmatisch konsistent über den Einzelfall hinaus beantwortet werden kann, ohne jedoch alle vorhandenen BITs auf den Wortlaut ihrer Meistbegünstigungsklausel zu untersuchen.

B. Definition prozessualer Meistbegünstigung

Die Meistbegünstigung vermittelt als ausfüllungsbedürftiger Schutzstandard einen Anspruch auf Nichtdiskriminierung[18]. Dieses Reflexrecht zeichnet sich dadurch aus, dass Vorteile wie Zollsenkungen, Steuervergünstigungen oder Marktzugangsrechte mit ihrer einmaligen Gewährung gegenüber einem Drittstaat oder dessen Staatsangehörigen ebenso an den meistbegünstigten Staat bzw. dessen Bürger weitergegeben werden müssen[19]. Diese grundlegende rechtliche Konstruktion ist, was die genannten rein materiellen Standards betrifft, unbestritten[20].

In der schiedsgerichtlichen Praxis kam jedoch die Frage auf, ob sich Meistbegünstigung in der Gewährung materieller Vorteile erschöpft oder darüber hinaus auch prozessuale Auswirkungen hervorbringt. Um diese Frage zu beantworten, bedarf es einer Darstellung der Funktion des Meistbegünstigungsstandards und der grundlegenden Klärung, wodurch sich prozessuale und materielle Meistbegünstigung tatsächlich unterscheiden. Eine erste Vorstellung zur prozessualen Wirkung des Meistbegünstigungsstandards soll hierbei ein knapper Überblick über die vier wesentlichen investitionsschutzrechtlichen Fälle liefern, ohne deren späterer Analyse vorzugreifen. Danach wird ein weiterer Schritt die systematische Definition eines Begriffes prozessualer Meistbegünstigung ins Auge fassen. Diese Definition soll die aus materieller Meistbegünstigung bekannten Merkmale in eine generelle Konzeption der Abgrenzung materieller und prozessualer Völkerrechtssätze integrieren und beide zu einem einheitlichen Begriff prozessualer Meistbegünstigung verbinden.

I. Meistbegünstigung

Die folgende Darstellung beleuchtet die Systematik der Meistbegünstigungswirkung unabhängig von einer Einordnung der betroffenen Materie als prozessual oder materiell.

---

18 Vitzthum/*Dolzer* Völkerrecht IV Rn. 19.

19 *Herdegen* IntWir § 21 Rn. 17 ff.

20 Vgl. die Entwicklung der Meistbegünstigung als materieller Standard z. B. *Banz* Eigentumsschutz S. 67 f. oder *Alenfeld* Investitionsförderungsverträge S. 62 ff..

1. Direkte Wirkung ohne Mediatisierung durch den Heimatstaat

Traditionell handelt es sich bei den Begünstigten völkerrechtlicher Verträge um Staaten. Diese können als klassische Subjekte des Völkerrechts Rechte und Pflichten aus Verträgen herleiten[21]. Folglich wird der Einzelne durch gewöhnliche Meistbegünstigungsklauseln lediglich mediatisiert über seinen Heimatstaat geschützt[22]. Diese Einschränkung trifft z. B. auf den wohl bekanntesten Fall der Meistbegünstigung in Art. I GATT zu[23].

Eine Besonderheit bildet hier die investitionsschutzrechtliche Ausgestaltung. Entgegen der klassischen Doktrin ist der Investor unter dem BIT-Regime häufig direkter Begünstigter eines Schutzstandards. Er ist nicht Vertragspartei, gleichwohl gewähren sowohl BITs als auch NAFTA dem Investor regelmäßig einen eigenen Mechanismus zur Geltendmachung verletzter Rechte[24]. Es bedarf mithin nicht des Umwegs über die Verletzung des Heimatstaates, um den verletzenden Drittstaat zur Rechenschaft zu ziehen[25]. Diese Ausgestaltung verselbständigt den Investor als Träger eines eigenen parallelen Rechtes gegenüber seinem Heimatstaat, da ihm gleichwertige Durchsetzungsmittel an die Hand gegeben werden[26]. Der verfolgte Zweck, die Beachtung und Durchsetzung verbriefter Rechte von politischen Beziehungen zu lösen[27], unterstreicht hierbei, dass der Einzelne keinesfalls nur in Prozessstandschaft seines Heimatstaates tätig wird, sondern die betreffenden Rechte ihm selbst zustehen[28].

2. Rechtliche Konstruktion

Wird Meistbegünstigung gewährt, lässt sich aus dieser Gewährung noch kein konkretes Recht ableiten. Es handelt sich vielmehr um eine ausfüllungsbedürfti-

---

21 *Brownlie* International Law S. 58 f.

22 *Ustor* Most-Favoured-Nation-Clause EPIL III, 468 (468).

23 *Dolzer* FS Eitel S. 292.

24 *Dolzer/Stevens* BITs S. 130.

25 *Füracker* SchiedsVZ 2006, 236 (238 f.).

26 Ipsen/*Epping* Völkerrecht § 7 Rn. 5.

27 *Garcia* FJIL 16 (2004), 301 (316 f.).

28 *Sornarajah* Foreign Investment S. 250; *Parra/ Shihata* ICSIDRev. 12 (1997), 287.

ge Regelung, die in ihrer Wirkung von rechtlichen oder tatsächlichen Gegebenheiten zugunsten eines Drittlandinvestors abhängig ist. Mittels Meistbegünstigung wird lediglich ein Nichtdiskriminierungsstandard festgelegt, dessen Ausmaß sich erst durch die Gegenüberstellung mit der Situation eines vergleichbaren Drittländers konkretisieren lässt. Der Schutz ist folglich kein absolutes Recht[29], sondern vielmehr ein abhängiges „Reflexrecht"[30]. Es kann aus diesem lediglich ein relatives Recht auf Gleichbehandlung abgeleitet werden, aus dessen Übersetzung dann ein unmittelbarer Anspruch als Teilhaberecht realisiert werden kann[31].

a) Like circumstances

Der Vergleichbarkeitsmaßstab ist aus dem Welthandelsrecht unter dem Begriff der *like products* in Art. I GATT bekannt. Er fußt auf der Einstufung der Meistbegünstigung wie auch der systematisch vergleichbaren Inländerbehandlung[32] als relative Schutzstandards. Die Vergleichbarkeitsprüfung stellt sicher, dass nur dann Vorteile zu gewähren sind, wenn die Begünstigten des Drittstaates den benachteiligten Investoren vergleichbar sind[33]. Die Differenzierung nach Vergleichbarkeit trägt damit neben der Begrifflichkeit selbst ein Rechtfertigungselement, das es gestattet, zwischen unterschiedlichen Gruppen soweit zu differenzieren wie es deren Unterschiedlichkeit trägt, ohne hierfür ergänzende Gründe anzuführen. Andernfalls wäre eine inhaltlich unbegrenzte Ausweitung gewährter Privilegierung zu befürchten, die Besonderheiten in der Person des Begünstigten nicht mehr gerecht würde. So kann beispielsweise der Hersteller militärisch sensibler Software nicht identischen kartellrechtlichen Offenlegungsbestimmungen bzgl. des Quellcodes seiner Software unterworfen werden, wie dies für Microsofts Massenprodukte der Windows-Reihe notwendig ist.

---

29 Vitzthum/*Dolzer* Völkerrecht IV Rn. 19.

30 *Kramer* RIW 1989, 473 (475).

31 *Kramer* RIW 1989, 473 (476).

32 *Dolzer/Stevens* BITs S. 63.

33 Vitzthum/*Dolzer* Völkerrecht IV Rn. 19.

b) Ejusdem generis

Damit die Vermittlung einer Besserstellung inhaltlich nicht grenzenlos ausgeweitet wird, unterliegt die Meistbegünstigung des weiteren einer Beschränkung auf die Materie des Grundvertrages[34]. Es muss festgestellt werden, in welchem regelungssystematischen Zusammenhang die Anwendung der Meistbegünstigung garantiert wird. Selbiger ergibt sich aus dem Verwendungszusammenhang des die Klausel enthaltenden Werks[35]. Die Materie eines privilegierenden Drittvertrags ist hingegen nicht relevant[36]. Stellt sich heraus, dass Meistbegünstigungsklausel und streitgegenständliche Begünstigung unterschiedliche Rechtsmaterien betreffen, bedeutete eine Gestattung der Meistbegünstigung die Ausweitung über den Anwendungsbereich hinaus und damit eine systemwidrige Überdehnung[37]. Handelt es sich jedoch um korrespondierende Regelungsgegenstände, müssen die relevanten Regelungen einer vergleichenden Wertung unterzogen werden. Damit kann erst nach der Bestimmung des Regelungsgegenstandes analysiert werden, welche vermeintlich günstigere Regelung dem Drittstaat bzw. dessen Angehörigem zuteil wurde[38].

Den Regelungszusammenhang bildet im Investitionsschutzrecht gewöhnlich die Behandlung einer getätigten Investition[39] oder desjenigen, der eine Investition getätigt hat (Investor)[40]. In Ausnahmefällen wird die Wirkung von Meistbegünstigungsklauseln auch auf Vorbereitungshandlungen zur Tätigung einer Investition, also insbesondere den Marktzugang und die Konzessionsvergabe, erstreckt[41]. Diese, hauptsächlich von den USA unternommene Praxis, stellt jedoch die Ausnahme dar[42]. Entsprechende Zurückhaltung wird zum einen im damit

---

34 *Ebenroth* Gestaltung Rn. 842.

35 MTD Equity Sdn. Bhd. and MTD Chile S.A. v. Republic of Chile, Case No. ARB/01/7, Award 25 Mai 2004, Par. 104.

36 *Karl* RIW 1989, 473 (475 f.).

37 *Dolzer/Stevens* BITs S. 66.

38 *ADF Group Inc. v. USA*, Case No. ARB/AF/00/1 (NAFTA) 9. Januar 2003, Par. 193; *Kramer* RIW 1989, 474 (478).

39 Mustervertrag BRD Art. 3 (1).

40 Mustervertrag BRD Art. 3 (2).

41 *Karl* in Baur/Hobe Rechtsprobleme S. 46.

42 *Zampetti/Sauvé* Research S. 220 f.

einhergehenden Souveränitätsverzicht zu sehen sein[43], dessen Konsequenz eine deutlich geringere Kontrolldichte beim Zugang zu lokalen Märkten wäre. Des Weiteren offenbart sich auch für die Konzessionsvergabe ein besonderes Spannungsverhältnis im Bezug auf die Wertung neuer Erkenntnisse z. B. bzgl. der Umweltverträglichkeit, des technischen Standes und oder öffentlicher Akzeptanz eines Projektes wie dies z. B. auf die friedliche Nutzung der Kernenergie in Deutschland zutrifft. Zwar können derartige Umstände eventuell ein Abweichen vom Nichtdiskriminierungsstandard unter dem Gesichtspunkt *unlike circumstances*[44] tragen, sicher ist dies jedoch nicht. Im multilateralen Wirtschaftsvölkerrecht hingegen sind Marktzugangsregelung häufiger z. B. in der Wahlmöglichkeit des Art. XVI:1 GATS sowie der Anordnung durch Art. 1103 (2) NAFTA und Art. 10 (4) ECT anzutreffen.

c) Weitere Voraussetzungen

Wird einem Drittlandinvestor Inländerbehandlung zugesichert, kann eine Meistbegünstigungsklausel auch als Vehikel zu deren Import dienen. Damit wird im Ergebnis eine fehlende Inländerbehandlung korrigiert[45], selbst wenn eine Auslassung letzterer wegen ihres ebenfalls wirtschaftsvölkerrechtlich gefestigten Status unwahrscheinlich ist.

Schließlich muss noch auf die aus dem allgemeinen Völkerrecht bekannte Reziprozität[46] und die Bedingung von Meistbegünstigungsklauseln hingewiesen werden. Reziprozität fordert, dass eine erfasste Vergünstigung nur soweit gewährt wird, wie sie eine beanspruchende Vertragspartei selbst gewährt[47]. Eine solche Regelung ist im Investitionsschutz jedoch kaum mehr anzutreffen[48]. Die Verträge stellen vielmehr auf die Gewährung tatsächlicher Vergünstigungen gegenüber Dritten ab, ohne einzuschränken, inwieweit diese vom Vertragspartner ebenfalls gewährt wird. Meistbegünstigungsklauseln in Investitionsschutzverträ-

43 *Sornarajah* Foreign Investment S. 308.

44 *Karl* in Baur/Hobe Rechtsprobleme S. 48.

45 *Dolzer/Stevens* BITs S. 66, wobei diese Konstruktion trotz geringer praktischer Relevanz nicht unbestritten war.

46 *Ipsen* Völkerrecht § 1 Rn.11.

47 *Ustor* Most-Favoured-Nation-Clause EPIL III, 468 (469).

48 *Mustervertrag BRD* Art.3 (1), (2).

gen sind darüber hinaus regelmäßig unbedingt[49]. Hiervon ist auszugehen, wenn der versprechende Staat vom empfangenden Staat keine Gegenleistung für die Einräumung von Meistbegünstigung fordert.

3. Bestimmung der Begünstigung

Die Reichweite der Meistbegünstigung dreht sich um Wirkung und Ausmaß einer vergleichsrelevanten Besserstellung. Meistens wird es sich im Investitionsschutz dabei um die Vorgaben eines anderen BIT handeln. Darüber hinaus ist jedoch auch eine anderweitig z. B. durch Administrativpraxis gewährte tatsächliche Vergünstigung wie der Verzicht auf Steuerrückforderungen oder der unterlassene Widerruf einer Genehmigung denkbar, solange diese in den Anwendungsbereich des Ausgangsvertrages fallen. Seitens Privater eingeräumte Vorteile sind von der Meistbegünstigung hingegen nicht umfasst[50], da lediglich der Staat Verpflichteter aus dem Investitionsschutzvertrag ist[51].

Als relevanter Vergleichsmaßstab der Besserstellung wurde regelmäßig der durchschnittliche Drittlandinvestor herangezogen[52]. Einzig im Zusammenhang des Art. 1102 (1) NAFTA kam es, wie teilweise in der Literatur vertreten[53], zur Heranziehung des am besten gestellten Drittländers[54]. Zwar weisen Meistbegünstigung und Inländerbegünstigung abgesehen vom Bezugspunkt der Nationalität identische Konstruktionen auf[55], eine Ausweitung besagter Auslegung auf die Meistbegünstigung steht jedoch kaum zu besorgen, da sie auch in der Inländerbehandlung einen Einzelfall markiert.

---

49 *Kramer* RIW 1989, 473 (474 f.); Vitzthum/*Dolzer* Völkerrecht IV Rn. 19.

50 *Kramer* RIW 1989, 473 (477).

51 *Dolzer/Stevens* BITs S. 66.

52 *Ebenroth* Gestaltung Rn. 842, *Alenfeld* Investitionsförderungsverträge S. 66.

53 *Banz* Eigentumsschutz S. 68.

54 *Marvin Feldman v. Mexico*, Case No. ARB(AF)/99/1, Award 16. Dezember 2002, Par. 185.

55 *Ebenroth* Gestaltung Rn. 843.

4. Ausnahmen vom Grundsatz der Meistbegünstigung

Mit ihrer Funktion als Standortvorteil im Wettbewerb um ausländische Investitionen[56], führt Meistbegünstigung parallel zu einem deutlichen Verlust staatlicher Souveränität[57]. Um diese Folge abzufedern, die situationsabhängige staatliche Entscheidungsfreiheit nicht komplett preiszugeben und widersprechende Verpflichtungen zu vermeiden, wird die Anwendung von Nichtdiskriminierungsstandards in bestimmten Fällen ausgeschlossen. Diese Ausnahmen müssen regelmäßig im Vertrag explizit vereinbart werden[58]. Die praktisch wichtigsten Ausnahmen werden im Folgenden dargestellt:

a) Zoll- und Handelsunion

Häufigste Ausnahme vom Grundsatz der Meistbegünstigung stellt die Nichtberücksichtigung von Vergünstigungen, die im Rahmen einer Zoll- und Handelsunion gewährt werden, dar[59].

Umstritten ist allerdings, ob die Ausnahme der Zoll- und Handelsunion entgegen der Pflicht zu expliziter Vereinbarung gewohnheitsrechtlichen Charakter angenommen hat[60]. Letztlich kann die Beantwortung dieser Frage aber dahinstehen, da die Ausnahme einhellig in Investitionsschutzverträge aufgenommen wird[61]. Ob dies als Ausdruck von Staatenpraxis[62] oder Staatenskepsis gewertet wird, vermag an einer expliziten Vereinbarung nichts zu ändern.

---

56 *Karl* in Baur/Hobe Rechtsprobleme S. 47.

57 *Sornarajah* Foreign Investment S. 308.

58 *Jaenike* Meistbegünstigung Wörterbuch Bd. II, S.501.

59 *McGhie* in Bradlow/Escher FDI S. 114.

60 *Ustor* Most-Favoured-Nation-Clause EPIL III, 468 (470).

61 von Mehren/Salomon/Paroutsas DRJ 59 (2004), 69 (71).

62 *Kramer* RIW 1989, 473 (478).

b) Doppelbesteuerungsabkommen

Ähnlich der Errichtung eines einheitlichen Marktes oder eines gemeinsamen Außenzolles, üben auch Doppelbesteuerungsabkommen (DBA) eine Vereinheitlichungs- und Koordinierungsfunktion des grenzüberschreitenden Waren- und Dienstleistungsverkehrs aus[63]. Als Konsequenz ergeben sich für Angehörige der Parteien Vorteile und Vereinfachungen[64]. Diese Privilegien müssten konsequenterweise durch Meistbegünstigung exportiert werden[65]. Um einen derartigen Dominoeffekt auszuschließen, werden meist Ausnahmeregeln für DBAs vereinbart[66].

c) Bereichsausnahmen

Aus Gründen der nationalen Sicherheit, besonderer wirtschaftlicher oder kultureller Sensibilität bestimmter Bereiche[67] kann es geboten sein, diese von Nichtdiskriminierung und damit auch der Meistbegünstigung auszunehmen[68]. Da es sich in diesem Kontext jedoch um den Schutz nationaler Interessen handelt, wird eine entsprechende Diskriminierung zumeist nicht Drittlandinvestoren begünstigen, sondern sich in einer Präferenz für nationale Unternehmungen auswirken[69]. Der vorrangige Anwendungsbereich dieser Ausnahme liegt damit in der Inländerbehandlung[70].

---

63 Tipke/*Lang* § 2 Rn. 41.

64 Tipke/*Lang* § 4 Rn. 33.

65 *Stockmann* IStR 1999, 129 (130).

66 *Banz* Eigentumsschutz S. 68, *Mustervertrag BRD* Art 3 (4).

67 *McGhie* in Bradlow/Escher FDI S. 114 f.

68 *Dolzer/Stevens* BITs S.73.

69 *Sacerdoti* RdC 1997 (269), 251 (348).

70 *McGhie* in Bradlow/Escher FDI S. 114 f.

d) Einreiseklauseln

Aufgabe der Ausnahmeklauseln für die Einreise/Niederlassung ist es, Ströme zum eigenen Markt zu kontrollieren[71]. Es ist damit möglich, auf der nächsten Stufe der Nutzung einer Investition uneingeschränkte Meistbegünstigung zu gewähren, ohne ungewollte Konsequenzen fürchten zu müssen[72].

II. Abgrenzung zwischen prozessualem und materiellem Recht

In Kenntnis der grundlegenden Funktionsweise von Meistbegünstigungsklauseln soll nun eine Abgrenzung zwischen materiellem Recht und Prozessrecht vorgenommen werden. Hierzu wird zuerst ein Blick auf die bisher unter prozessualer Meistbegünstigung behandelten Konstellationen geworfen.

1. Aufgetretene Fallgestaltungen

Zwei Gestaltungen waren Gegenstand der ursprünglichen vier Tribunalentscheidungen. Diese Grundfälle kehrten in den nachfolgenden Schiedssprüchen wieder und wurden nicht einmal geringfügig modifiziert. In *Maffezini* und *Siemens* stritten die Investoren für eine Übertragung kürzerer bzw. fehlender Fristen[73] als Zulässigkeitskriterien der Einleitung eines Schiedsverfahrens, während die in *Salini* und *Plama* zu entscheidende Frage den Import einer Zuständigkeit des ICSID zur Streitentscheidung (*jurisdiction*) betraf[74].

a) Verkürzung von Wartefristen

Das meist stark ausdifferenzierte Rechtsschutzsystem in BITs gestattet es sowohl den Vertragsstaaten, gewöhnlich aber auch den Investoren selbst, im Falle einer vermeintlichen Verletzung garantierter Schutzstandards eine (schieds-)

---

71 *Banz* Eigentumsschutz S. 68.

72 *Sacerdoti* RdC 1997 (269), 251 (351).

73 Ebenso in *Gas Natural*, *National Grid* und *Suez Vivendi*.

74 Gleiches gilt für *Telenor*.

gerichtliche Klärung herbeizuführen[75]. Wie der Mustervertrag des Bundesministeriums für Wirtschaft und Technologie sehen viele dieser detailliert verhandelten und individuell konstruierten Verträge vor, dass vor der Einleitung eines nationalgerichtlichen oder Schiedsgerichtsverfahrens ein bestimmter Verhandlungszeitraum verstreichen oder eine zeitlich begrenzte Befassung nationaler Gerichte erfolgen muss[76]. Andere Einschränkungen stellen z. B. die Vereinbarung einer *local-remedies-rule*[77] oder einer *fork-in-the-road-clause*[78] dar.

Schon aufgrund des individuellen Charakters besagter BITs kann davon ausgegangen werden, dass kaum deckungsgleiche oder gar uniforme Klauseln zu finden sind, selbst wenn die geschlossenen Verträge für gewöhnlich auf der Basis des Musterabkommens zumindest eines Vertragsstaates erarbeitet werden. Selbst die BITs eines einzelnen Staates differieren daher abhängig vom individuellen Vertragspartner in spezifischen Ausformungen des Rechtsschutzmechanismus[79], was den Reiz einer Berufung auf Meistbegünstigung begründet.

aa) Maffezini v. Kingdom of Spain

So unterschieden sich auch die Rechtsschutzklauseln der vom Königreich Spanien mit der Republik Argentinien bzw. der Republik Chile geschlossenen Verträge in *Maffezini*. Der argentinische Investor Emilio Augustín Maffezini wollte eine behauptete Behinderung beim Abzug seines Kapitals aus einem Joint Venture mit einem spanischen Unternehmen der öffentlichen Hand auf ihre Konsistenz dem argentinisch-spanischen BIT überprüfen lassen. Gestützt auf Art. 10 (2) des Vertrages konnte er frühestens nach Ablauf einer Frist von 24 Monaten den Weg der internationalen Schiedsgerichtsbarkeit des ICSID gehen. Besagte Frist setzte sich aus sechs Monaten obligatorischer Verhandlung zur Erreichung einer außergerichtlichen Einigung (Art. 10 Abs. 2) und der Befassung nationaler spanischer Gerichte für weitere 18 Monate [Art. 10 (3) a)] zusammen. Einem chilenischen Investor hingegen hätte das Recht zur Anrufung des ICSID gem. Art. 10 (2) des chilenisch-spanischen BIT bereits nach einer Verhandlungsfrist

---

75 *Schwartmann* Private S. 90 ff.; *Herdegen* Völkerrecht § 54 Rn. 9.

76 Vgl. Mustervertrag BRD Art 11.

77 Art. 26 S. 2 ICSID.

78 *Dolzer/Stevens* BITs S. 159.

79 *Semler* SchiedsVZ 2003, 97 (99).

von sechs Monaten zugestanden. Im Verständnis Maffezinis stellte dieser Verzicht auf die zwingende Befassung nationaler Gerichtsbarkeit eine Besserstellung des chilenischen Investors dar, die im Wege der Meistbegünstigung vermittelbar und daher auch ihm als Angehörigem Argentiniens über Art. 4 (2) des argentinisch-spanischen BIT zu gewähren sei[80].

bb) Siemens v. the Argentine Republic

Eines vergleichbaren Argumentationsmusters bediente sich auch die deutsche Siemens AG in einem fünf Jahre später entschiedenen Streit mit Argentinien. Siemens fühlte sich durch die einseitige Kündigung eines Vertrages ihrer, eigens zum Zweck der Investition gegründeten, lokalen Tochter mit dem argentinischen Staat in Mindeststandards aus dem argentinisch-deutschen BIT verletzt. Sie wollte deshalb vor dem ICSID eine Überprüfung der argentinischen Maßnahmen auf internationaler Ebene erreichen[81]. Art. 10 (2) des Vertrages ordnete, wie auch der argentinisch-spanische BIT in *Maffezini*, eine Verhandlungsfrist von sechs Monaten zur Erreichung einer gütlichen Einigung an. Hierauf folgte nach Art. 10 (3) ebenfalls eine achtzehnmonatige Befassung nationaler Gerichte, bevor die Einleitung eines internationalen Schiedsverfahrens zulässig war.

Vermutlich wegen der absehbaren Zahlungsunfähigkeit Argentiniens[82] und dessen Staatsnotstandsgesetzgebung war Siemens jedoch nicht gewillt, mit der gerichtlichen Überprüfung eben diese achtzehn Monate zu warten, da man davon ausging, argentinische Gerichte konnten den Fall innerhalb dieses Zeitraums ohnehin nicht bewältigen. Sie berief sich daher auf eine Besserstellung chilenischer Investoren gegenüber deutschen Staatsangehörigen, da sich erstere nach Art. 10 (2) des argentinisch-chilenischen BIT nur mit einer Verhandlungsfrist von sechs Monaten konfrontiert sahen. Danach konnten sie unabhängig vom Ergebnis der Verhandlungen den Weg des internationalen Schiedsverfahrens vor dem ICSID einschlagen. Unter direkter Berufung auf *Maffezini*[83] forderte daher auch Siemens, über die nach Art. 3 (1) und (2) des argentinisch-deutschen BIT vereinbarte Meistbegünstigung, sofort das ICSID anrufen zu dürfen.

---

80 *Maffezini* Par. 39 ff.

81 *Siemens* Par. 23 ff.

82 Vgl. zum argentinischen Staatsnotstand *Ohler* JZ 2005, 590 ff; *Schill* SchiedsVZ 2005, 285 ff.

83 *Siemens* Par. 78.

b) ICSID-Zuständigkeit

Die zweite praktisch aufgetretene Konstellation prozessualer Meistbegünstigung betraf die Frage der Zuständigkeit eines ICSID-Tribunals, in Investitionsschutzstreitigkeiten überhaupt entscheiden zu können. Zwar wird in BITs häufig umfassende Schiedsgerichtsbarkeit vereinbart, selbstverständlich ist eine solche Regelung jedoch keinesfalls. So können generelle Restriktionen wie z. B. der Vorrang vertraglicher Abreden festgelegt oder auch nur bestimmte Aspekte wie Entschädigungssummen zur schiedsgerichtlichen Überprüfung gestellt werden[84]. Unter dem Regime solcher restriktiverer Rechtsschutzmechanismen traten nachfolgende Fälle auf.

aa) Salini v. the Hashemite Kingdom of Jordan

Salini Costruttori S.p.A. und Italstrade S.p.A., zwei italienische Baugesellschaften, wollten im Rahmen der Streitigkeiten um die Restschuld für den Bau eines in Jordanien errichteten Dammes das ICSID anrufen. Der zwischen Jordanien und Italien geschlossene BIT sah jedoch eine besondere Struktur der Rechtsschutzklausel vor. Nach Art. 9 (2) waren beim Vertragsschluss mit einer selbständigen Körperschaft des Vertragsstaates einzig die Streitbeilegungsmechanismen des Projektvertrages anzuwenden[85]. Einen solchen hatten die Gesellschaften mit der „Jordan Valley Authority" geschlossen. Dessen Schiedsklausel sah vor, nur im äußersten Notfall auf den Mechanismus der streitigen Klärung zurückzugreifen und dies auch nur, wenn hierzu die Genehmigung des jordanischen Ministerrats eingeholt worden sei, woran es im konkreten Fall jedoch fehlte.

In den zwischen Jordanien und den USA sowie dem Vereinigten Königreich geschlossenen BITs fand sich hingegen keine entsprechende Einschränkung. Nach Ansicht der Klägerinnen standen Investoren dieser Vertragsstaaten somit besser, da sie nicht auf einen subsidiären Rechtsschutz nach dem Projektvertrag beschränkt waren. Diese Vergünstigung sollte im Wege der Meistbegünstigung in den BIT zwischen Jordanien und Italien überführt werden.

---

[84] Siehe allgemein zur Reichweite unterschiedlicher Rechtsschutzklauseln *Sornarajah* Foreign Investment S. 249 ff.

[85] *Salini* Par. 101, 60.

bb) Plama Consortium Ltd. v. the Republic of Bulgaria

Eine ähnliche Konstellation bot sich in *Plama*. Das zypriotische Plama Consortium hatte eine bulgarische Ölraffinerie erworben und fühlte sich in deren Betrieb durch administrative Zwänge und Verzögerungen behindert. Man strebte daher eine Rechtmäßigkeitsüberprüfung der beanstandeten bulgarischen Maßnahmen an.

Der noch zu Zeiten des Eisernen Vorhangs geschlossene BIT[86] zwischen Bulgarien und Zypern war jedoch im Rechtsschutz gegen Investitionsbeeinträchtigungen äußerst restriktiv ausgestaltet und bot nahezu ausschließlich eine Gerichtsbarkeit im Verhältnis der Vertragssstaaten (Art. 6). Nach Art. 4 (4.1) des BIT waren einzig Streitigkeiten über die Entschädigungshöhe bei Enteignungen der internationalen Schiedsgerichtsbarkeit zugänglich. Alle übrigen Aspekte konnten somit lediglich über weitere Verträge wie z. B. den Energie-Charta-Vertrag (ECT) oder als *contract claims* aus dem Projektvertrag vor ein internationales Schiedsgericht gelangen. Da eine Zuständigkeitsbegründung nach Art. 26 ECT auch den Überprüfungsmaßstab auf den ECT begrenzte[87], gründete Plama sein Zuständigkeitsargument ergänzend auf die Meistbegünstigung in Verbindung mit dem bulgarisch-finnischen BIT. Dessen Art. 8 (2) i. V. m. Art. 8 (3) sah eine deutlich weiter gefasste Kompetenz des ICSID oder eines ad-hoc Tribunals vor, wenn drei Monate nach Entstehen der Investitionsstreitigkeit keine einvernehmliche Einigung zwischen Staat und Investor erzielt werden konnte.

In dieser weiteren Gerichtsbarkeit sah Plama eine meistbegünstigungsrelevante und damit auszugleichende Diskriminierung gegenüber finnischen Investoren.

2. Abgrenzung zwischen materiellem und prozessualem Recht

Nach diesem ersten Überblick, was unter der Frage prozessualer Meistbegünstigung im völkerrechtlichen Investitionsschutz behandelt wurde, wird nun eine allgemeine Definition des Problems unternommen. Diese soll der Untersuchung ein systematisches Konzept zugrunde legen, das es erlaubt, über den Einzelfall hinaus sachgerechte Ergebnisse zu liefern. Auch wenn es scheint, dass sich prozessuale Meistbegünstigung im investitionsschutzrechtlichen Kontext als „Ein-

86 *Plama* Par. 19 ff.

87 *Essig* SchiedsVZ 2006, 311 (313 f.).

fluss der Meistbegünstigungsklausel auf das vertraglich vereinbarte Rechtsschutzsystem" zeigt, kann eine bloße Reduktion des Phänomens auf diese Faustformel dem Erfordernis belastbarer Ergebnisse nicht genügen. Diese lediglich ausschnittsweise Betrachtung wäre dem Vorwurf fehlender dogmatischer Verankerung ausgesetzt. Auch, dass Berechtigte der Meistbegünstigung außerhalb des Investitionsschutzes lediglich Staaten sind[88], unterstreicht den Sonderstatus dieser individuellen Rechtsgewährung. Umgekehrt lässt sich im investitionsschutzrechtlichen Dualismus der völkervertraglich Berechtigten und damit einer Vielzahl an möglichen prozessualen Konstellationen nicht abstrakt bestimmen, ob ein Rechtssatz für das Individuum und den Vertragsstaat gleich wirkt. Eine belastbare Definition prozessualer Meistbegünstigung muss deshalb neben der Beachtung grundlegender Regeln der Meistbegünstigung vor allem eine völkerrechtliche Abgrenzung zwischen prozessual und materiell wirkenden Rechtsnormen leisten.

Gerade die völkerrechtliche Meistbegünstigung offenbart jedoch ein aus der partiellen Zersplitterung des Völkerrechts in unterschiedliche Regime[89] resultierendes Dilemma. Völkerrechtliche Normen zielen meist auf die umfassende Regelung eines Problemkomplexes von der Festlegung materieller Standards bis hin zu deren Durchsetzbarkeit, ohne nach prozessualen oder materiellen Vorgaben zu unterscheiden. Ob damit *de lege lata* eine tragfähige Abgrenzung nach dem Begriffspaar prozessual/materiell angelegt ist, scheint zumindest zweifelhaft. Ist eine generelle Einteilung anhand rein völkerrechtlicher Maßstäbe in der Tat nicht möglich, stellt sich die Frage, ob unter Heranziehung verwandter oder zumindest ebenfalls international ausgerichteter Erwägungen eine sachgerechte Definition gefunden werden kann. Zwar finden sich diese Regelungen nicht im Kanon des klassischen Völkerrechts nach Art. 38 a) bis c) IGH-Statut, gleichwohl können sie über eine moderate Rechtsfortbildung als Methode der Rechtsfindung den Weg weisen, wenn das *hard law* zur relevanten Frage schweigt[90]. Solche Anhaltspunkte einer sachgerechten Differenzierung können möglicherweise im Internationalen Privat- und Verfahrensrecht oder mit Mitteln der Rechtsvergleichung gefunden werden.

---

88 *Zampetti/Sauvé* Research S. 222 f.

89 *Walter*, Constitutionalization in de Wet/Nollkämper (im Erscheinen).

90 *Meessen*, Grundsätze S. 72 ff.; *Schwartmann* Private S. 76.

a) Aktuelle völkerrechtliche Situation

Völkerrechtlich ist die Unterscheidung zwischen materiellem und Prozessrecht eine Abgrenzung, der regelmäßig wenig Gewicht beigemessen wird. Klassische völkerrechtliche Verträge verlegen sich meist auf die Festlegung materieller Standards und Vorgaben zu deren Implementation[91]. Rechtsschutzfragen werden in den Schlussbestimmungen gelöst, indem ein Streitentscheidungsforum und/oder die Anwendbarkeit bestimmter Verfahrensregeln vereinbart werden. Auch Kodifikationen wie das Luganer Übereinkommen oder das EuGVÜ bilden kein Völkerprozessrecht sondern das für nationale Gerichte verbindliche Internationale Zivilverfahrensrecht. Neben Konventionen wie IGH-Statut, Dispute Settlement Understanding der WTO (DSU), dem Statut des Internationalen Seegerichtshof (als Anlage VI zum Seerechtsübereinkommen) oder der ICSID-Convention gibt es deshalb wenige rein prozessuale Regelwerke. Selbst innerhalb dieser im Umfang beschränkten Statuten finden sich oft nur generelle Aussagen zu Organisation und Aufbau der Spruchkörper[92] sowie Verfahrensbesonderheiten[93]. Die formalen Rahmenbedingungen als tatsächliche Prozessordnungen sind hingegen mit der nötigen Detailliertheit erst in den „Rules of Procedure“ (z. B. in der Verfahrensordnung des IGH) angelegt. Diese geben sich die Spruchkörper meist selbst und folgen dabei lediglich den Grundstrukturen der vertraglichen Vorgaben.

b) Abgrenzung im Internationalen Privatrecht

Vertragswerke des internationalen Privat- und Verfahrensrechts enthalten zwar keine originär völkerrechtliche Abgrenzung nach prozessualem und materiellem Recht, sie beschäftigen sich jedoch mit prozessualen Konstellationen in Abgrenzung zu materiellem Recht. Trotz allem hat sich auch innerhalb dieser Disziplinen kein einheitlicher Begriff des prozessualen in Abgrenzung zum materiellen Recht herausgebildet. Die Diskussion wird jedoch intensiv geführt und kann deshalb grundlegende Erkenntnisse vermitteln.

---

91 So z. B. die „Konvention über die Verhütung und Bestrafung des Völkermordes“ (BGBl. 1954 II, 730 ff.) oder das „UN-Übereinkommen gegen Folter und andere grausame, unmenschliche oder erniedrigende Behandlung oder Strafe“ (BGBl. 1990 II, 246 ff.).

92 Art. 2 ff. IGH-Statut.

93 Art. 39 ff. IGH-Statut.

aa) Problemstellung

Notwendig wird die Abgrenzung zwischen prozessualem und materiellem Recht (Qualifikation) schon für die Unterscheidung nach Internationalem Privat- und Prozessrecht[94], da ersteres der *lex causae* und letzteres der *lex fori* unterstellt ist[95]. Die bloße Notwendigkeit der Abgrenzung offenbart indes nicht, nach welchem Maßstab die Qualifikation vorzunehmen ist. Sie kann innerhalb eines internationalen Verständnisses autonom erfolgen[96] oder zum Schutz von Souveränität und Rechtseinheit darauf abzielen, nationale Verfahren möglichst frei von „ausländischem Einfluss"[97] zu halten. Insoweit konkurrieren das Ziel der Rechtsvereinheitlichung und ein (völkerrechtliches) Gebot der Nichteinmischung als Maßstab der Qualifikation.

bb) Abgrenzung im Internationalen Privatrecht

Zumindest in der wissenschaftlichen Diskussion scheint hier eine *funktionale Auslegung* im Vordringen begriffen[98], die den internationalen Entscheidungseinklang durch ein einheitliches Fundament fördert[99]. Wegen der damit verbundenen Souveränitätsaufgabe und einer Zurückdrängung des nationalen Rechtssystems kann jedoch bisher keine hinreichende Durchsetzung dieses Ansatzes beobachtet werden[100].

Die einfacher zu handhabende und wohl auch realitätsgerechtere Lösung besteht daher im sog. Primat des Prozessrechts[101]. Dieser ist jedoch nicht mit einem „Primat prozessualer Qualifikation" zu verwechseln, wie er zum Schutze nationaler Rechtseinheit abgeleitet wurde[102]. Er besagt nämlich nur, dass die Qualifi-

---

94 *Nagel/Gottwald* IZVR § 1 Rn. 11 f.; *Schack* IZVR § 2 Rn. 47.

95 *Schack* IZVR § 2 Rn. 47.

96 *Kropholler* IPR § 6 S. 36.

97 *Basedow* in Schlosser Qualifikation S. 139.

98 *Geimer* IZVR Erster Teil Rn. 56; 312; 315.

99 *Nagel/Gottwald* IZVR § 1 Rn. 11; *Kropholler* IPR § 17 S. 127 ff.

100 Ebd.

101 *Schack* IPR § 2 Rn. 47; *Schoch* Klagbarkeit S. 156.

102 *Basedow* in Schlosser Qualifikation S. 140.

kation im Zweifel nach dem Recht des Prozesses vorzunehmen ist und nicht, dass im Zweifel als prozessuales Recht zu qualifizieren sei[103]. Mithin wird unter Berücksichtigung des Forums und des von diesem aus territorialen Gründen anzuwendenden Rechts die Qualifikation in prozessuale und materielle Rechtssätze vorgenommen. Dies erkennt an, dass ein Gericht im Zweifel lieber sein nationales Rechtsverständnis, in dessen Diktion und Systematik es geschult ist, anwenden wird, um die Qualifikation vorzunehmen. Die Einordnung einer völkerrechtlichen Norm innerhalb der relevanten prozessualen oder materiellen Begrifflichkeiten wäre unter Zugrundelegung dieses Ansatzes mit Blick auf das Forum ihrer Anwendung zu beurteilen.

cc) Übertragbarkeit der Abgrenzung des IPR

Dieses Ergebnis mit der inhärenten Gefahr unterschiedlicher Qualifikation rechtlicher Institute stellt aus Sicht des Internationalen Privat- und Zivilprozessrechts kein Problem dar und erscheint aus einem strengen Souveränitätsverständnis nationaler Rechtseinheit sogar wünschenswert[104]. Als Grundlage einer völkerrechtlichen und damit universellen Definition ist es jedoch untauglich, da statt Einheitlichkeit bestenfalls eine Art regionales Völkerrecht unter rechtstraditionell verwandten Staaten kreiert würde. Ein Abstellen auf den Sitz des entscheidenden Spruchkörpers bedeutete überspitzt, dass sich ein britisch geprägtes Investitionsprozessrecht in London herausbildete, während ein „allgemeines Völkerprozessrecht" wegen des IGH-Sitzes in Den Haag niederländisch geprägt sein müsste. Wie paradox neben dem alleinigen Ergebnis die Anwendung niederländischen Prozessrechtes durch den IGH unter einer derart strengen *lex fori* wäre, bedarf keiner näheren Ausführung. Auch ist der IGH mitnichten rein niederländisch besetzt und es fehlt somit schon an der notwendigen einheitlichen Bindung an die streng bestimmte *lex fori*. Das auf nationaler Gerichtsbarkeit basierende Regime eines „Primat des Prozessrechts" taugt folglich nicht als Grundstein einer völkerrechtlichen Begriffsfindung, solange man es geographisch interpretiert. Löst man sich hingegen zugunsten einer autonomen Begrifflichkeit und damit einem „Primat völkerrechtlicher Qualifikation" vom geographischen Verständnis, bringt auch dies keinen Fortschritt, da die völker-

---

103 *Schack* IPRax 1991, 347 (350); zur tatsächlichen Situation auch *Kropholler* IPR § 56 IV S. 578.

104 So wohl zumindest BGH NJW 1985, 552 (553); WM 1977, 793 (794); Soergel/*Kronke* Anhang IV Art. 38 EGBGB, Rn. 124 m. w. N.

rechtlichen Kriterien gerade Ziel und Gegenstand dieses Abschnitts der Untersuchung bilden.

Ebenso problematisch offenbart sich der Blick in die Rechtsvergleichung, da deren Rekurs auf wesentliche Unterschiede der Rechtsfamilien und ihre prägenden Wesensmerkmale[105] schon unterstreicht, dass gerade kein universales Verständnis existiert. Ihre Funktion ist schließlich darin zu sehen, Unterschiede in der Rechtswirklichkeit und -entstehung zu systematisieren und zu erklären. Die Vereinheitlichung hingegen ist ein auf rechtsvergleichender Vorarbeit basierender Aspekt des Einheitsrechts.

dd) Konsequenzen

Wegen der genannten Probleme ist dem international privatrechtlichen „Primat des Prozessrechts" kein Ansatz für eine völkerrechtlich universale Abgrenzung zwischen prozessualem und materiellem Recht zu entnehmen. Allerdings bietet das Internationale Privatrecht mit der wissenschaftlich im Vordringen befindlichen funktionalen Abgrenzung eine Alternative, die dem Erfordernis einer universal tauglichen Begriffsbestimmung gerecht wird und deshalb als Ausgangspunkt einer einheitlich völkerrechtlichen Definition geeignet scheint. Gleichwohl muss auch dieser Ansatz den völkerrechtlichen Besonderheiten angepasst werden, um zu sachgerechten Ergebnissen zu gelangen.

c) Eigene funktionale Definition

Die Abgrenzung prozessualer und materieller Wirkung im völkerrechtlichen Zusammenhang fordert mehr als den entsprechenden Tatbestand gewöhnlich in der Zulässigkeit oder der Begründetheit zu prüfen. Diese verkürzte Betrachtung würde einer allgemeinen Definition nicht gerecht, da gerade im Völkerrecht vermeintlich prozessuale Rechtssätze materielle Wirkung entfalten können.

---

105 *Zweigert/Kötz* Rechtsvergleichung S. 35.

aa) Besonderheiten in der Materie des Völkerrechts

Völkerrecht als zwischenstaatliches Recht unterwirft die Ausübung staatlicher Gewalt einem einheitlichen Regime. Es bedient sich dazu auch Begrifflichkeiten, die *prima facie* prozessualen Charakter aufweisen. So kann z. B. der gebräuchliche Begriff der „jurisdiction" abhängig von seiner Verwendung mehrere Funktionen einnehmen.

Dem ersten Anschein nach handelt es sich hierbei um eine Zuständigkeitserklärung auf Grund derer Gerichte oder andere Spruchkörper tätig werden. Für die Verfahrensbeteiligten liegt insoweit eine prozessuale Wirkung vor, da die Zuständigkeitseröffnung Einleitung und Durchführung eines Verfahrens bedingt. Dies trifft für einen Staat solange zu, wie er selbst Partei des Rechtsstreits z. B. vor dem IGH ist und dessen Zuständigkeit bestritten wird[106]. Gleichzeitig kann „jurisdiction" aber auch selbst Gegenstand des Verfahrens sein, wenn personal und territorial legitimierter Staat darüber streiten, wessen Gerichtsbarkeit ein bestimmter Vorgang unterfällt[107]. Entgegen der ursprünglich prozessualen Vermutung, handelt es sich in dieser Situation um die Ausübung von aus staatlicher Souveränität resultierender Hoheitsgewalt. Strukturell finden sich keine Unterschiede zu Konstellationen wie abgetretener Steuerhoheit oder einem Transitrecht. Beide muss ein verpflichteter Staat wie eben auch die Gerichtsbarkeitszuordnung an ein anderes Völkerrechtssubjekt gegen sich gelten lassen. Die an und für sich prozessual wirkende „jurisdiction" kann damit abhängig von der Konstellation ihrer Geltendmachung prozessual wie materiell wirken.

Aufgrund dieser der Materie des Völkerrechts geschuldeten Mehrdeutigkeit vermeintlich prozessualer Normen muss geprüft werden, ob diese auch in ihrer konkreten Geltendmachung eine prozessuale Funktion einnehmen.

bb) Differenzierung nach der Rolle des Staates

Nach der Rolle des betroffenen Staates im Verfahren zu differenzieren, könnte diesem Problem begegnen.

---

106 Vgl. *Case Concerning the Legality of the Use of Force* (Serbia and Montenegro v. Germany) vom 15. Dezember 2004; ICJ Rep. 2004, S. 720 ff.

107 Als solche Konstellation kann bereits der *Case of the S.S. „Lotus"* des PCIJ, Urteil vom 7. Septemebr 1927, PCIJ Series A No. 10, S. 19 ff. angeführt werden.

In der materiellen Gerichtsbarkeitsfunktion wäre der Staat in ihrer konkreten Anwendung regelmäßig Richter, im prozessualen Aspekt hingegen Verfahrenspartei. Mit dieser Unterscheidung scheint für den Bereich des Investitionsschutzes eine einfache Lösung gefunden, da Staaten in Investitionsschutzstreitigkeiten als „Beklagte" Partei des Verfahrens vor Schiedsgerichten sind. Es würde damit unnötig, eine Abgrenzung nach der Verfahrensbeteiligung des Staates zu treffen und die Qualifikation könnte doch formal vorgenommen werden. Allerdings gelangt eine derart formalisierte Funktionalität bereits im investitionsschutzrechtlich oft zu beobachtenden Fall der *fork-in-the-road-clause* an ihre Grenzen. Die Klausel eröffnet einem Investor alternativ zu internationaler Schiedsgerichtsbarkeit nationalen Rechtsschutz[108]. In dieser Vertragsgestaltung findet sich ein Staat gerade als Beteiligter und Richter im entsprechenden Verfahren wieder, wenn der Rechtsstreit vor nationale Gerichte gebracht wird, weshalb sich nach seiner Verfahrensrolle nicht mehr sauber differenzieren lässt.

Es bedarf daher entweder eines an andere Kriterien anknüpfenden oder differenzierteren Unterscheidungssystems.

cc) Funktionaler zivilrechtlicher Ansatz

Der funktionale Qualifikationsansatz des Internationalen Privatrechts kann hier situationsgerechte Ergebnisse liefern. Neben der Beachtung funktional zu erklärender Mehrdeutigkeit vermeintlich prozessualer Rechtssätze, bewirkt er internationalen Entscheidungseinklang[109]. Er trägt damit in doppeltem Maße den Erfordernissen einer autonomen völkerrechtlichen Definition Rechnung. Beachtlich ist, dass dieser Ansatz auch im nationalen deutschen Zivilrecht zur Abgrenzung von materiellem und prozessualem Recht herangezogen wird. Deshalb soll er unter Berücksichtigung nationaler Erkenntnisse entwickelt und den völkerrechtlichen Besonderheiten angepasst werden[110].

---

108 *Dolzer/Stevens* BITs S. 154.

109 *Nagel/Gottwald* IZVR § 1 Rn. 11; *Kropholler* IPR § 17 S. 127 ff.

110 Der Rekurs in nationales Recht fördert den ökonomisch häufig geforderten Wettbewerb der Systeme, um durch den Vergleich von Tauglichkeit und Effizienz der national erprobten Lösungen das bestmögliche System auf internationaler Ebene zu etablieren. Vgl. hierzu beispielsweise grundlegend und mit Blick auf den Wettbewerb der Wettbewerbsrechte *Meessen*, Wirtschaftsrecht im Wettbewerb der Systeme, S. 37 ff.

(1) Vergleichbarkeit von Interessenlage und Problemkonstellationen

Gegenstand des Investitionsschutzes sind Sachverhalte, die in nationalrechtlichen Termini Vertragsverletzung, Delikte und Enteignungen betreffen. Es handelt sich damit um Fallkonstellationen, die nach nationalem Recht dem Zivilrecht oder zumindest dessen Dogmatik bzw. Gerichtsbarkeit unterworfen sind. An dieser zivilrechtlichen Einordnung ändert auch die investitionsschutzrechtlich notwendige Beteiligung des Staates als Schädiger/Beklagter nichts, da gerade auch staathaftungsrechtliche Ansprüche gem. Art. 14 Abs. 3 S. 4 GG der ordentlichen Gerichtsbarkeit und damit dem zivilrechtlichen Regime zugewiesen sind. Diese inhaltliche Parallele legt nahe, dass sich in beiden Materien ähnliche Probleme der Abgrenzung nach materiellem und Prozessrecht stellen. Das Zivilrecht zeichnet sich hierbei durch ein ausgezeichnetes dogmatisches Fundament aus, das zur Begründung einer allgemeinen Systematik geeignet scheint.

(2) Funktionale Definition

Die zivilrechtliche Dogmatik stellt auf den Gegenstand des Rechtssatzes selbst und nicht seine Aufnahme in die eine oder andere Kodifikation und deren vermeintliche Qualifizierung *prima facie* ab[111]. Kriterium der Abgrenzung ist damit die Wirkung auf ein Rechtssubjekt im konkreten Fall. Mit dieser Feststellung ist aber noch ungeklärt, nach welchen Kriterien die Bewertung tatsächlich vorgenommen wird.

Allgemeiner begründet das materielle Recht Rechtsverhältnisse und erschafft somit unmittelbare Rechte und Pflichten unter betroffenen Rechtssubjekten[112]. Zu deren Feststellung und Durchsetzung schweigt es jedoch, da die Existenz eines Rechts abstrakt nicht von dessen Durchsetzbarkeit abhängt[113]. Aufgabe des Prozessrechtes ist es, diese Lücke zwischen dem materiellen Recht und seiner Geltendmachung zu schließen, indem es für die Durchsetzung im Rahmen normierter Verfahren sorgt. Es wendet sich an die Streitparteien zwar als materielle Rechtsträger, leitet jedoch hieraus nur das Prozessrechtsverhältnis ab und gibt ihnen Verhaltensregeln innerhalb des Prozesses als Instrument der Geltendma-

---

111 *Rosenberg/Schwab/Gottwald* Zivilprozessrecht § 1 Rn. 24.

112 *Jauernig* JuS 1971, 329 (331).

113 *Jauernig* ZPO S. 1; *Lüke* ZPO Rn. 1.

chung materieller Rechte an die Hand. Damit dient das Prozessrecht der Verwirklichung, Sicherung und Durchsetzung materieller Rechte, ohne diese zu gestalten[114].

Es ist damit zu differenzieren, ob ein Recht Gegenstand des konkreten Streits ist und auch unabhängig von der Durchsetzung existiert oder ob es eine Regelung ist, die den institutionalisierten Ablauf des Verfahrens betrifft.

dd) Völkerrechtliche Mehrpersonenverhältnisse

Für die zivilrechtliche Unterscheidung zwischen materiellem und prozessualem Recht erschöpft sich die Untersuchung in einer Abgrenzung nach Rechtsverhältnis und Mitteln zu dessen Geltendmachung. Anders gestaltet sich die Situation jedoch erneut aus Sicht des Völkerrechts. Neben von der Rechtsmaterie abhängigen Besonderheiten erstreckt sich dieses in der Anwendung über mehrere Ebenen, wenn man anerkennt, dass neben Staaten als klassischen Völkerrechtssubjekten auch Individuen direkt begünstigt sein können. Gerade im Investitionsschutz spricht hierfür, dass dem Investor regelmäßig eigene Mechanismen zur Rechtsdurchsetzung[115] eingeräumt werden. Selbst wenn man den Einzelnen nicht in der Kreis der Völkerrechtssubjekte aufsteigen lässt, fehlt es dem Völkerrecht an der Einschichtigkeit des Zivilrechts, da Völkerrecht selbst bei strikter Trennung Konsequenzen im innerstaatlichen Recht und damit einen deutlich weiteren Anwendungsbereich hat. Eine schlichte Übertragung zivilrechtlicher Erkenntnisse ist deshalb nicht notwendig sachgerecht. Der in diesem Zusammenhang unvermeidlich zu erwähnende Streit über die Völkerrechtssubjektivität des Individuums kann wegen seiner Bedeutung für die Bestimmung völkerrechtlicher Besonderheiten zwar nicht gänzlich ignoriert werden, die grundlegenden Ansätze sollen jedoch nur knapp besprochen werden[116].

---

114 *Rosenberg/Schwab/Gottwald* Zivilprozessrecht § 1 Rn. 21, ebd. Fn. 12.

115 Ipsen/*Epping* Völkerrecht § 7 Rn. 5.

116 Eine komplette Aufarbeitung aller in diesem Zusammenhang behandelten Argumente muss hier aus thematischen Gründen und Zweckmäßigkeitsgesichtspunkten unterbleiben. Es würde den Rahmen der Arbeit sprengen und darüber hinaus zu weit vom Gegenstand der Untersuchung wegführen.

(1) Ausgangspunkt

Neben alternativen Konzeptionen[117] stehen sich einschränkende und weitere Auffassung der Völkerrechtssubjektivität des Individuums gegenüber. Eine vollständige Ablehnung[118] wird allerdings kaum noch vertreten. Dies folgt insbesondere aus weitgehendem Schutz des Einzelnen durch Menschenrechte und andererseits einer Anerkennung spiegelbildlicher völkerrechtlicher Verantwortung im Völkerstrafrecht[119]. Wird ein Individuum wegen des Verstoßes gegen fundamentale Prinzipien der internationalen Staatengemeinschaft völkerrechtlicher Strafgewalt unterworfen, lässt sich schwer bestreiten, dass der Verurteilte gegen sich direkt aus Völkerrecht ergebende Pflichten verstoßen hat und dafür zur Verantwortung gezogen wird. Die bloße Parallele zu national vorhandenen Strafvorschriften und die notwendige Vollstreckung durch die Organe einzelner Nationalstaaten vermögen nichts daran zu ändern, dass die Strafvorschriften der Statuten internationaler Tribunale[120] nicht im Wege nationalstaatlicher Rechtssetzung sondern als autonome völkerrechtliche Rechtsquelle zustande kamen. Diese Selbständigkeit unterstreicht die Entwicklung der Statuten von Nürnberg- und Tokio-Tribunal, die beide durch die Definition eigener nationalrechtlich in der konkreten Form noch nicht existenter Strafnormen hervortraten[121].

Über diese direkte Bindung hinaus, herrscht Uneinigkeit bezüglich weitergehender Völkerrechtssubjektivität des Einzelnen bzw. anderer Rechtssubjekte wie transnationaler Unternehmen[122]. Ein weites Verständnis der Völkerrechtssubjektivität hat seit Inkrafttreten des 11. Zusatzprotokolls zur EMRK und damit der unmittelbar zulässigen Individualbeschwerde[123] nachhaltige Unterstützung bekommen. Selbst Vertreter einer restriktiven Anerkennung des Individuums als Völkerrechtssubjekt gestehen in Anbetracht der nach Art. 34 EMRK statthaften Individualbeschwerde zu, dass der Schutz der EMRK durch das völkerrechtlich

---

117 Im Überblick zu finden bei Vitzthum/*Hailbronner* Völkerrecht III Rn. 14 ff.; *Shaw* International Law S. 232 ff.; *Schwartmann* Private S. 7 ff.

118 *Mosler* ZaöRV 22 (1962), 1 ff.

119 Ipsen/*Epping* Völkerrecht § 7 Rn. 2 f.

120 Art. 6 Nürnberg-Charta; Art. 5 Tokio-Charta; Art. 2 bis 4 ICTR-Statut; Art. 3 bis 5 ICTY-Statut; Art. 5 bis 8 Rom-Statut.

121 *Werle* Völkerstrafrecht A. Rn. 25 ff.; *Ambos* AT Völkerstrafrecht S. 81 ff., 131 f.

122 *Tietje* ZVglRWiss 101 (2002), 404 ff.

123 *Grabenwarter* EMRK § 9 Rn. 1.

begründete Durchsetzungsforum auch für den Einzelnen zur völkerrechtlichen Berechtigung aufgestiegen ist[124]. Andere Durchsetzungsmechanismen, die nicht auf völkervertraglichem Regelwerk beruhen, sondern rein durch Adaption in nationales Recht gewährt werden, hielten diesen Anforderungen hingegen nicht stand[125]. Das gelte insbesondere für Rechte und Pflichten aus völkerrechtlichen Verträgen, soweit nationale Gerichte diese erst auf Grund einer Gesetzes- oder sogar Verfassungsänderung anwenden könnten[126]. Dem Individuum könne nur insoweit partielle Rechtsträgerschaft zugestanden werden, als ihm neben dem entsprechenden völkerrechtlich begründeten Anspruch ein originär dem Völkerrecht zuzurechnender Durchsetzungsmechanismus gewährt wird. Andernfalls beruhe die Durchsetzung nur auf dem Wohlwollen des gewährenden Staates und sei folglich von dessen Willen abhängig, was gegen eine Subjektivierung des Individuums spreche. *De facto* sei damit eine der traditionellen Mediatisierung vergleichbare Situation geschaffen, nach der es zur Geltendmachung jedes Rechts eines staatlichen Aufgreifens des Falles bedürfe[127].

(2) Kritik

Dass eine Verselbständigung entsprechend dem 11. ZP der EMRK mit ihrer Entscheidung, ein Klagerecht des Einzelnen zu bewirken, als staatlicher Gewährungsakt anders zu beurteilen sein sollte als die Eröffnung eines nationalrechtlichen Forums, vermag nicht zu überzeugen. Schließlich wird das Individuum in beiden Fällen kraft staatlicher Akzeptanz mit einem Forum zur Durchsetzung seines (Völker)Rechts ausgestattet.

Nach der funktionalen Unterscheidung zwischen materiellem und Prozessrecht kann letzteres ein materielles Rechtsverhältnis inhaltlich nicht beeinflussen, sondern lediglich dessen Durchsetzung normieren. Dient ein Rechtssatz der Geltendmachung eines national- oder völkerrechtlichen Anspruchs, ist er prozessualer Natur. Er verhilft dem materiellen Anspruch zu Durchsetzbarkeit und damit Werthaltigkeit. An der Natur des Anspruchs vermag das Forum der Durchsetzung allerdings nichts zu ändern, solange das umstrittene Recht zwischen den gleichen Subjekten aus der gleichen Norm Verfahrensgegenstand ist.

---

124 *Seidel* AVR 38 (2000), 23 (33).

125 Ipsen/*Epping* Völkerrecht § 7 Rn. 8.

126 Ebd.

127 Ebd.

Die Einräumung eines Durchsetzungsmechanismus ist deshalb nach dieser Unterscheidung keine notwendige Bedingung der Rechtsträgerschaft und selbst wenn man dies forderte, könnte die rechtliche Fundierung eines Durchsetzungsmechanismus als bloßes Werkzeug nicht über die Völkerrechtssubjektivität des Rechtsträgers entscheiden, da das Forum seiner Geltendmachung den Inhalt des Anspruchs unberührt lässt.

Darüber hinaus offenbart sich innerhalb des Investitionsschutzes selbst eine Besonderheit, die einer Unterscheidung nach dem Forum der Rechtsdurchsetzung widerspricht: Die bereits erwähnte *fork-in-the-road-clause* ermöglicht die endgültige Wahl eines nationalen oder internationalen Forums zur Beilegung von Investitionsschutzstreitigkeiten[128], wobei nationale und internationale Gerichtsbarkeit gleichberechtigt nebeneinander stehen. Wird für Streitigkeiten über die Verletzung eines BIT (*treaty claims*) die ICSID-Schiedsgerichtsbarkeit gewählt, müsste wegen des völkerrechtlichen Charakters des Durchsetzungsforums selbst nach restriktivem Verständnis von partieller Völkerrechtssubjektivität des Investors ausgegangen werden. Alternativ erlaubt die *fork-in-the-road-clause* gleichberechtigt die Wahl nationaler Gerichte und damit die Durchsetzung desselben Anspruchs vor nationalen Gerichten, was den genannten Anforderungen nicht genügte. Warum derselbe Anspruch aus demselben BIT nur wegen seiner innerstaatlichen Anerkennung mittels einer nationalen Zuständigkeitsregel – andernfalls würde ein angerufenes nationales Gericht eine Klage des Investors abweisen – seinen Charakter ändern sollte, erschließt sich nicht. Diese Variante der nationalen Durchsetzung eines völkerrechtlich vorhandenen Rechts ist alternativ und gleichwertig zum völkerrechtlichen „Gewährungsakt" ausgestaltet. Einen zwischen denselben Berechtigten und Verpflichteten aus dem gleichen Rechtssatz begründeten Anspruch einzig unter Berufung auf das Forum seiner Durchsetzung einem komplett anderen Regime zu unterwerfen, scheint willkürlich. Überzeugender ist es, sich vom engen Kriterium korrespondierender völkerrechtlicher Durchsetzbarkeit zu lösen und das reine völkerrechtliche Rechtsverhältnis unabhängig von dessen Durchsetzung als Maßstab partieller Völkerrechtssubjektivität anzuerkennen[129].

Ist dem Individuum mittels eines völkerrechtlichen Rechtssatzes ein Anspruch zugestanden, erlangt es zumindest innerhalb dieser Gewährung Rechtsträger-

---

[128] *Dolzer/Myers* ICSIDRev. 2004, 49 (53).

[129] So im Ergebnis auch: *Walter* Subjects of International Law EPIL (im Erscheinen) und spricht hier vom Völkerrechtsverhältnis als konstituierendem Kriterium im Gegensatz zur Völkerrechtssubjektivität.

schaft. Eines ergänzenden Durchsetzungsmechanismus bedarf es technisch hierfür nicht, selbst wenn dieser den Anspruch erst werthaltig macht. Auch wenn es auf das Vorhandensein eines Durchsetzungsforums ankäme, kann nicht auf dessen nationalen oder internationalen Charakter als tragendes Unterscheidungsmerkmal abgestellt werden, da gerade der Investitionsschutz beide als gleichwertige Alternativen anerkennt.

(3) Konsequenz

Folglich kann ein völkerrechtlicher Rechtssatz neben Staaten auch gegenüber dem Einzelnen Rechte und Pflichten begründen. Zur Charakterisierung einer Norm als prozessual oder materiell ist es damit essentiell, wie sie für den konkret Betroffenen ihrer eventuell mehreren Adressaten wirkt.

Es ist möglich, dass eine völkerrechtliche Norm dem Individuum ein bestimmtes Forum oder Beweisregeln vorschreibt. Im Verfahren selbst handelt es sich für die Parteien dabei um prozessuale Regelungen, da sie den Ablauf des Verfahrens berühren. Entsprechend ist die Eröffnung oder der Ausschluss eines Gerichtes für den Prozessbeteiligten prozessual zu werten. Werden diese Regeln verletzt, besteht aber ebenso im völkerrechtlichen Rechtsschutz die Möglichkeit, dass sich der Heimatstaat über diplomatischen Schutz seines Bürgers annimmt[130]. Er stritte dann aber um eine eigene Souveränitätsverletzung und damit ein eigenes materielles Recht, das er nur gegenüber dem Einzelnen mediatisiert. Obwohl damit in beiden Fällen die Anwendung des identischen Rechtssatzes zur Disposition steht, wirkt er für das Individuum als Verfahrensregel und damit prozessual, während seine Beachtung durch den Gaststaat für den Heimatstaat des Einzelnen eine materielle Wirkung bedeutet. Ob ein prozessuales oder materielles Recht verletzt wurde, kann sich deshalb abhängig vom Einfordernden unterschiedlich bestimmen. Diese Parallele dokumentiert auch das Nebeneinander von Rechtsschutzklauseln im Verhältnis Investor-Staat und Staat-Staat in vielen BITs[131].

Es ist damit möglich, dass ein völkerrechtlicher Rechtssatz auf Grund völkerrechtlicher Mehrpersonenverhältnisse als zwei Seiten derselben Medaille – abhängig vom Adressaten – in seiner Geltendmachung prozessualen oder materi-

---

130 *Oellers-Frahm* Rechtsstellung, 21 (26 f.).

131 *Schwartmann* Private S. 90 ff.; *Herdegen* Völkerrecht § 54 Rn. 9.

ellen Charakter hat. Eine abstrakte Qualifikation unabhängig vom Träger ist damit auf völkerrechtlicher Ebene abzulehnen, soweit mehr als ein Rechtssubjekt von der betreffenden Regelung erfasst ist.

3. Allgemeiner Abgrenzungsstandard

Ein autonomer völkerrechtlicher Begriff des Prozessualen hat sich bisher nicht herausgebildet. Dessen Erfordernis der Universalität kann jedoch durch die Heranziehung einer funktionalen Qualifikation entsprochen werden. Dieser Ansatz erhält unter Würdigung nationalrechtlich entwickelter Kriterien hinreichend Konturen, die modifiziert durch die Mehrschichtigkeit völkerrechtlicher Rechtsverhältnisse handhabbar sind. Die Abgrenzung ist folglich dahingehend vorzunehmen, ob eine Norm in der konkreten Anwendung Rechte und Pflichten zwischen ihren Adressaten begründet oder lediglich auf deren Durchsetzung abzielt.

III. Zusammenführung der Ergebnisse

Die Untersuchung zeigt, dass das Problem prozessualer Meistbegünstigung nicht auf dem Gebiet der Meistbegünstigung zu verorten ist, da deren Wirkungen dogmatisch geklärt sind. Schwieriger zeigt sich die verlässliche Abgrenzung zwischen materieller und prozessualer Wirkung, da das Völkerrecht keinen eigenen Begriff des Prozessualen hervorgebracht hat und sich gegenüber linearen nationalen Rechtsverhältnissen durch die simultane Einbeziehung mehrerer Akteure auszeichnet. Als sachdienlich hat sich hier eine funktionale Einschätzung anhand der konkreten Verfahrenssituation zwischen den betroffenen Parteien herausgestellt.

In einer Synthese dieser Einzelelemente ist prozessuale Meistbegünstigung damit als „die Vermittlung einer der Rechtsdurchsetzung dienenden, gegenüber Drittstaatlern gewährten Vergünstigung“ zu definieren.

C. Auslegung von Meistbegünstigungsklauseln

Die Regeln völkerrechtlicher Vertragsauslegung finden sich in den Art. 31 und 32 der Wiener Vertragsrechtskonvention (VCT), die auch auf Nichtmitgliedstaaten anwendbar sind, da sie völkergewohnheitsrechtlich entwickelte Auslegungsgrundsätze kodifizieren[132]. Auch investitionsschutzrechtliche Tribunale greifen zur Interpretation internationaler Investitionsschutzinstrumente auf dieses System zurück[133]. Sein Ausgangspunkt sind objektive und subjektive Ansätze[134], deren Verhältnis unter Berücksichtigung des Wortlauts das Maß der Vertragsinterpretation bildet. Die Bedeutung dieser Regeln für die Auslegung von Meistbegünstigungsklauseln im Investitionsschutz und anderen Bereichen des Wirtschaftsvölkerrechts wird im Folgenden untersucht.

Dazu werden die bekannten Auslegungsmethoden allgemein dargestellt und systematisiert. Hieran schließt die Untersuchung konkreter wirtschaftsvölkerrechtlicher Auslegung an. Als Beispiele kommen neben der investitionsschutzrechtlichen Rechtsprechung zu BITs und NAFTA vor allem die Meistbegünstigungsklauseln des Welthandelsrechts in GATT, GATS und TRIPS sowie im Energiechartavertrag (ECT) in Betracht. Letzterer nimmt eine Schlüsselrolle in der Verbindung zwischen Investitionsschutz und Welthandelsrecht ein, da er Elemente beider Regime vereint. Am Ende des Abschnittes sollen allgemeine Aussagen zur Auslegung von Meistbegünstigungsklauseln stehen.

I. Die zur Vertragsauslegung herangezogenen Grundsätze

Ausgehend vom Wortlaut der anzuwendenden Norm können diesem häufig mehrere – teils widersprüchliche – Bedeutungen beigemessen werden. Gleichzeitig setzt er die Grenze jeder Auslegung, die eine Interpretation bei aller methodischen Kunstfertigkeit nicht überschreiten darf. Isoliert kann selbst ein vermeintlich klarer Wortlaut in vielen Fällen unzureichend bestimmt sein[135]. Dieses Spannungsfeld zwischen möglicher und unzulässiger Begriffsbestimmung kann

---

[132] *Aust* VCT S. 9 ff.

[133] Statt vieler *Siemens* Par. 81, *Plama* Par. 187.

[134] *Cassese* International Law S. 178.

[135] Vgl. zu Art. 35 IGH-Statut *Case Concerning Legality of Use of Force*, ICJ Rep. 2004, S. 720 (738 ff.).

unter verschiedenen methodischen Gesichtspunkten aufgelöst werden, deren Grundstrukturen vorgestellt und mit speziellen Ausprägungen systematisiert werden sollen.

I. Auslegungsgrundsätze

a) Wortlaut

Den Ausgangspunkt jeder Rechtsanwendung muss nach Art. 31 (1) VCT der Wortlaut der anzuwendenden Norm bilden[136], denn darin hat der Wille des Normgebers abschließend Gestalt gefunden.

Dessen konstitutive Funktion für die Begriffsbestimmung, soweit man überhaupt von einer Auslegung sprechen kann[137], findet sich in der wortlautgetreuen Auslegung („plain/ordinary meaning rule"), dass ein Begriff entsprechend seiner üblichen Bedeutung zu verstehen sei[138]. Unter diesen Begriff kann sowohl ein allgemeiner Wortsinn, vorrangig aber der Fachgebrauch, fallen[139]. Selbst spezielle Bedeutungen können jedoch mehrdeutig sein, wenn sie im spezifischen Kontext unterschiedliche Bedeutungen erlangen[140]. So kann der Begriff „Mutter" ein Verwandschaftsverhältnis aber auch das Gegenstück zur Fixierung einer Schraube kennzeichnen. Abstrakt lässt sich diese Zuordnung nicht treffen. Um welche Bedeutung des verwendeten Begriffes – tatsächlich als auch fachspezifisch – es sich bei dessen konkreter Verwendung handelt, kann folglich nicht vollständig außerhalb seines Kontexts festgestellt werden. Darum ist bereits, wie nach Art. 31 (1) VCT angeordnet, der Wortsinn einer systematischen Begrifflichkeit zu unterstellen.

Gleichzeitig muss beachtet werden, dass sich die Rechtswirklichkeit aber auch der Normgeber über längere Zeiträume eine andere Meinung zur Bedeutung gebildet haben kann. Neben der Möglichkeit, diesen Änderungen durch geänderte

---

136 *Aust* VCT S. 184 f.

137 Nach der Vattel'schen Maxime: „Ein klarer Wortlaut bedarf keiner Auslegung" (*de Vattel*, droit de gens § 263) erübrigt sich im Falle einer eindeutigen vertraglichen Regelung jede Notwendigkeit einer Auslegung.

138 *Stein/von Buttlar* Völkerrecht § 4 Rn. 82.

139 Ipsen/Heintschel von Heinegg § 11 Rn. 6.

140 Ebd.

Rechtssetzung bekräftigende Akzeptanz oder Ablehnung zu verleihen, besteht die Alternative, Entwicklungen zu akzeptieren und Bedeutungsverschiebungen in einer flexiblen Definition anzuerkennen[141]. Einer bloßen Nichtbeachtung der Änderung von Begrifflichkeiten nach Vertragsschluss kann damit keine eindeutige Entscheidung für oder gegen veränderte Begriffsbildung zugemessen werden. Die investitionsschutzrechtlich häufig herangezogene Quelle weiterer Vertragspraxis[142] als Rückschluss auf bestimmte Begriffsverwendungen begegnet deshalb bereits unter reinen Wortlautgesichtspunkten grundlegenden Bedenken.

b) Systematik

Gerade der Kontext, innerhalb dessen eine Rechtsnorm ihre Wirkung entfaltet ist deshalb auch nach Art. 31 (1) VCT unverzichtbare Richtlinie der Auslegung[143].

Neben der bloßen Einordnung in einen fachspezifischen Zusammenhang kann es notwendig sein, auf systematische Besonderheiten eines Normkomplexes einzugehen. Diese Herangehensweise fußt auf einem dem Regelwerk innewohnenden Strukturprinzip, das sich u. a. in konsistenter Begriffsverwendung manifestiert. Beispiel einer systematisch begründeten Auslegung und gleichzeitig selbständig anerkanntes Auslegungsprinzip ist der Schluss *expressio unius est exclusio alterius*[144]. Hiernach wird die willentliche Auslassung eines Elementes wie dessen expliziter Ausschluss gedeutet. Gleichzeitig kann eine enge Grenzziehung als Einbeziehung aller übrigen Aspekte verstanden werden[145]. Gerade für u. U. schwer vorhersehbare Entwicklungen wie prozessuale Meistbegünstigungseffekte kann aber nicht ohne weiteres auf willentliche oder versehentliche Auslassung geschlossen werden, da ebenso gut ein „redaktionelles Versehen“ den Grund der Auslassung bilden kann.

---

141 *Schwartmann* Private S. 72 f.; *Stein/von Buttlar* Völkerrecht § 4 Rn. 83; zum vom EGMR entwickelten speziellen Konzept der „margin of appreciation“ *Ovey* HRLJ 19 (1998), 10 ff.

142 *Maffezini* Par. 57 ff.; *Plama* Par. 195 ff.

143 So i. E. auch Ipsen/*Heintschel von Heinegg* Völkerrecht § 11 Rn. 8.

144 *Brownlie* International Law S. 604.

145 *Schwartmann* Private S. 72 f.

c) Sinn und Zweck

Ebenso setzt die Interpretation einer Norm nach Sinn und Zweck am Gedanken einer den Vertrag prägenden allgemeinen Zielstellung an. Neben dem operativen Vertragstext wird beim teleologischen Ansatz der untersuchte Hintergrund gem. Art. 31 (2) VCT auf nicht bindende Vertragsbestandteile wie die Präambel[146] erweitert. Zwar bildet auch im Rahmen zweckorientierter Auslegung der Vertragstext selbst die einzige Interpretationsgrundlage, dennoch findet eine Lösung vom operativen Wortlaut statt.

Nach telelogischem Verständnis soll dem Vertragswerk eine hohe – zum Teil sogar maximale[147] – Effektivität zukommen. Dabei kann sich gerade die teleologische Auslegung durch eine Objektivierung der Auslegungsmaßstäbe weit vom ehemaligen Willen der Vertragsparteien entfernen, wenn man diese Interpretation flexiblen Begrifflichkeiten unterstellt. Gleichwohl bedeutet eine Lösung vom ehemaligen Willen nicht, dass damit auch eine Abkehr vom aktuellen Willen vollzogen wird. Eine solche Entwicklung zeigt die Behandlung der EMRK als „living instrument" durch den EGMR, die z. B. über Facetten des Eigentumsschutzes faktischen Schutz der Berufsfreiheit kreiert[148]. Wie allgemein für die Begriffsbestimmung ist damit auch bei der Zweckbestimmung kritisch, ob man das Ziel und die durch dieses geprägte Systematik eines Dokuments auf den Punkt seiner Schaffung zementiert sieht oder die Vertragwerke vielmehr dynamisch im Licht jeweils herrschenden Verständnisses oder der Begriffsbildung abhängig von wandelnden Wertordnungen und damit verbunden gesellschaftlicher Entwicklung versteht[149]. Die Orientierung an Sinn und Zweck muss jedoch eher zur flexiblen Begriffsbildung neigen, da in unterschiedlichen gesellschaftlichen Umgebungen unterschiedliche Wege zum verfolgten Ziel führen können. Gravierendes Problem eines solchen Ansatzes ist allerdings die inhärente Gefahr, den ursprünglichen im Vertragstext manifestierten Parteiwillen

146 *Stein/von Buttlar* Völkerrecht § 4 Rn. 82 f.

147 Reservations to the Convention on the Prevention and Punishment of Genocide, Gutachten vom 28. Mai 1951 ICJ Rep. 1951, 15 (23).

148 Ehlers/*Wegener* Grundrechte § 5 Rn. 12.

149 *Herdegen* Völkerrecht § 15 Rn. 28; Ipsen/*Heintschel von Heinegg* Völkerrecht § 11 Rn. 21; *Stein/von Buttlar* Völkerrecht § 4 Rn. 83.

einem überragenden Zweck zu opfern[150], weshalb die Grenze des Wortlauts strikt beachtet werden muss.

Für den Bereich des Investitionsschutzes lässt sich z. B. anhand des ersten Awards in *Pope & Talbot Inc. v. Canada*[151] zur Interpretation des Art. 1105 NAFTA verdeutlichen, dass bei Heranziehung zweckdienlich objektivierter Interpretationsmaßstäbe das Vertragswerk eine eigene Dynamik entwickeln kann. Das Tribunal hatte Art. 1105 NAFTA entgegen einer übereinstimmenden gegenteiligen Auslegung der Vertragsstaaten über seinen völkergewohnheitsrechtlichen Kern hinaus als, dem weiteren BIT-Standard vergleichbar, verstanden, um sicherzustellen, dass die Norm effektiv und nicht bloß deklaratorisch ausgelegt werde[152].

d) (Historischer) Parteiwille

Das inhaltliche Gegenstück einer objektiven Auslegung findet sich in der Berücksichtigung eines subjektiven meist hypothetischen Parteiwillens. Zur Erforschung eines solchen wird vor allem auf den *traveaux préparatoires* abgestellt, der ein nachrangiges Auslegungsmittel i. S. des Art. 32 VCT bildet[153]. Funktionell stellt dieser Schritt die weiteste Lösung vom Vertragswortlaut dar, da außerhalb des Normkomplexes liegende Umstände zur Willenserforschung herangezogen werden.

Häufig ist es jedoch so, dass vorbereitenden Materialien zur konkreten Frage keine wirkliche Aussage entnommen werden kann und der Rückgriff auf diese Quellen keinen authentischen Willen sondern allenfalls Indizien eines möglichen Parteiwillens offenbart[154]. Eine Ausprägung dieses stark hypothetischen Charakters dokumentiert die Auslegungsregel *in dubio mitius*, wonach im Zwei-

---

150 *Sinclair* VCT S. 130.

151 UNCITRAL (NAFTA) Award 10. April 2001.

152 *Pope & Talbot* Award Par. 118. Diese Auslegung wurde im „Award on Damages" vom 31. Mai 2002 auf Grund einer mittlerweile vorliegenden bindenden Interpretation der Free Trade Commission (FTC), welche die Aussage der Vertragsparteien bestätigte, zurückgenommen.

153 *Jiménez de Aréchaga* RdC 159 (1978-I), 1 (42 f.).

154 Ipsen/*Heintschel von Heinegg* Völkerrecht § 11 Rn. 4.

fel souveränitätswahrend auszulegen sei[155], da Staaten sich nicht weiter binden wollten als notwendig. Diese Begründung gerät in Konflikt mit der teleologischen Auslegung, da Verträge regelmäßig die Selbstbindung der Vertragsstaaten zur Erreichung eines „höheren Ziels" bezwecken. Diesem wird durch eine intensivere Einbindung effektiver gedient sein[156]. Der inhärente Konflikt stellt damit bereits abstrakt die Weiche gegen eine rein souveränitätswahrende Auslegung. Schon die Tatsache des Vertragsschlusses zeigt, dass über den Willen zur Selbstbindung keine Zweifel bestehen und die Subsidiarität der Auslegung *in dubio mitius* regelmäßig greifen muss, wie dies auch nach Art. 32 VCT zum Ausdruck kommt.

Neben Schwierigkeiten der Begriffsbestimmung anhand einzelner Vorbereitungsmaterialien oder reiner Begleitumstände des Vertragsschlusses lässt sich deren Heranziehung außerdem entgegenhalten, dass sie gerade nicht Bestandteil des Vertrages geworden sind[157]. Der operative Teil stellt den „Gesetz gewordenen" Willen der Vertragsparteien und damit die maßgebliche Rechtsquelle dar[158]. Wäre die Erwähnung einer bestimmten Auslegung für die Vertragsparteien wesentlich, hätten sie diese durch Aufnahme in den Vertrag selbst wie auch den Abschluss einer Auslegungsvereinbarung oder eines Protokolls entsprechend Art. 31 (3) und (4) VCT zum Bestandteil der Norm machen können. Es kann jedoch gerade nicht erwartet werden, dass ein ratifizierender Staat sich mit der Ratifizierung gleichzeitig den *traveuax préparatoires* zueigen macht, wie Art. 14 VCT, der ausschließlich den Vertrag selbst und nicht dessen vorbereitende Materialien in die Ratifizierung einbezieht, unterstreicht.

Eine Berücksichtigung des Parteiwillens als eigenes Instrument der Auslegung muss aus den genannten Gründen restriktiv gehandhabt werden, da sich dieser gerade im Vertragstext selbst zeigt. Der Rekurs hat deshalb nach Wertung der VCT die Ausnahme zu bleiben, um sicherzustellen, dass der Vertragswortlaut Maß der Interpretation bleibt. Andernfalls könnte er durch einen hypothetischen Parteiwillen, der möglicherweise einzig der Ansicht des Auslegenden entspricht, ersetzt werden.

---

155 *Doehring* Völkerrecht Rn. 393.

156 *Dahm/Delbrück/Wolfrum* Völkerrecht I/3 S. 64.

157 *Damrosch* International Law S. 510 ff.

158 Insoweit spricht auch Art. 38 Abs. 1 a) IGH-Statut von Internationalen Übereinkommen, nicht jedoch deren Begleitumständen.

e) Weitere Auslegungs- und Vermutungsregeln

Neben den allgemein anerkannten Interpretationsgrundsätzen existiert eine Vielzahl verselbständigter spezieller Ausprägungen dieser Aspekte[159].

Die Grundsätze der *effective interpretation* und der *restrictive interpretation* stehen in einem Verhältnis gegenseitiger Exklusivität. Jedoch lässt sich weder für die eine noch für die andere Seite in ihrer formulierten Absolutheit ein unwiderlegbares Argument finden, das eine Reihung der Kriterien rechtfertigte. Sie dürfen deshalb ausschließlich unter hinreichender Würdigung des Einzelfalles zum Tragen kommen[160].

Treu und Glauben mit seiner Ausprägung *pacta sunt servanda* in Art. 26 VCT[161] sowie die Auslegung *contra proferentem*[162] (im Zweifel gegen den Verwender) sind auch aus nationalen Rechtsordnungen bekannt[163].

Schließlich sind Schlüsse *a maiore ad minus* wie auch das *argumentum e contrario* zu nennen[164]. Beide messen einer Regelung weitergehende Bedeutung für nicht explizit benannte aber vermeintlich geregelte Materien bei. Dabei kann es sich um die Beurteilung einer wesensgleichen aber weniger einschneidenden Maßnahme bzw. die Argumentation anhand eines abwegigen Umkehrschlusses handeln. Aus beiden werden konkrete Konsequenzen struktureller Besonderheiten des Vertrages gezogen. Es scheint daher überzeugend, sie der systematischen Auslegung zuzuordnen.

2. Zusammenfassung

Dem Wortlaut der Art. 31 und 32 VCT lässt sich ein spezifisches Rangverhältnis für die Auslegung völkerrechtlicher Verträge entnehmen. Die engen Voraussetzungen einer Anwendung nachrangiger Auslegungsmittel nach Art. 32 VCT

---

159 *Vitzthum* Völkerrecht I Rn. 123 f.

160 *Brownlie* International Law S. 606.

161 *Hobe/Kimminich* Völkerrecht S. 182.

162 Ipsen/*Heintschel von Heinegg* Völkerrecht § 11 Rn. 19.

163 Vgl. § 305 c Abs. 2 BGB.

164 Ipsen/*Heintschel von Heinegg* Völkerrecht § 19 Rn. 11.

führen nicht bloß zu einem Vorrang der Grundregel des Art. 31 VCT; vielmehr begründet die restriktive Eröffnung sogar eine Sperrwirkung zu dessen Gunsten. Erst wenn die in Art. 32 VCT genannten Hürden in Form echter Mehrdeutigkeit, Unklarheit oder offensichtlicher Widersinnigkeit einer Auslegung nach Art. 31 VCT erreicht sind, ist eine Berücksichtigung vorbereitender Arbeiten wie anderer Umstände des Vertragsschlusses möglich. Vorrangig sind die in Art. 31 VCT genannten Grundlagen des kontextbedingten Wortlauts, der vertraglichen Systematik und des Zwecks als auslegungsrelevant zu berücksichtigen.

Ein losgelöster Parteiwille ist unter diesen Aspekten allerdings nicht zu finden. Vielmehr muss dieser anhand der aufgezählten Kriterien ermittelt werden. Zwar zielen alle Auslegungsinstrumente letztendlich auf die Feststellung des Parteiwillens, der Unterschied und Grund der Subsidiarität besteht jedoch im gewählten Ansatz, der sich zunehmend weiter vom Vertragskern entfernt.

3. Sonderfall weiterer Vertragspraxis

Gerade im Investitionsschutz offenbart die schiedsgerichtliche Praxis, dass Tribunale zur Auslegung vertraglicher Termini auf die weitere BIT-Praxis der betroffenen oder auch unbeteiligter dritter Vertragsstaaten zurückgreifen, um Rückschlüsse auf Bedeutungen des eigentlichen Vertragswerkes zu ziehen. Diese spezifische Besonderheit findet ihren Grund wohl vor allem in der großen Zahl investitionsschutzrechtlich relevanter Vertragswerke.

a) Verträge ohne Beteiligung der Vertragsparteien

Der Rückgriff auf BITs dritter Parteien kann für die Auslegung – wenn überhaupt – nur eine untergeordnete Rolle spielen[165]. Sie stehen außerhalb des abschließenden Kreises zu berücksichtigender Normen in Art. 31 (3) und (4) VCT. Die Beurteilung anhand von Drittverträgen ist am ehesten der Berücksichtigung des *traveaux préparatoires* vergleichbar, da Bezug auf außerhalb des Vertragstexts stehende Elemente genommen wird.

---

[165] So auch *Vesel* YJIL 31 (2007, 125 (167).

Sie erreicht jedoch noch weniger Aussagekraft als die Verhandlungsprotokolle und andere ergänzende Materialien, da insgesamt keinerlei Beteiligung der ursprünglichen Vertragsparteien festzustellen ist.

b) Drittverträge der Vertragsparteien

Auch gegen den Rückgriff auf Drittverträge der betroffenen Parteien lassen sich begründete Einwendungen vorbringen.

Zwar sind diese enger an den Vertrag geknüpft, da zumindest eine der betroffenen Parteien beteiligt war, nichtsdestotrotz gilt auch hier, dass es sich nicht um vom Konsens der streitbetroffenen Vertragparteien gedeckte Willensbekundungen handelt. Wären diese unbeschränkt berücksichtigungsfähig, könnte eine Vertragspartei der anderen im Nachhinein durch Abschluss eines eigennützigen Vertrages ihren Willen mittelbar oktroyieren und das Erfordernis direkter Verhandlungen umgehen. Ein im Verhandlungswege teilweise mühsam erarbeitetes Gleichgewicht der in den Vertragstext geflossenen Lösung würde zum Spielball nachgelagerter Verhandlungen. Art. 26 VCT als *pacta sunt servanda* würde so keinesfalls mehr genügt.

Folglich ist selbst die Einbeziehung weiterer BITs einer Vertragspartei nicht überzeugend. Hierfür bedarf es eines deutlich erhöhten Maßes an Rechtfertigung, was noch über das für die Heranziehung vorbereitender Dokumente erforderliche Maß nach Art. 32 VCT hinausgeht.

c) Zusammenfassung

Der Rückgriff auf externe Quellen ist damit systematisch nicht überzeugend, erst recht wenn sich nach der vorrangigen Auslegung des Art. 31 VCT taugliche Anhaltspunkte finden. Nahezu Gleiches muss für zumindest eventuell beachtliche Drittverträge der originären Vertragsparteien gelten. Trotz der Verlockung dieses umfangreichen Referenzmaterials kann hierauf nur im streng an Art. 32 VCT zu messenden Ausnahmefall Bezug genommen werden.

Neben den systematischen Einwänden unterliegt dieser auch stets dem Einwand der Missbrauchsanfälligkeit, da bei der großen Auswahl an Referenzverträgen zumindest einer aufzufinden sein wird, der die gewünschte Position stützt.

II. Auslegung von Meistbegünstigungsklauseln im Internationalen Wirtschaftsrecht

Nachdem bereits die rechtstechnische Struktur von Meistbegünstigungsklauseln unter Berücksichtigung investitionsschutzrechtlicher Besonderheiten dargelegt wurde[166], soll in diesem Abschnitt deutlicher auf deren tatsächliche Auslegung eingegangen werden. Neben der Meistbegünstigung selbst kann hier auch ergänzend der dogmatisch vergleichbare Nichtdiskriminierungsstandard[167] der Inländerbehandlung herangezogen werden[168].

Wesentliche Kriterien stellen hier *like circumstances* und *ejusdem generis* als Strukturprinzipien der Meistbegünstigung dar. Es wird daher vor allem die Frage zu beantworten sein, wie Vergleichbarkeit und *ejusdem generis* praktisch gehandhabt werden. Anschließend sollen inhärente Grenzen der Meistbegünstigung neben den üblichen expliziten Ausnahmen[169] erörtert werden. Dieses Konzept ist eine anhand prozessualer Meistbegünstigung entwickelte investitionsschutzrechtliche Besonderheit, deren Begründung aus überwiegender Parteiintention oder als *lex specialis* bisher ungeklärt blieb.

Die Untersuchungen werden sich jedoch größtenteils an materiellen Meistbegünstigungswirkungen orientieren, da diese praktisch den weiteren Anwendungsbereich der Meistbegünstigung bildeten. Gerade die Berücksichtigung des Welthandelsrechts bedarf dabei wegen dessen Anknüpfung an mediatisierte statt eigene Investorrechte als strukturellem Unterschied beider Regime besonderer Begründung. Für eine zulässige Übertragbarkeit welthandelsrechtlicher Erkenntnisse spricht trotz dieser technischen Unterschiede, dass die Meistbegünstigungsklauseln beider Regime nach gleichen Prinzipien funktionieren. So ist grundsätzlich zuerst festzustellen, ob vergleichbare Waren/Dienstleitungen oder Investitionen und außerdem der Vertragsmaterie zugängliche Besserstellungen vorliegen.

---

166 Siehe B. I. Meistbegünstigung.

167 *Ebenroth* Gestaltung Rn. 843; *Weiler* NAFTA S. 28.

168 *McGhie* in Bradlow/Escher FDI S. 113 f.

169 Siehe hierzu B. I. 4. Ausnahmen vom Grundsatz der Meistbegünstigung.

1. Like Circumstances

Die relativen Standards der Meistbegünstigung und der Inländerbehandlung[170] knüpfen an die Vergleichbarkeit betroffener Investitionen oder Investoren an. Schon auf Grund heterogener Termini in unterschiedlichen BITs[171] bleibt eine allgemeine Definition allerdings schwer vorstellbar, da diese dem spezifischen Wortlaut jeder Meistbegünstigungsklausel gesondert Rechnung tragen aber gleichzeitig allgemeine Aussagen treffen müsste. Wegen der weiten Verbreitung von Meistbegünstigung und Inländerbehandlung im Wirtschaftvölkerrecht besteht jedoch die Chance, grundlegende Regeln festzuhalten.

a) WTO

Zur Auslegung investitionsschutzrechtlicher Nichtdiskriminierungsstandards griffen Tribunale regelmäßig auf im Welthandelsrecht (vor allem nach GATT und GATS) herausgebildete Grundsätze zurück[172]. Die Meistbegünstigung nach Art. 4 TRIPS blieb in diesem Zusammenhang wegen der unterschiedlichen Ausgestaltung des TRIPS außer acht, da sie kein Vergleichbarkeitskriterium enthält.

Der Rekurs ins Welthandelsrecht ist einerseits reichlich vorhandener Rechtsprechung des Dispute Settlement Body, als auch der Tatsache geschuldet, dass sich so eine einheitliche und gefestigte Handhabe der Anwendung konstituierender Prinzipien des Wirtschaftsvölkerrechts[173] vornehmen lässt[174]. Vollständige Uniformität der Auslegung kann dennoch selbst im Rahmen der WTO-Abkommen nicht erreicht werden, da sogar diese Normen trotz ihrer strukturellen Verwandtschaft zum Teil engere oder weitere Begriffe verwenden[175]. Als Beispiel dienen hier Art. III:2 und Art. III:4 GATT. Absatz 2 enthält den restriktiveren Begriff der „directly competitive or substituteable product(s)" während Absatz 4 die

170 Ebd.

171 *Dolzer/Stevens* BITs S. 63.

172 *Weiler* NAFTA S. 32; *ders.* Leading Cases 557 (567 ff.).

173 *Langer* Wirtschaftsverfassung, S. 108 verwendet die Formulierung „Bestandteil des harten Kerns der Weltwirtschaftsverfassung".

174 *Weiler* NAFTA S. 10 ff.

175 *Japan - Taxes on Alcoholic Beverages* WT/DS8/AB/R, WT/DS10/AB/R, WT/DS11/AB/R Par. 114.

weitere Formulierung „like products" verwendet[176]. In den Verhandlungen des GATT wurden zwar Vorschläge zur Konkretisierung der innerhalb desselben verwendeten Begrifflichkeiten „like products" eingebracht, dieser Ansatz jedoch im Ergebnis nicht weiter verfolgt[177]. Die Konkretisierung der Vergleichbarkeit und Herausarbeitung belastbarer Kriterien blieb somit dem System der Streitbeilegung überlassen. Ausgangspunkt dieser Bestimmung im GATT-Recht bildete die Panel-Entscheidung in „Belgian Family Allowances"[178]. Deren Ansatz wurde in weiteren Verfahren aufgegriffen und fortgeführt[179]. Diese Grundzüge fanden schließlich umfassend Einzug in Verfahren nach dem DSU[180]. Vor allem der Appellate Body hat hier zu einem einheitlichen Verständnis beigetragen[181].

Neben untergeordneten Kriterien wie der Zollklassifizierung[182] und einem eher subjektiv auf die Wahl des Unternehmers abstellenden Ansatz nach der Produktionsmethode[183], hat sich unter GATT und GATS die Wahrnehmung des Produktes durch dessen Verbraucher als primäres Beurteilungskriterium durchgesetzt[184]. Diesem unterfallen abgestuft die Prüfungspunkte, ob Waren oder

---

176 *Stoll/Schorkopf* WTO Rn. 139.

177 *Jackson* World Trade S. 260 f.

178 GATT, BISD, 1S/59 (1953).

179 Canada - Measure Affecting the Sale of Gold Coins, L/5863 v. 17.9.1985; Japan - Custom Duties, Taxes and Labelling Practices on Imported Wines and Alcoholic Beverages v. 13.10.1987, BISD 34S/83.

180 Vgl. z. B. *United States - Gasoline*, WT/DS2/R v. 29.1.1996 Ziff. 6.5ff; *European Communities - Bananas*, WT/DS27/R v. 22.5.1997, Ziff. 7.62f. und *India - Measures Affecting the Automotive Sector*, WT/DS146/R v. 21.12.2001, Ziff. 7.173ff.; *Indonesia - Certain Measures Affecting the Automobile Industry*, WT/DS54/R, WT/DS55/R, WT/DS59/R, WT/DS64/R, Rn. 14.110 f.; 14.141; *Japan - Taxes on Alcoholic Beverages* WT/DS8/ R, WT/DS10/ R, WT/DS11 /RS. 111-114, Rn. 6.20-6.23 und Appellate Body *Japan - Taxes on Alcoholic Beverages* WT/DS8/AB/R, WT/DS10/AB/R, WT/DS11/AB/R S. 19-21.

181 *Stoll/Schorkopf* WTO Rn. 124.

182 Für deren vorrangige Berücksichtigung Bhala/*Kennedy* World Trade Law, S. 66 f.

183 *Weiß/Herrmann* Welthandelsrecht Rn. 395.

184 Panel, *Indonesia - Certain Measures Affecting the Automobile Industry*, WT/DS54/R, WT/DS55/R, WT/DS59/R, WT/DS64/R, Rn. 14.110 f.; 14.141; *Japan - Taxes on Alcoholic Beverages* WT/DS8/ R, WT/DS10/ R, WT/DS11 /RS. 111-114, Rn. 6.20-6.23 und Appellate Body *Japan - Taxes on Alcoholic Beverages* WT/DS8/AB/R, WT/DS10/AB/R, WT/DS11/AB/R S. 19-21; *Canada -*

Dienstleistungen aus Verbrauchersicht miteinander im Wettbewerb stehen, zum identischen Endverbrauch bestimmt oder zumindest in diesem substituierbar sind[185]. Dabei weisen die drei genannten Kriterien eine unterschiedlich stark ausgeprägte Wettbewerbssituation auf. Neben direktem Wettbewerb als eigenem Merkmal kann davon ausgegangen werden, dass solcher zwischen Produkten für den identischen oder ähnlichen Endverbrauch herrscht. Lockerste Form der Vergleichbarkeit stellt die bloße Substituierbarkeit dar, die auf eine Identität des Endverbrauchs verzichtet. Die Definition anhand der genannten Kriterien entzieht die Vergleichbarkeit unternehmerischem Einfluss, da substituierbare Produkte oder Dienstleistungen unabhängig von ihrer Produktionsmethode im Preiswettbewerb stehen[186] und so eine autonome Begriffsdefinition möglich wird. Auch dient das aus dem Wettbewerbsrecht bekannte Kriterium der Substituierbarkeit einer Intensivierung des Wettbewerbs[187] und damit dem Zweck des Freihandels.

Im Ergebnis korrespondiert die Vergleichbarkeit damit dem wettbewerbsrechtlichen Marktbegriff und dessen prägendem Merkmal der Kreuzelastizität.

b) BITs und NAFTA

Stärker als im Welthandelsrecht ist ein vielförmiger Wortlaut der Nichtdiskriminierungsstandards im Investitionsschutz ausgeprägt. Die Formulierungen reichen hier von eher engen „identical" über begrifflich weitere „similar" oder „like situations" bis zu ebensolchen „enterprises", „investments" und „(economic) activities"[188]. Die Verträge enthalten dabei selbst meist keine Definition, was unter den Begriffen zu verstehen ist[189]. Dies erschwert die allgemeine Ver-

---

Certain Measures affecting the Automotive Industry, WT/DS 139 u. 142 AB/R, Rn. 171 ff.

185 *Weiß/Herrmann* Welthandelsrecht Rn. 395;*Stoll/Schorkopf* WTO Rn. 122; *Hilf/Oeter* WTO § 9 Rn. 56.

186 Als eine der wenigen Ausnahmen wäre hier an die Ächtung von Kinderarbeit als den Kauf ausschließendes Kriterium und vom Verbraucher beachtete Besonderheit des Produktionsprozesses zu denken.

187 *Lettl* Kartellrecht Rn. 474 ff.; *Bunte* Kartellrecht S. 7 ff.

188 *Dolzer/Stevens* BITs S. 63.

189 Eine der Ausnahmen stellt hier beispielsweise die Definition im Protokoll zum BIT Deutschland-Kenia aus dem Jahre 1964 dar:

gleichbarkeitsdefinition im Gegensatz zum begrifflich begrenzt einheitlichen Welthandelsrecht. Einen Vorteil bieten hier die investitionsschutzrechtlich relevanten Art. 1102 (Inländerbehandlung) und 1103 (Meistbegünstigung) NAFTA, die bereits Gegenstand vieler Verfahren waren. Unter Rückgriff auf die welthandelsrechtlichen Konkretisierungsmaßstäbe kann die Interpretation somit angeleitet und auf ein einheitliches Grundkonzept gestellt werden.

Ausgangspunkt ist auch im Investitionsschutz die Frage, ob Investoren oder Investitionen[190] im gleichen Markt operieren, was nur bei Vergleichbarkeit der betroffenen Investition der Fall sei. Es stellt sich folglich die Frage, ob die Vergleichsgruppen in einem Wettbewerbsverhältnis stehen, das durch die beanstandete staatliche Maßnahme für einen Investor nachteilig beeinträchtigt wurde[191]. Handelt es sich um identische Produkte, stellt diese Abgrenzung den Rechtsanwender nicht vor Probleme. Dies ist z. B. beim Verkauf von Zigaretten[192] oder der Produktion von Stahl[193] der Fall. In solchen Fällen ist vom Vorliegen des ersten aus GATT und GATS bekannten Kriterium direkten Wettbewerbs auszugehen. Stehen die Produkte in keinem direkten Konkurrenzverhältnis, stellt sich auch unter investitionsschutzrechtlichen Aspekten die Frage der Zweckbestimmung. Dieser nächste Ansatzpunkt ist dem zweiten welthandelsrechtlichen Abgrenzungskriterium verwandt, das auf identischen Endverbrauch als Zweck abstellt.

Schwieriger wird der Vergleichbarkeitstest jedoch, wenn die im Rahmen der Investition erzeugten Produkte unter Finalitätsgesichtspunkten keine vollständigen Substitute mehr sind, sondern sich lediglich in mehreren Eigenschaften entsprechen. Dann muss wie im Welthandelsrecht die Tätigkeit im selben Markt über einen Rückgriff auf die allgemeine Marktdefinition des Wettbewerbs- und Kartellrechts vorgenommen werden. Anhand einer Bestimmung über die Nachfragepräferenzen potentieller Kunden ist die Kreuzpreiselastizität als Abgren-

---

"The term 'any similar investment' as referred to in Article 2 shall be deemed to comprise any investment of a like nature in the territory of the Contracting Party concerned regardless of whether such investments have been made by nationals or companies of any third State or by other individual or company."

190 Zur Unterscheidung und deren Bedeutung siehe *Correa* MJInt'lL 26 (2004), 331 (343).

191 *Pope & Talbot* Par. 35; 44.

192 *Feldmann* Par. 70.

193 *ADF* Par. 72.

zungsmaßstab zu bestimmen[194]. Eine solche Entsprechung „potentieller Konkurrenz" zeigt *Cross-Border-Trucking*, das auf Basis hypothetischer Substituierbarkeit und Konkurrenz grenznaher mexikanischer und US-amerikanischer Fuhrdienstleister zur Vergleichbarkeit der angebotenen Dienstleitungen kam[195].

Die einzigen Ausnahmen von dieser Begriffsbestimmung über unterschiedlich intensive Konkurrenz finden sich in zwei ausreißenden Schiedssprüchen. Deutlich restriktiver war das Konzept in *Loewen*[196], das zwischen Unternehmen derselben Branche trotz offensichtlicher Konkurrenz keine Vergleichbarkeit annahm[197]. Der äußerst weite Schiedsspruch in *OEPC v. Ecuador* hingegen sah sogar Unternehmen in völlig unterschiedlichen Märkten wie Öl-, Blumen- und Fischhandel bereits aufgrund der Tatsache, dass alle im Export tätig waren als vergleichbar an[198]. Diese gegenläufigen Auslegungen scheinen wegen ihres Einzelfallcharakters jedoch nicht geeignet, das allgemeine System in Zweifel zu ziehen, zumal jenes schon wegen der systematisch fundierten Begründung auch in anderen Rechtsgebieten weit reichende Anerkennung findet.

In vorgehendem Sinne stellt damit auch der investitionsschutzrechtliche Vergleichbarkeitsbegriff auf gestufte Konkurrenz ab, um Vergleichbarkeit zwischen Investoren bzw. deren Investitionen zu begründen.

c) Zusammenfassung

Es bestehen konzeptionelle Übereinstimmungen zwischen welthandelsrechtlicher und investitionsschutzrechtlicher Vergleichbarkeitsbestimmung. In beiden

194 *Weiler* NAFTA S. 33.

195 *United States – In the Matter of Cross Border Trucking Services*, USA-MEX-98-2008-01, 6. Februar 2001, Par. 247. Zu einem entsprechenden Ergebnis sog. *would-be competition* gelangt das Tribunal in *S.D. Myers, Inc. V. Canada* , Award on Damages, NAFTA/UNCITRAL Tribunal, 21 Oktober 2002, Par. 251.

196 Loewen Group Inc. and Raymond L. Loewen v. the United States of America, Case No. ARB (AF)/98/3 (NAFTA) 31. Oktober 2005, Par. 119, 140.

197 Zu Kritik an der Entscheidung und einer detaillierten Erklärung der Motivation des Tribunals siehe *Weiler* Journal of World Investment 4 (2003), 659 ff.

198 Occidental Exploration and Production Company v. the Republic of Ecuador, Case No. UN3467 (LCIA), 1. Juli 2004, Par 168.

Gebieten wird auf eine an tatsächlicher oder hypothetischer Konkurrenz ausgerichtete Definition abgestellt.

Selbst für den zersplitterten Bereich des Investitionsschutzes verursachte die Bestimmung der Vergleichbarkeit anhand des Wettbewerbskonzepts bis auf die Ausreißer in *Loewen* und *OEPC* praktisch kaum Probleme. Die verbleibende Schwierigkeit in der Auslegung investitionsschutzrechtlicher Meistbegünstigungsklauseln stellt damit deren von der Vertragsmaterie abhängiger Regelungsgegenstand dar[199].

2. Ejusdem Generis

Die welthandelsrechtliche Bestimmung des Vertragsgegenstandes verursacht auf Grund der systematischen Durchdringung des Vertragsrechts sowie der Aufteilung in abzugrenzende Regime des Waren- und Dienstleistungshandels, den Schutz geistigen Eigentums und das DSU als Instrument der Rechtsdurchsetzung keine großen Probleme. Im Gegenteil lässt sich regelmäßig gut feststellen, welchem Regime ein Vertrag zuzuordnen ist. Inhaltliche Überschneidungen sind wegen dieser systematisch strikten Trennung[200] eher unwahrscheinlich. Anders verhält es sich mit den Regelungen der BITs. Diese sind zwar thematisch auf den Investitionsschutz beschränkt, nichtsdestotrotz enthalten sie mit Streitbeilegungsmechanismen Elemente scheinbar unterschiedlicher Rechtsregime[201], die im welthandelsrechtlichen Kontext anderen Vertragswerken zugeordnet sind. Damit wird eine Bestimmung der Vertragsmaterie *prima facie* deutlich erschwert.

Trotz dieser inhaltlichen Divergenz wird auch bzgl. *ejusdem generis* zunächst ein Blick auf das Welthandelsrecht geworfen. Anhand dessen gesicherter Ausführungen lässt sich nachvollziehen, ob es Parallelen zur investitionsschutzrechtlichen Begriffsbildung gibt. Ebenso wird konkreter zur Frage einer möglichen Übertragbarkeit der Ergebnisse aus dem Welthandelsrecht Stellung genommen.

---

199 *Dolzer* FS Ress S. 47 f.

200 *Dolzer* FS Eitel S. 294.

201 *Dolzer/Bloch* Hdb WirtR Abschnitt J Rn. 82.

a) Welthandelsrecht

Den multilateralen Verträgen im Rahmen der WTO fehlt es an der im Investitionsschutz zu beobachtenden themenübergreifenden Vollumfänglichkeit. Die erfassten Regime von GATT, GATS und TRIPS sind in ihrem Regelungsgehalt danach abgegrenzt, dass den vom jeweiligen Anwendungsbereich erfassten Waren, Dienstleistungen oder geistigen Schutzrechten bestimmte Schutzstandards zuteil werden. Durchsetzung und Geltendmachung derartigen Schutzes wiederum bleiben vollumfänglich im DSU geregelt[202]. Diese strikte Aufteilung macht eine Untersuchung, ob Rechtsdurchsetzungsmechanismen integraler Teil des gewährten Schutzstandards sind, obsolet. Die Restriktion untersagt aber nicht die Suche nach allgemeinen Aussagen, die eventuell bei der investitionsschutzrechtlichen Auslegung beachtet werden können. Da das DSU selbst keine Meistbegünstigungsklausel enthält, sollen die drei wesentlichen materiellen Abkommen der WTO auf Funktion und Bestimmung ihrer *subject matter* untersucht werden.

aa) GATT

Anknüpfungspunkt des GATT ist der Begriff der Ware, der sich in unterschiedlichen Formulierungen in der Präambel sowie z. B. den Artikeln I:1; III:1; V:1; VI:1 VII:1 findet[203]. Hieran anknüpfend gewährt das GATT direkte Vorgaben zur Behandlung in-, aus- und drittländischer Waren im Wege der Meistbegünstigung (Art. I) oder Inländerbehandlung (Art. III). Diese Vorgaben berühren als relative Schutzstandards den Freihandel für Waren i. S. des GATT bzw. folgen zumindest dem Ziel einer Liberalisierung[204]. Die gleiche Zielstellung verfolgen Antidumpingregeln (Art. VI GATT) und die Beseitigung mengenmäßiger Beschränkungen (Art. XI GATT) mit den jeweils einschlägigen allgemeinen oder speziellen Ausnahmevorschriften[205].

---

202 *Weiß/Herrmann* Welthandelsrecht, S.

203 *Hilf/Oeter* WTO § 9 Rn. 2.

204 *Stoll/Schorkopf* WTO S. 30 ff.

205 *Kösters* Europ. Wirtschaftspolitik S. 810.

Der Begriff der Ware als Anknüpfungspunkt ist im GATT selbst allerdings nicht definiert[206]. Allgemein werden hierunter „physisch greifbare Sachen, die Gegenstand von Handelsgeschäften sein können"[207] gefasst. Schon diese breite Herangehensweise zeigt, dass eine Restriktion auf bestimmte Waren nicht gewollt scheint. Schließlich werden auch künftig entstehende Produkte von der Definition erfasst; unabhängig, ob sie in einer Zolltabelle vorkommen oder überhaupt schon als solche absehbar sind. Liegt eine Ware vor, sind alle Regelungen, die ungerechtfertigt der Liberalisierung des Handels dieser Ware entgegenstehen, ein Verstoß gegen das GATT, gleich welcher Natur sie sind[208].

Damit offenbart das GATT einen doppelt weiten Begriff der vertraglich geregelten Materie, wenn neben einem offenen Warenbegriff als Anknüpfungspunkt auch ein weites Regime anwendbarer Regelungen mit Einfluss auf den Warenhandel an dessen Schutzstandards zu messen ist.

bb) GATS

Eine ebensolche Systematik liegt auch dem GATS zugrunde, dessen Schutzbereich an das Vorliegen einer Dienstleitung nach Art. XXVIII (b) anknüpft[209]. Dem Dienstleistungsbegriff liegt wie dem Warenbegriff ein weites Verständnis zugrunde, da auch dessen Kategorien einen umfassenden wirtschaftlichen Schutz der Dienstleistungserbringung von ihrer Entstehung bis zum Konsum sowohl für den Anbieter, als auch für den Verbraucher, gewährleisten[210]. Die Aufzählung von Produktion, Vertrieb, Vermarktung, Verkauf und Bereitstellung ändert nichts an dieser begrifflichen Offenheit[211], denn die Beispiele sind so weit, dass jede Dienstleistung einem der Dienstleistungsmodi des

---

206 *Senti* WTO Rn. 727 ff.

207 *Hilf/Oeter* WTO § 9 Rn. 2.

208 *Hilf/Oeter* WTO § 24 Rn. 23. Zu beachtlichen Verstößen auf dem Gebiet des Rechtsschutzes siehe *United States – Section 337 of the Tariff Act of 1930* (BISD L/6439-36S/345) 7. November 1989, Par. 5.11.

209 Die Notwendigkeit einer vorherigen Zeichnung betroffener Dienstleistungssektoren soll hier zugunsten einer Konzentration auf die vertragliche Systematik vernachlässigt werden.

210 *Weiß/Herrmann* Welthandelsrecht Rn. 841.

211 *Weiß/Herrmann* Welthandelsrecht Rn. 838.

Art. I (2) GATS zuzuordnen ist[212]. Der Begriff der Dienstleitung setzt damit vereinfacht die Erbringung einer wirtschaftlichen Tätigkeit gegen Entgelt voraus[213]. Vom Anwendungsbereich sind damit auch Dienstleistungen erfasst, die weder zum Zeitpunkt des Abschlusses noch später bedacht wurden. Ist dieses Dienstleistungsmerkmal erfüllt, wird hier jede dem Staat zuzurechnende Maßnahme[214] gem. Art. I:3 a) auf ihre Vereinbarkeit mit dem GATS überprüft.

Diese Kombination eines weiten Prüfungsmaßstabes i. V. m. dessen Auslösung durch einen nicht abgeschlossenen Dienstleistungsbegriff führt ebenso zu einem doppelt weiten Anwendungsbereich[215] im Dienste der Liberalisierung wie dies für GATT gilt.

cc) TRIPS

Anders verhält sich der Schutz nach TRIPS, der ausschließlich bei Vorliegen der geistigen Eigentumsrechte des Art. 1.2 TRIPS (Urheberrechte sowie gewerbliche Schutzrechte) gewährt wird[216]. Damit sind die Regelungen des TRIPS entgegen GATT und GATS abschließend und erfassen nur einen konkreten Kanon geistiger Schutzrechte sowie einen spezifischen Teil des Wettbewerbsrechts. Gerade an einer Offenheit für zukünftige Entwicklungen fehlt es durch diese Begrenzung auf den *status quo*.

Der restriktive Ansatz des TRIPS erklärt sich jedoch aus dessen Schutzrichtung. Während die „Freihandelsabkommen“ GATT und GATS auf die Beseitigung von Handelshemmnissen, die Nutzung komparativer Kostenvorteile im Welthandel und somit die Wohlfahrtssteigerung durch einen funktionierenden Markt und Marktzugang setzen[217], verhindert geistiges Eigentum durch die Schaffung temporärer Monopole gerade diesen Wettbewerbsaspekt. Es dient vielmehr der

---

212 *Weiß/Herrmann* Welthandelsrecht Rn. 843.

213 *Weiß/Herrmann* Welthandelsrecht Rn. 838.

214 *Weiss* CMLRev 1995, 1170 (1190).

215 *Stoll/Schorkopf* WTO Rn. 536; *Weiß/Herrmann* Welthandelsrecht Rn. 851.

216 *Oeter/Hilf* WTO § 24 Rn. 16.

217 *Krugman/Obstfeld* Internationale Wirtschaft Kapitel 5, S. 127 ff.; *Meessen* Wirtschaftsrecht im Wettbewerb der Systeme S. 38.

Anreizbildung im Wettbewerb als Entdeckungsverfahren[218]. Eine an sich unerwünschte Monopolisierung kann unter dynamischen Gesichtspunkten durchaus für eine Wohlstandsmehrung sorgen, indem sie einen Anreiz zur Innovation schafft, da der Innovator seine Entwicklungskosten durch die temporäre Abschöpfung von Monopolrenten amortisieren kann[219]. Nach Ablauf des angemessenen Schutzes steht die Erfindung schließlich der Allgemeinheit zur Verfügung. Ein solcher Eingriff in den Wettbewerb bedarf unter ökonomischen Gesichtspunkten wie jeder Eingriff, einer besonderen Rechtfertigung über wohlfahrtssteigernde dynamische Effekte. Kann von solchen Vorteilen nicht ausgegangen werden oder besteht deutliche Unsicherheit, empfiehlt es sich, auf die Effizienz des Marktes zu vertrauen und von einem Eingreifen abzusehen. Diese prognostische Unsicherheit macht eine strenge Begrenzung der Wettbewerbsverzerrung durch vorübergehende Monopolisierung notwendig und erklärt die restriktivere Anknüpfung nach TRIPS. Über den definierten Bereich geistiger Schutzrechte hinaus kann nicht ohne weiteres von einer dynamisch wohlfahrtssteigernden Wirkung temporärer Monopolisierung ausgegangen werden, weshalb die Effizienzvermutung zugunsten des Marktes und gegen die Regulierung eingreifen muss.

Der Anwendungsbereich des TRIPS unterliegt daher wegen der wohlfahrtstheoretischen Sonderstellung des geistigen Eigentums anders als Liberalisierungsinstrumente strengen Beschränkungen. Diese machen eine klare Grenzziehung als Schranke gegen wohlfahrtsschädliche übermäßige Regulierung notwendig und erklären den restriktiven Anwendungsbereich des TRIPS im Gegensatz zu GATT und GATS.

dd) Zusammenfassung

Die Bestimmung der vertraglich geregelten Materie folgt im Welthandelsrecht zwei unterschiedlichen Konzeptionen, die sich aus unterschiedlicher Anknüpfung und deren ökonomischer Funktion begründen. Dabei zeichnen sich die liberalisierenden Verträge GATT und GATS durch doppelte Offenheit aus, indem sie sowohl den Anknüpfungspunkt als auch den Kanon zu prüfender nationalrechtlicher Regelungen offen gestalten. Hinter Waren- und Dienstleitungshandel steht damit eine weite Regelungsmaterie, die zum Erreichen möglichst weiter

---

218 *Donges/Freytag* Wirtschaftspolitik S. 150.

219 *Donges/Freytag* Wirtschaftspolitik S. 216 f.

Liberalisierung einen weiten Ansatz vertraglich zugänglicher Regelungen offeriert. Diese definitorische Offenheit kommt auch dem hierüber determinierten Anwendungsbereich der Meistbegünstigung zugute. Die deutlich restriktivere Gegenposition trifft hingegen auf das TRIPS zu. Dieses erfasst aus ökonomischer Notwendigkeit lediglich einen streng begrenzten Bereich geistiger Eigentumsrechte und des Wettbewerbsrechts. Damit ist auch der Anwendungsbereich für dessen Meistbegünstigungsklausel enger gesteckt, als dies für die Meistbegünstigung nach GATT und GATS gilt.

Zur Heranziehung eines der welthandelsrechtlichen Konzepte bedarf es damit einer detaillierten Betrachtung vertraglich intendierter Zielstellungen. Ob als Grundlage der Anwendung *ejusdem generis* ein weiter oder engerer Rahmen der Vertragsmaterie intendiert ist, hängt folglich davon ab, ob ein Liberalisierungs- oder ausnahmsweise ein Monopolisierungszweck verfolgt wird. Diese Charakterisierung investitionsschutzrechtlicher Regime wird im Folgenden vorzunehmen sein. Erst danach lässt sich abschätzen, welche Implikationen die welthandelsrechtliche Bestimmung der Vertragsmaterie für die Auslegung nach *ejusdem generis* im Investitionsschutz geben kann.

b) Energiechartavertrag

Eine Stellung zwischen Welthandelsrecht und Investitionsschutz nimmt der ECT ein, der in seiner inhaltlichen Ausgestaltung Elemente beider Regime vereinigt[220]. Zweck des Vertrages ist nach Art. 2 „[to] establish a legal framework in order to promote long-term cooperation in the energy field, based on complementarities and mutual benefits, in accordance with the objects and benefits of the Charter."

Teil II des Vertrages errichtet hierzu ein Handelsregime für Energie-Materialien und Produkte, das wie GATT Liberalisierungsziele verfolgt[221]. Art. 5 ECT stellt hier eine Regelung entsprechend Art. 2.1 TRIMS auf, nach der Inländerbehandlung und das Verbot mengenmäßiger Beschränkungen festgeschrieben werden. Meistbegünstigung wird zwar nicht gewährt, allerdings soll nach Art. 4 in keiner Weise von den Vorgaben des GATT abgewichen werden. Ebenso die-

220 *Bamberger* ECT S. 1.

221 *Bamberger* ECT S. 3.

nen die folgenden Verpflichtungen zur Schaffung und Förderung von Wettbewerb und gewährten Transits dem Ziel einer Liberalisierung des Energiehandels.

Eine Meistbegünstigungsklausel findet sich mit Art. 10 (7) erst im Investitionsschutz nach Teil III, der inhaltliche Parallelen zu BITs aufweist. So werden neben der Meistbegünstigung die relative Inländerbehandlung nach Art. 10 (3) wie auch Enteignungsschutz und Währungskonvertierbarkeit als absolute Schutzstandards gewährt. Der Status zwischen Welthandelsrecht und Investitionsschutz setzt sich neben der Aufnahme beider Aspekte auch in der Struktur des Rechtsschutzes fort. Dieser bildet zwar einen gesonderter Abschnitt (Teil V), ist jedoch wie in den meisten BITs integraler Bestandteil des Vertragswerks. Art. 26 ECT eröffnet hier, wie im Investitionsschutz üblich[222], einem Investor den Weg zu internationaler Schiedsgerichtsbarkeit, solange Standards des Teil III betroffen sind[223]. Offensichtlich nimmt damit nach der Parteiintention auch die Durchsetzung verbürgter Schutzstandards für den Investitionsschutz eine wesentliche Funktion ein[224].

Auf Grund dieser Verbindung ist auch im ECT eine weite Auslegung *ejusdem generis* wahrscheinlich, obwohl die Meistbegünstigungsklausel systematisch auf Teil III des Vertrages beschränkt ist. Schließlich wird dessen Konstruktion durch die inhaltliche Abhängigkeit von Art. 26 ECT erweitert. Neben dieser einheitlichen Bildung eines investitionsschutzrechtlichen Systems inkl. Rechtsdurchsetzungsmechanismus dient ein weites Verständnis auch hier dem liberalisierenden Vertragszweck am besten. Wegen dieses Vertragszweckes ist auch die Auslegung *ejusdem generis* weit zu fassen, da zu deren Anknüpfung die Auslegung des Wortlauts „...Investments [...] and their related activities including management, maintenance, use, enjoyment or disposal...“[225] vorzunehmen ist.

Das Regime des Investitionsschutzes und der hieraus gewährte Schutz des Meistbegünstigungsstandards sind folglich auch unter dem ECT weit zu verstehen. Die Verbindung von Liberalisierung und Investitionsschutz unter der Zweckbekundung des Art. 2 verdeutlicht, dass auch dem investitionsschutzrechtlichen Aspekt eine Schutzfunktion gegen Protektion eigen ist. Diese Zielkonvergenz der im ECT verbundenen Regime spricht für eine Heranziehung der

---

222 *Füracker* SchiedsVZ 2006, 236 (238).

223 *Wäldle* JWT 1995, 5 ff.; *ders.* ECT S. 251 (305).

224 *Happ* Schiedsverfahren S. 113 f.

225 Art. 10 (7) ECT.

welthandelsrechtlichen Erkenntnisse aus den liberalisierenden Vertragswerken[226] im BIT-Regime, da sich deren wirtschaftliche Zielstellungen entsprechen.

c) Investitionsschutz

Die Darstellung der Auslegung *ejusdem generis* unter BITs und NAFTA muss sich auf materielle Aspekte konzentrieren, um so deren Kern zu charakterisieren. Eine Einbeziehung der Schiedssprüche zu prozessualer Meistbegünstigung muss vorerst unterbleiben. Andernfalls würde das Ergebnis zur Bereitung seiner eigenen Grundlage herangezogen und somit einem Zirkelschluss erliegen. Gleichwohl soll einem bisher lediglich im Investitionsschutz aufgetretenen und anhand prozessualer Meistbegünstigung entwickelten System inhärenter Grenzen Rechnung getragen werden.

aa) Bestimmung der Subject Matter

Auch hier ist eine uniforme Bestimmung des Vertragsgegenstandes schon wegen der Unterschiedlichkeit betroffener BITs nicht möglich. Zumindest können aber wesentliche Auslegungskriterien identifiziert werden. Dabei sind folgende Konstellationen als wesentliche Ausprägungen aufgetreten.

(1) Bezug auf explizite Investitionsschutzinstrumente

Primär ist zu unterscheiden, ob sich die in Bezug genommene Besserstellung ebenfalls in einem Investitionsschutzinstrument findet. Diese Konstellation war bisher hauptsächlich für *fair and equitable treatment* zu beobachten[227]. In den Investitionsschutzverfahren unter NAFTA knüpft an dessen Auslegung in Art. 1105 meist der bereits klassische Streit an, ob sich hinter diesem einzig völkergewohnheitsrechtlicher Standard oder ein darüber hinausgehendes Mehr, wie für BITs angenommen[228], verbirgt. Der Standard selbst wurde in *ADF* für grund-

---

226 Siehe vorher C. II. 2. a) dd) Zusammenfassung.

227 *ADF* Par. 193.; *Pope & Talbot* Par. 117.

228 Pope Par. 113, *Lowenfeld* Economic Law S. 475 f.

sätzlich der Meistbegünstigung zugänglich erachtet, im konkreten Fall aber wegen des fehlenden Nachweises einer Besserstellung und der Ausnahmeregel des Art. 1108 (7) (a) NAFTA für Fragen des Beschaffungswesens verworfen[229].

Erheblich wurde die Frage auch in *Pope & Talbot.* Zwar stritt man hier um die Auslegung des Art. 1105 NAFTA selbst, dennoch war nach Ansicht des Tribunals ein Meistbegünstigungsaspekt relevant. Entsprechend einer Klarstellung der Vertragsparteien reflektierte Art. 1105 NAFTA nämlich keinen über Völkergewohnheitsrecht hinausgehenden Schutzstandard[230]. Dieser Interpretation schloss sich das Tribunal aus Gründen effektiver Vertragsauslegung nicht an und gewährte den Völkergewohnheitsrecht übertreffenden BIT-Standard[231]. Sicherheitshalber stellte es klar, dass selbst bei restriktiver Auslegung ein BIT-Standard über die Meistbegünstigung des Art. 1103 NAFTA zu gewähren sei. Akzeptiert man nämlich, dass BITs in der Gewährung von *fair and equitable treatment* weitergingen als Art. 1105 NAFTA, wäre eine Besserstellung von Drittlandinvestoren gegeben. Diese müsste dann aus Nichtdiskriminierungsgründen auch an Investoren aus NAFTA-Staaten weitergegeben werden[232], weshalb das Ergebnis unverändert bliebe.

Eine ähnliche Konstellation scheint auch *Loewen* zugrunde zu liegen. Dem Investor wurde innerhalb eines Verfahrens vor den Gerichten des Bundesstaats Mississippi wegen einer vermeintlich parteiischen Jury kein faires Verfahren gewährt[233] und die Berufung gegen dieses erstinstanzliche Urteil durch die notwendige Erbringung einer Sicherheitsleistung von 125 Prozent der streitgegenständlichen 500 Mio. Dollar faktisch ausgeschlossen[234]. Loewen erhob deshalb den Vorwurf eines *denial of justice*[235], der wesentliches Element des *fair and equitable treatment* ist[236]. Gleichzeitig wurde seitens der Loewen Group vorgetragen, gegenüber US-Amerikanern nach Art. 1102 NAFTA (Inländerbehandlung) und Ausländern gem. Art. 1103 NAFTA (Meistbegünstigung) diskrimi-

---

229 *ADF* Par. 193.

230 Siehe *Pope & Talbot* Par. 113.

231 *Pope & Talbot* Par. 113 ff.

232 Pope & Talbot Par. 117.

233 *Loewen* Par. 4.

234 *Loewen* Par. 5 f.

235 *Loewen* Par. 153.

236 *Zampetti/Sauvé* Research S. 221 f.

niert worden zu sein. Dieses Argument war jedoch alternativ und nicht komplementär zu *fair and equitable treatment* vorgetragen[237]. Deshalb hatten die Nichtdiskriminierungsstandards keinen Einfluss auf den Schutz unter *fair-and-equitable-treatment*.

(2) Vermittlung von Investitionsinstrumenten nachgelagerten Besserstellungen

Die in *Loewen* aufgeworfene Frage betrifft damit unter Gesichtspunkten der Meistbegünstigung einen anderen Aspekt.

Hierbei handelt es sich um die Frage, ob Meistbegünstigung auch für nicht explizit genannte Behandlungen einer Investition gewährt wird. Namentlich ist hier auf rechtsstaatlich unzureichende Verfahren sowie den faktischen Ausschluss der Berufung abzustellen. Lag deren Grund in der kanadischen Nationalität Loewens im Vergleich zu US-Amerikanern oder Drittstaatlern, stellt sich die Frage der Diskriminierung. Da eine solche durch die Nationalität verursachte Ungleichbehandlung aber nach Einschätzung des Tribunals weder rechtlich noch tatsächlich ersichtlich war, sah es keine Veranlassung, den Fall unter diesem Gesichtspunkt zu behandeln[238]. Die Einlassung des Tribunals legt jedoch nahe, dass zur Behandlung einer Investition i. S. der Meistbegünstigung auch deren Verfahren vor nationalen Gerichten als Verletzung eines Nichtdiskriminierungsstandards gerügt werden kann, da die Ablehnung mit faktischen Gegebenheiten begründet wurde.

Gleichzeitig wurde in *Loewen* die Unterscheidung rechtlicher und tatsächlicher Diskriminierungen auf Grund der Nationalität angesprochen. Laut *OEPC* bildet auch tatsächliche Diskriminierung die Behandlung einer Investition und ist damit von der Regelungsmaterie des einschlägigen BIT erfasst[239]. Dies unterstreicht, dass ebenso nicht explizit im einschlägigen BIT angeführte Behandlungen wie der Verzicht auf eine Mehrwertsteuerrückerstattung der Beurteilung nach Meistbegünstigung zugänglich sind. Die Regelungsweite ist damit nicht durch explizite Feststellungen des Vertrages begrenzt, sondern umfasst wie im Welthandelsrecht alle den Schutzzweck betreffenden nationalen Vorgaben und Verhaltensweisen.

---

237 *Loewen* Par. 139.

238 *Loewen* Par. 140.

239 *OEPC* Par. 177.

Bestätigt wurde dieses weite Verständnis auch durch die Tribunale in *Cross-Border-Trucking* und *MTD*. Beide Fälle behandelten Fragen aus Investornationalität herrührender Benachteiligungen; in *Cross-Border-Trucking* die Verwehrung einer Transportgenehmigung mexikanischer Fuhrunternehmen in den USA[240] und in *MTD* die von der Nationalität abhängige Erteilung von Baukonzessionen[241]. Für beide Fälle ist festzuhalten, dass Konzessionsvergabe weder nach Chapter 11 NAFTA (*Cross-Border-Trucking*) noch dem BIT Malaysia-Chile (*MTD*) explizit in den Schutzbereich der Meistbegünstigung einbezogen wurde.

MTD ging inhaltlich jedoch noch einen Schritt weiter als *Cross-Border-Trucking*, denn der BIT sprach nur von Meistbegünstigung, die im Rahmen gerechter und billiger Behandlung zu gewähren sei[242]. Trotz des engen Wortlauts sah sich MTD gegenüber dänischen und kroatischen Investoren benachteiligt. Nach deren Ansicht boten die BITs Chile-Dänemark in Art. 3 (1) und Chile-Kroatien in Art. 3 (3) zur Konzessionsvergabe vorteilhaftere Erteilungsregelungen, als dies für den BIT Chile-Malaysia der Fall war[243]. Für die Entscheidung war daher sowohl relevant, ob die nicht im BIT erwähnte Konzessionsvergabe von der Materie des BIT erfasst war, als auch, ob dem inhaltlich auf gerechte und billige Behandlung einer Investition eingeschränkten Wortlaut der Meistbegünstigungsklausel eine Beschränkung zu entnehmen sei[244]. Daneben war zu klären, ob der mehrdeutige Wortlaut[245] der BITs mit Dänemark und Kroatien

---

240 Cross-Border.-Trucking Par. 254.

241 *MTD* Par. 80.

242 *MTD* Par. 104. Der Wortlaut der Klausel in Art. 3 (1) wurde im Fall folgendermaßen wiedergegeben: "Investments made by investors of either Contracting Party in the territory of the other Contracting Party shall receive treatment which is fair and equitable, and not less favourable than that accorded to investments made by investors of any third State."

243 *MTD* Par. 100.

244 *MTD* Par. 103.

245 Art. 3 (1) Chile-Dänemark: „Investments of investors of either Contracting Party shall enjoy full protection and security in the territory of the other Contracting Party. Neither Contracting Party shall in any way impair by unreasonable or discriminatory measures the management, maintenance, use, enjoyment or disposal of investments in its territory of investors of the other Contracting Party. Each Contracting Party shall observe any obligation it may have entered into with regard to investments of investors of the other Contracting Party."

tatsächlich eine Besserstellung bedeutete. Zur ersten Frage legte das Tribunal die chilenisch-malaysische Meistbegünstigungsklausel nicht nur nach *ejusdem generis*, sondern auch im Hinblick auf ihren vermeintlich engen Wortlaut aus. Trotz besagter Beschränkung war nach Ansicht des Tribunals die Konzessionsvergabe vom Standard einer Meistbegünstigung in gerechtem und billigem Verhalten erfasst. Ausschlaggebend dafür war, dass der Begriff der gerechten und billigen Behandlung i. S. des BIT nach Ansicht des Tribunals zum größtmöglichen Nutzen des Investitionsschutzes ausgelegt werden müsse. Das sei dann gegeben, wenn möglichst vorteilhafte Investitionsbedingungen geschaffen würden[246]. Diesem Zweck diene auch eine weit reichende Einbeziehung großzügigerer Konzessionsgewährungen, wenn solche tatsächlich diskriminierten. Darüber hinaus ergebe sich bereits aus der allgemeinen Vertragsintention und der Meistbegünstigungsklausel, dass diese einen weiten Regelungsbereich haben solle[247]. Um solche Konsequenzen partiell zu vermeiden, seien für besonders sensible Bereiche wie Steuern und regionale Zusammenarbeit, Ausnahmetatbestände vereinbart worden. Was nicht von diesen Ausnahmen erfasst sei, müsse *a contrario sensu* vom Anwendungsbereich der Meistbegünstigung erfasst sein[248]. Hierin liegt schlicht eine andere Formulierung des Schlusses *inclusio unius est exlusio alterius*. Dass das Tribunal letztlich keine Verletzung der Meistbegünstigung feststellte, ist lediglich fehlender rechtlicher oder tatsächlicher Besserstellung in den Drittverträgen geschuldet. Der vermeintlich enge Wortlaut konnte hingegen im Lichte des Vertragszweckes nicht als Schranke für *ejusdem generis* dienen.

bb) Inhärente Grenzen

Neben den weiten Auslegungen nach *ejusdem generis* ist bisher ausschließlich auf dem Gebiet des Investitionsschutzes ein weiteres Kriterium aufgetreten, das demgegenüber eine inhaltliche Restriktion des Anwendungsbereiches von

---

Art. 3 (3) Chile-Kroatien: "Each Contracting Party shall protect within its territory investments made in accordance with its laws and regulations by investors of the other Contracting Party and shall not impair by unreasonable or discriminatory measures the management, maintenance, use, enjoyment, extension, sale and liquidation of such investments."

246 *MTD* Par. 104.

247 Ebd.

248 Ebd.

Meistbegünstigungsklauseln bewirken soll. Diese inhärenten Grenzen werden unter den Begriffen *public policy considerations* und *core matters* behandelt. Hierbei geht ersterer Terminus auf den noch detailliert zu untersuchenden *Maffezini*-Schiedsspruch zurück[249]. Der zweite Begriff hingegen wurde durch ein Aufgreifen dieser Grenzen in *Tecmed v. Mexico*[250] zu einem allgemeinen Kriterium ausgebaut. Auch in *Pope & Talbot* wurde auf eine Begrenzung der Meistbegünstigung durch spezielle Parteiintention eingegangen.

(1) Public Policy Considerations

Ohne *Maffezinis* inhaltlicher Würdigung vorzugreifen, sollen die nach Ansicht des Tribunals notwendigen Ausnahmen von prozessualer Meistbegünstigung angesprochen werden, welche auch als Grundlage *Tecmeds* dienten.

Die vier – allerdings nicht abschließenden – Ausnahmen treffen keinerlei Aussagen zur allgemeinen Tragweite des Konzepts. Prozessuale Meistbegünstigungswirkung ist danach ausgeschlossen, wenn eine Vertragspartei ihre Akzeptanz eröffneter Schiedsgerichtsbarkeit von der vollständigen Erschöpfung effektiven nationalen Rechtsschutzes abhängig gemacht hat (*local-remedies-rule*), eine alternative aber endgültige Rechtswegwahl *(fork-in-the-road-clause)* vereinbart wurde, der BIT ein spezifisches Forum zur Durchführung des Schiedsverfahrens vorschreibt oder ein in höchstem Maße institutionalisiertes Schiedssystem wie NAFTA gewählt wurde[251]. Diese Ausnahmen sieht das Tribunal in sog. *public policy considerations* begründet. Selbige definiert es als „fundamental conditions for [the parties'] acceptance of the agreement in question"[252]. Diese Betonung der Wesentlichkeit für die Zustimmung zum gesamten Vertragswerk unterstreicht, dass aus dem Gewicht einer Klausel argumentiert wird und mithin bestimmte Bedingungen, auf deren Einhaltung eine Vertragspartei bestand oder zu bestehen scheint, zum Grund einer Ausnahme gereichen. Wesentlich ist nach diesem Verständnis eine subjektive Definition der Motivbildung mindestens eines[253] Vertragspartners. Neben dieser Deutung kommt auch

---

249 *Maffezini* Par. 62.

250 Tecnicas Medioambientales Tecmed S.A. v. the United Mexican States, Case No. ARB(AF)/00/2, Award 29. Mai 2003.

251 *Maffezini* Par. 63.

252 *Maffezini* Par. 62.

253 Zumindest für die *local-remedies-rule*; vgl. Art. 26 S. 2 ICSID.

eine spezifischere Begründung in Betracht. So zeichnen sich die genannten Ausnahmen gegenüber der unspezifischen Meistbegünstigungsklausel durch eine höhere Spezialität aus[254]. Derart gesetzte Grenzen könnten als Folge ihrer Spezialität ein Gewicht entwickeln, das sie zur unabdingbaren Zustimmungsvoraussetzung eines Vertragswerks macht. Die Kategorisierung als schwerwiegende Regel allein reichte dann wohl nicht als Begründung aus. Vielmehr könnten die genannten Ausnahmen auf Grund ihrer Spezialität gegenüber allgemeinen Aussagen abschließend und vorrangig sein. Dieser Spezialitätsansatz würde durch die fundamentale Bedeutung der betroffenen Rechtsnorm untermauert, wie dies auf den Status der *local-remedies-rule* zuträfe[255]. Aber auch für die weiteren Ausnahmen zeigt sich in der Kombination eines deutlichen Gewichts und des offensichtlich spezielleren Regelungsgehaltes eine auffällige Besonderheit.

Ein subjektives Element, auf das das Tribunal seine Entscheidung stützte, fand also seinen Niederschlag möglicherweise in einer Berücksichtigung bei der Spezialitätsbestimmung[256]. Bloßes Abstellen auf die vermeintliche Parteiintention genügt jedoch nicht.

(2) Patently Absurd Result

Mittelbare Berücksichtigung findet die Einschränkung der Meistbegünstigung über Spezialitätsgedanken auch in *Pope & Talbot*. Wie bereits ausgeführt, bezog sich das Tribunal in der Frage, ob Art. 1105 NAFTA ein Mehr an *fair and equitable treatment* als den völkerrechtlichen Mindeststandard kodifiziere, auf ein Alternativargument über die Meistbegünstigung des Art. 1103 NAFTA.

Hiernach sei der weitere BIT-Standard ohnehin über Nichtdiskriminierung zu importieren[257]. Jedes andere Ergebnis, das einen restriktiveren Schutz zum

254 *Dolzer/Myers* ICSIDRev. 2004, 49 (53 f.).

255 *Maffezini* Par. 63; *The Mavrommatis Palestine Concessions* (Greece v. U.K.), PermPCIJ, 1924, Series A. No. 2, 12; *Interhandel Case* (Switzerland v. United States of America), ICJ *Reports 1959,* 27; *E.L.S.I. Case*, ICJ Reports 1989, 15 42.

256 In diesem Sinne wohl auch die Unterscheidung bei *Dolzer/Myers* zu verstehen sein, die jedoch für die *local-remedies-rule* allein deren allgemeinen völkerrechtlichen Status heranziehen.

257 *Pope & Talbot* Par. 117.

Nachteil von NAFTA-Investoren gegenüber Drittlandinvestoren bedeutete, wäre wegen der „Inländerdiskriminierung" als „patently absurd result" mit dem Vertragszweck nicht vereinbar. Die einzige Möglichkeit, ein solches doch anzunehmen, liege in einer expliziten Darlegung derartiger Parteiintention, woran es im konkreten Fall jedoch fehlte[258]. Wenn nun ein solches Ziel nachgewiesen werden könnte, müsste die Restriktion des Art. 1105 NAFTA als (inhärente) Grenze auf Art. 1103 NAFTA durchschlagen[259]. Andernfalls könnte über das Alternativmodell der Meistbegünstigung die explizite Schranke des Art. 1105 NAFTA umgangen werden[260]. Deshalb ist die Grenze eines spezielleren Schutzstandards wie *fair and equitable treatment* unter Umständen auf die allgemeine Meistbegünstigung zu übertragen, um nicht zur Bedeutungslosigkeit des kompletten Standards zu gelangen.

Die vollständige Entwertung einer Klausel kann damit zur Aufrechterhaltung spezieller Regelungen ausnahmsweise als Grenze der Meistbegünstigung fungieren, wenn diese Normen andernfalls vollständig obsolet würden.

(3) Core Matters

Schließlich fand ein direkt auf *Maffezini* gestütztes ebenso subjektiv begründetes Konzept in *Tecmed* Anwendung. Hier stand allerdings die materielle Frage rückwirkender Anwendung des mexikanisch-spanischen BIT im Mittelpunkt[261].

Tecmed beklagte die Versagung der Folgegenehmigung zum Betrieb einer in Mexiko erworbenen Deponie, die auf den 23. Juni 1995 datierte[262]. Sie fand mithin vor In-Kraft-Treten des BIT am 18. Dezember 1996 statt und war nicht von dessen Schutz erfasst[263]. Nach dem Verständnis Mexikos schien die Einleitung eines Schiedsverfahrens unter dem BIT-Regime daher grundsätzlich wegen fehlender *jurisdiction ratione temporis* versagt[264]; nach Einschätzung des Tribu-

---

258 *Pope & Talbot* Par. 118.

259 *Dolzer/Myers* ICSIDRev. 2004, 49 (55 f.).

260 *Pope & Talbot* Par. 117.

261 *Tecmed* Par. 69.

262 *Tecmed* Par. 70.

263 *Happ* GYIL 46 (2003), 711 (724).

264 *Tecmed* Par. 54.

nals lag jedoch eine Frage der retrospektiven Anwendung der BIT-Schutzstandards vor, weshalb es eine materiellrechtliche Analyse durchführte[265]. Weiterer Schutz hätte einem österreichischen Investor unter dem österreichisch-mexikanischen BIT vom 29. Juni 1998 zugestanden. Dieser trat zwar zeitlich später in Kraft, gewährte jedoch rückwirkende Anwendung nach Art. 27 (1). Damit wäre dieselbe Maßnahme gegenüber einem österreichischen Deponiebetreiber vom Schutz des BIT erfasst gewesen. In diesem temporär weiteren Anwendungsbereich sah Tecmed dessen Besserstellung[266] und wollte diese über die Meistbegünstigungsklausel in Art. IV (2) des BIT Mexiko-Spanien ausgleichen.

Auf diese Argumentation ließ das Tribunal sich jedoch nicht ein. Eine Vermittlung der retrospektiven Anwendung durch Meistbegünstigung sei generell unzulässig, da die zeitliche Anwendung eines BIT eine *core matter* des Vertrages darstelle[267]. Diese sei dadurch gekennzeichnet, dass die zeitliche Anwendung des BIT „due to [its] significance and importance, [...] to the core of matters that must be deemed specifically negotiated by the Contracting Parties" gehe[268]. Hierbei handele es sich um "determining factors [...] directly linked to the identification of the substantive protection regime"[269]. Folglich müsse davon ausgegangen werden, dass die genannten Regelungen einen wesentlichen Parteiwillen dokumentierten, von dem ein Abweichen nicht ohne gesondert erklärte Ausnahme möglich sei. Auch das *Tecmed*-Tribunal begründete seine Restriktion der Meistbegünstigung also mit einem subjektiven Element, das die gravierende Bedeutung einer Regelung für die Vertragsparteien betonte. Diese müsse als abschließend gesehen werden und dürfe nur in expliziten Ausnahmefällen umgangen werden.

(4) Bewertung

Alle drei Fälle offenbaren in der Ausnahmenbegründung ein subjektives Element. Dieses wird aus einer vermeintlich bekannten Parteiintention gezogen und gegen grundsätzlich akzeptierte Meistbegünstigung angeführt. Sowohl in *Maffe-*

---

265 *Tecmed* Par. 69.

266 Ebd.

267 Ebd.

268 *Tecmed* Par. 70.

269 Ebd.

zini als auch *Pope & Talbot* gründet dieser Ansatz auch in einer systematischen Betonung der Spezialität betroffener Klauseln. Hieraus seien konkrete Absichten der Vertragsparteien abzuleiten, die über sich mittels Meistbegünstigung ausgehebelt würden.

Gerade diese Begründung unterstreicht in ihrer Breite, dass Spezialität nicht als alleinige Begründung ausreichen kann, denn in Anbetracht der minutiösen Verhandlung jedes völkerrechtlichen Vertrages und so auch der BITs zeichnen sich alle Klauseln durch Spezialität gegenüber allgemeiner Meistbegünstigung aus. Deshalb kann Spezialität isoliert als Grundlage einer gegenteiligen Parteiintention nicht genügen. Zwar scheinen die Ergebnisse hinsichtlich der Meistbegünstigung zu überzeugen, da eine Rückwirkung wie in *Tecmed* zumindest merkwürdig anmutet und auch die Ausnahmen nach *Maffezini* auf den ersten Blick treffend scheinen[270]. Die schiere Behauptung, es sei hier eine fundamentale Regelung betroffen[271], rechtfertigt sie jedoch nicht. Sicherlich könnte ein Abstellen auf den fundamentalen Charakter einer *local-remedies-rule* in der Rechtsprechung des IGH[272] überzeugen; gerade dieses Gewicht wird aber im Investitionsschutz durch Art. 26 S. 2 ICSID[273] und Chapter 11 NAFTA[274] revidiert, weshalb es als Begründung nicht genügt.

Die subjektiv indizierte Einschränkung folgt damit in allen drei Fällen nicht primär einer schwer nachvollziehbaren Gewichtung[275] als *public policy* consideration, *fundamental principle* oder *core matter*, sondern findet die Rechtfertigung neben ihrer Spezialität im Vertrag selbst. Wenn nämlich wie in *Pope & Talbot* eine spezielle Klausel gänzlich durch Meistbegünstigung umgangen würde, müssen der Meistbegünstigung unter dem Gesichtpunkt effektiver Interpretation Grenzen gesetzt werden. Hieraus ergibt sich keine an subjektiven Elementen ausgerichtete Systematik der Restriktionen, sondern ein System aus vorrangigen speziellen Regelungen, die im eng begrenzten Ausnahmefall jeglichen

---

270 *Kurtz* Leading Cases S. 523 (553 f.).

271 *Tecmed* Par. 69.

272 *The Mavrommatis Palestine Concessions* (Greece v. U.K.), PermPCIJ, 1924, Series A. No. 2, 12; *Interhandel Case* (Switzerland v. United States of America), ICJ *Rep. 1959,* 27; *E.L.S.I. Case*, ICJ Rep. 1989, 15 (42).

273 *Schreuer* ICSID-Commentary Art. 26 Rn. 95.

274 *Waste Management Inc. v. The United Mexican States*, Case No. ARB (AF)/00/3, Award 30. April 2004, Par. 116.

275 *Kurtz* Leading Cases S. 523 (553).

Anwendungsbereichs beraubt würden. Nur so erhält das System inhärenter Schranken der Meistbegünstigung dogmatischen Unterbau und kann in der Interpretation berücksichtigt werden.

cc) Zusammenfassung

Auch im Investitionsschutz zeichnen sich Meistbegünstigungsklauseln durch eine in der Offenheit der vertraglichen Materie begründete weite Auslegung nach *ejusdem generis* aus. Ihr Zweck beschränkt sich nicht darauf, abschließend aufgezählte Rechte zu vermitteln. Die Reichweite von Meistbegünstigungsklauseln kann deshalb gerade nicht dadurch beschränkt werden, dass die Vertragsparteien eine Entwicklung weder antizipiert noch geregelt haben. Vielmehr sind regelmäßig auch solche Vorteile zu erfassen, die außerhalb des konkreten Vertragswortlauts liegen[276], was die Offenheit für zukünftige Entwicklungen gewährleistet.

An dieser Betonung effektiver Verfolgung des Investitionsschutzzweckes[277] ändert auch das Konstrukt vermeintlich subjektiv begründeter Einschränkungen nichts. Dieses muss in seiner Anwendung auf Fälle vollständiger Umgehung einer vertraglichen Regelung beschränkt werden, da die Spezialität sonst zum Totschlagargument über jede Meistbegünstigungswirkung erhoben würde. Ebenso kann nicht mit einer bloßen Betonung des besonderen Gewichts bestimmter Regelungen als *public policy considerations* oder *core matter* argumentiert werden. Betreffende Begriffe sind schlicht nicht hinreichend bestimmbar und willkürfest. Das Konzept inhärenter Ausnahmen hat somit unter *ejusdem generis* nur einen begrenzten Einfluss auf die Bestimmung der Vertragsmaterie, die deren grundsätzliche Offenheit unberührt lässt.

Damit sind Meistbegünstigungsklauseln nach investitionsschutzrechtlicher Praxis im Lichte des Vertragszweckes weit auszulegen, solange keine Anhaltspunkte für die völlige Aushöhlung spezieller Elemente vorliegen.

---

276 *Sacerdoti* RdC 1997 (269), 251 (350).

277 *MTD* Par. 104.

III. Gesamtwürdigung

Die Untersuchung allgemeiner Regeln zur Auslegung von Meistbegünstigungsklauseln in den wesentlichen Bereichen des internationalen Wirtschaftsrechts hat gezeigt, dass diese in ihrer Anwendung einem umfassenden Regime an Besserstellungen zugänglich sind.

Der für den Investitionsschutz explizit weit gefasste Anwendungsbereich wird wesentlich mit einer objektivierenden Zweckauslegung nach Art. 31 VCT gewonnen und in seiner Dimension auch durch den Vergleich zum welthandelsrechtlichen Regime gestützt. Selbst wenn man den Weg einiger Tribunale, direkt ins Welthandelsrecht zu verweisen[278], aus systematischen Gründen nicht geht, bleibt hinsichtlich des verfolgten Zieles der Liberalisierung eine im ECT dokumentierte Vergleichbarkeit. Diese unterstreicht die Möglichkeit, welthandelsrechtliche Ansätze im Investitionsschutz tendenziell fruchtbar zu machen. Die Meistbegünstigungsklauseln beider Regime bilden so ein kohärentes System der Auslegung.

Sie sind damit im Bezug auf ihr Vergleichbarkeitskriterium anhand eines tatsächlichen oder potentiellen Konkurrenzverhältnisses auszulegen. Für die Bestimmung der Vertragsmaterie als Anknüpfungspunkt der Meistbegünstigung gilt, dass diese in liberalisierenden Verträgen weit zu bestimmen ist, soweit nicht Spezialität und Effektivität ausnahmsweise eine Einschränkung rechtfertigen.

---

278 Cross-Border-Trucking Par. 289.

D. Prozessuale Meistbegünstigung in der völkerrechtlichen Spruchpraxis

Nach Ansicht einiger Tribunale hatte sich bereits vor den investitionsschutzrechtlichen Fällen das allgemeine Völkerrecht mit prozessualer Meistbegünstigung zu beschäftigen. Deren Augenmerk lag vor allem auf drei Entscheidungen, die in ihrer Aussage unterschiedlich bewertet wurden.

Diese Divergenzen schlugen sich auch in der investitionsschutzrechtlichen Behandlung nieder. Dabei kann man sich teilweise des Eindrucks nicht erwehren, dass jedes Schiedsgericht die Entscheidungen in seine favorisierte Richtung deutete, um die eigene Position zu untermauern[279]. Zu einer eingehenden Auseinandersetzung mit den Aussagen der Tribunale kam es hingegen nur bedingt. Darüber hinaus wurde auch einer Vergleichbarkeit der tatsächlichen Meistbegünstigungswirkung keine wesentliche Bedeutung beigemessen. Die Analyse dieses Aspekts erschöpfte sich weitestgehend in der Feststellung, dass prozessuale Meistbegünstigung gegeben sei oder es an dieser fehle. Die Kürze der schiedsgerichtlichen Ausführungen lässt sich zwar mit dem finanziellen und zeitlichen Aufwand im Rahmen der Prozessökonomie erklären, nichtsdestotrotz ist eine eingehende Analyse und Einordnung der aufgeworfenen Fragen zwingend notwendig, weil sie in den ersten investitionsschutzrechtlichen Entscheidungen zur wesentlichen Säule der Argumentation gemacht wurden.

Welche Annahme zutrifft und ob den Entscheidungen tatsächlich Autorität für eine allgemeine Beurteilung prozessualer Meistbegünstigung beizumessen ist, wird zu ermitteln sein.

I. Anglo-Iranian-Oil

Der erste Fall vermeintlich prozessualer Meistbegünstigung war *Anglo-Iranian-Oil*, der jedoch nach einhelliger Ansicht keine Aussage zu deren Zulässigkeit und Reichweite traf. Gegenstand der Entscheidung des IGH vom 22. Juli 1952 sollte die Überprüfung iranischer Nationalisierungsmaßnahmen in der Ölindustrie sein. Diese betrafen die britische „Anglo-Iranian Oil Company", weshalb das Vereinigte Königreich den Iran verpflichtet sah, seine Zustimmung zur schiedsgerichtlichen Überprüfung der Enteignungen zu erteilen. Alternativ stellten die Maßnahmen nach Ansicht der britischen Regierung eine Völker-

[279] Vgl. insoweit die lapidare Aussage zur Nichtanwendbarkeit in *Plama* Par. 215.

rechtsverletzung bzw. eine Verletzung des Konzessionsvertrages der Anglo-Iranian Oil Company dar[280].

Zum Erlass eines Urteils musste der IGH in dem Streit zuständig sein. Zwar hatte Iran wie auch das Vereinigte Königreich eine allgemeine auf Gegenseitigkeit basierende Unterwerfung unter die Gerichtsbarkeit des StIGH unterschrieben und am 19. September 1932 ratifiziert, welche gem. Art. 36 (5) IGH-Statut auch für eine IGH-Gerichtsbarkeit sorgte; diese war aber gem. Art. 36 (3) so eingeschränkt, dass sie nach Ansicht des IGH einzig Verträge erfasste, die nach Ratifizierung der Erklärung geschlossen wurden[281]. Die einzig relevanten Verträge zwischen Iran und dem Vereinigten Königreich waren allerdings ein Freundschaftsvertrag vom 4. März 1857 und ein Handelsabkommen vom 9. Februar 1903. Wegen einer Beschränkung der Erklärung auf Vertragstexte nach Art. 36 (2) a) IGH-Statut sowie deren restriktiver Auslegung blieben diese Verträge jedoch auf Grund ihres zeitlich früheren Abschlusses außer Betracht. Eine Zuständigkeit des Gerichtes nach Art. 36 (2) IGH-Statut war deshalb nicht evident.

Vom Vorbehalt nicht erfasst waren hingegen Verträge zwischen Iran sowie Dänemark (ratifiziert am 20. Februar 1934), der Schweiz (ratifiziert am 25. April 1934) und der Türkei (ratifiziert am 14. März 1937). Diese gewährten nach Ansicht des Vereinigten Königreichs ebenso Schutz gegen die Nationalisierungsmaßnahmen[282]. Wäre die Anglo-Iranian Oil Company einem dieser Staaten zuzurechnen gewesen, hätten diese den IGH auf Grund einer Zuständigkeit nach Art. 36 (2) IGH-Statut anrufen dürfen. Hierin erblickte man Besserstellungen,

---

280 *Dolzer* Anglo-Iranian Oil Company Case EPIL I S. 167.

281 Das Vereinigte Königreich hatte hingegen argumentiert, dass sich die zeitliche Bedingung lediglich auf die Entstehung des Streits, nicht aber das damit verbundene anwendbare Recht bezieht. Diese grammatikalisch durchaus vertretbare Ansicht wurde vom IGH jedoch mit einem umstrittenen Auslegungsargument anhand des nationalen iranischen Rechts abgelehnt; *Anglo-Iranian Oil* ICJ Rep. 1952 S. 103 ff.

282 Vgl. Art. IV des Vertrages über Freundschaft, Niederlassung und Handel zwischen Iran und Dänemark:

„The nationals of each of the High Contracting Parties shall, in the territory of the other, be received and treated, as regards their persons and property, in accordance with the principles and practice of ordinary international law. They shall enjoy the most constant protection of the laws and authorities of the territory for their persons, property, rights and interests."

die sowohl nach der in Art. IX des Vertrages von 1857[283] als auch der in Art. II des Handelsabkommens von 1903[284] gewährten Meistbegünstigung ebenso für das Vereinigte Königreich zu gelten hätten[285].

Dieser Argumentation schloss sich der IGH jedoch nicht an. Er stellte klar, dass auch durch die Berufung auf Meistbegünstigung keine Veränderung des Beurteilungsmaßstabes festzustellen sei. Diesen bildeten weiterhin die meistbegünstigenden Verträge, auf welche das Vereinigte Königreich sich berief[286]. Diese seien aber weiterhin durch den zeitlichen Vorbehalt von der Anwendung ausgeschlossen. Es finde durch die Gewährung von Meistbegünstigung gerade keine Inkorporation dieser Ausgangsverträge in das Regime der Drittverträge statt. Beide Verträge blieben vielmehr getrennte *res inter alios acta*[287]. Die Meistbegünstigung sorge gerade nicht für eine direkte Geltung der Drittverträge zwischen den Ursprungsparteien. Damit blieb jeder Vertrag, aus dessen Anwendung sich eine Zuständigkeit nach Art. 36 (2) IGH-Statut hätte ergeben können, weiterhin durch den Vorbehalt der iranischen Unterwerfungserklärung ausgeschlossen[288]. Das Gericht sah folglich keine eigene Zuständigkeit begründet. Allerdings beruhte die Ablehnung auf einem Zuständigkeitshindernis, das bereits die Anwendung der Meistbegünstigungsklauseln selbst ausschloss, ohne zu deren Inhalt Stellung zu nehmen, wie der IGH auch explizit feststellte:

> „Without considering the meaning and the scope of the most-favoured-nation clause, the Court confines itself to stating that this clause is contained in the treaties of 1857

---

283 „The High Contracting Parties engage that, in the establishment and recognition of Consuls-Generals, Consuls, Vice-Consuls, ans Consular Agents, each shall be placed in the dominions of the other on the footing of the most-favoured nation; and that the treatment of their respective subjects and their trade, shall also in every respect, be placed on the footing of the treatment of the subjects and commerce of the most-favoured nation. "*Anglo-Iranian Oil* ICJ Rep. 1952 S. 108.

284 „... It is formally stipulated that British subjects and importations in Persia, as well as Persian subjects and Persian importations in the British Empire, shall continue to enjoy in all respects, the régime of the most-favoured nation ..." *Anglo-Iranian Oil* ICJ Rep. 1952 S. 108.

285 *Anglo-Iranian Oil* ICJ Rep. 1952 S. 107 f.

286 *Anglo-Iranian Oil* ICJ Rep. 1952 S. 109.

287 Ebd.

288 *Dörr* Kompendium S. 175 f.

> and 1903 between Iran and the United Kingdom, which are [still] not subsequent to the ratification of the Iranian Declaration."[289]

Damit hat der IGH dogmatisch unterstrichen, dass die Meistbegünstigungsklausel selbst der Anspruch bleibt und durch den Vergleichsmaßstab der Drittverträge ausgefüllt wird[290], eine Aussage zur Zulässigkeit prozessualer Meistbegünstigung hat er jedoch explizit ausgespart. Der Fall ist damit zwar autoritativ, was Verständnis und Funktionsweise von Meistbegünstigungsklauseln betrifft, zum Gegenstand prozessualer Meistbegünstigung kann man ihm aber zutreffend keine Aussage entnehmen. Dies ist umso bedauerlicher, als in der Tat eine prozessuale Wirkung zu beurteilen gewesen wäre, da die Meistbegünstigung prozessualen – auf den Ablauf des Verfahrens wirkenden – Einfluss gehabt hätte.

II. US Nationals in Morocco

Der folgende *Case concerning rights of United States Nationals in Morocco*[291] wurde ebenso von den investitionsschutzrechtlichen Tribunalen erwähnt. Inhaltlich divergierten jedoch deren Auffassungen, was Anwendbarkeit und Aussage des Falles zur Zulässigkeit prozessualer Meistbegünstigung betraf. Welche Aussagen die Entscheidung des IGH tatsächlich enthielt und deren zutreffende Berücksichtigung sollen nun erörtert werden.

1. Fall

US Nationals wurde vom IGH ca. einen Monat nach *Anglo-Iranian Oil* entschieden. Gegenstand des Falles war im relevanten Aspekt eine Ungewissheit um das Ausmaß konsularischer Gerichtsbarkeit der USA in der französischen Zone Marokkos.

Nach dem Zweiten Weltkrieg benötigte Frankreich für den Wiederaufbau Geld aus den USA. Der US Congress hatte jedoch 1950 den „American Foreign Aid

---

289 *Anglo-Iranian Oil* ICJ Rep. 1952 S. 109.

290 Vgl. unter B. I. 2. Rechtliche Konstruktion.

291 *US Nationals* ICJ Rep 1952 S. 176-233.

Act" um das „Hickenlooper Amendment" erweitert. Dieses besagte, dass Kredite nur noch an Länder zu gewähren seien, in deren abhängigen Territorien nach Ansicht des Präsidenten völkervertragliche Verpflichtungen nicht verletzt wurden[292]. Für die weitere Kreditvergabe war es damit entscheidend zu klären, welche Verpflichtungen das unter französischem Einfluss stehende Marokko gegenüber den USA einhalten musste. Im Wesentlichen forderten die Vereinigten Staaten eine über Streitigkeiten zwischen US-Amerikanern hinausgehende konsularische Zuständigkeit in Zivil- und Strafsachen[293]. Für Bürger des Vereinigten Königreichs hatte Marokko in einem Freundschaftsvertrag von 1856 nämlich weiter reichende konsularische straf- und zivilrechtliche Gerichtsbarkeit[294] eingeräumt, die lediglich daran anknüpfte, dass der Beschuldigte/Beklagte Brite war. Ebenso verhielt es sich in einem mit dem Königreich Spanien abgeschlossenen Vertrag über Handel und Schifffahrt aus dem Jahr 1861[295]. Die entsprechenden Privilegien wurden allerdings im Bezug auf Spanien 1914 und für Großbritannien 1937 widerrufen.

Der Freundschaftsvertrag zwischen Marokko und den USA aus dem Jahre 1836 hingegen begründete zwar keinen entsprechend weiten Souveränitätsverzicht seitens Marokkos, dafür enthielt er aber die folgenden Meistbegünstigungsklauseln:

Art. 14:

> „The commerce with the United States shall be on the same footing as is the commerce with Spain, or as that with the most favored nation for the time being; and their citizens shall be respected and esteemed, and have full liberty to pass and repass our country and seaports whenever they please, without interruption."[296]

---

292 *Silagi* United States Nationals in Morocco Case EPIL IV S. 1229.

293 *Silagi* United States Nationals in Morocco Case EPIL IV S. 1230.

294 Art. IX.

295 Art. IX, X und XI.

296 *US Nationals* ICJ Rep. 1952 S. 190.

Art. 24 (behandelt bis auf den letzten Satz Eventualitäten des Kriegsfalls):

„...and it is further declared, that whatever indulgence, in trade or otherwise, shall be granted to any Christian Powers, the citizens of the United States shall be equally entitled to them."[297]

Zur Klärung der Situation ersuchte Frankreich den IGH festzustellen, dass eine Verpflichtung Marokkos, die ehemaligen weiteren Gerichtsbarkeiten der Verträge mit dem Vereinigten Königreich und Spanien auch gegenüber den Vereinigten Staaten zu gewähren, nicht bestand. Ungeachtet des Widerrufs dieser Gerichtsbarkeitsprivilegien trugen die USA vor, eine eigene konsularische Gerichtsbarkeit ergebe sich aus der Fortgeltung dieser Privilegien über die Meistbegünstigungsklauseln, solange die USA nicht selbst auf die Privilegien verzichtet hätten[298]. Die Vereinigten Staaten könnten sich folglich auch weiterhin auf die via Meistbegünstigung vermittelten Gerichtsbarkeiten berufen, um konsularische Zuständigkeiten für den Fall eines angeklagten oder verklagten US-Bürgers einzufordern.

2. Bewertung des Gerichts

Der IGH hatte in seiner Prüfung zu ermitteln, welche Gerichtsbarkeit den USA tatsächlich zustand. Hierzu bedurfte es zuerst der Klarstellung, ob Meistbegünstigung geeignet war, diese zu vermitteln. Danach stellte sich die Frage eines eventuellen Unterganges wegen des Widerrufs der Vergünstigungen gegenüber Spanien und dem Vereinigten Königreich[299]. Anhand dieser Feststellungen würde es dem Gericht schließlich möglich sein zu bestimmen, ob die aktuelle Gewährung konsularischer Zuständigkeit ausschließlich bei beiderseitiger US-amerikanischer Beteiligung eine Völkerrechtsverletzung Marokkos darstellte.

Nach Ansicht des IGH bestand die Schwierigkeit des Falles jedoch nicht darin zu klären, ob die Meistbegünstigungsklauseln überhaupt Gerichtsbarkeit be-

---

297 Ebd.

298 *US Nationals* ICJ Rep. 1952 S. 189.

299 *Johnson* BYIL 29 (1952), 401 (411 ff.).

gründen könnten[300]. Vielmehr ging er in seiner rechtlichen Würdigung von einem durch Meistbegünstigung vermittelten Rechtserwerb schlicht aus:

> „Accordingly, the United States acquired by virtue of the most-favoured-nation clauses, civil and criminal jurisdiction in all cases in which United States nationals were defendants.“[301]

Die dem IGH vorliegende Kontroverse sei vielmehr eine Folge des Widerrufs der von Marokko gewährten Privilegien. Der Widerruf gegenüber Spanien (1914) blieb isoliert bedeutungslos, da erst mit Ende der britischen Privilegierung (1937) kein anderer Staat mehr besser als die USA stand[302].

Das Gericht widmete sich in seiner Analyse dann verschiedenen von den USA vorgebrachten Argumenten, dass trotz weggefallener Besserstellung weiterhin eine durch Meistbegünstigung vermittelte Gerichtsbarkeit bestünde. Das erste Argument, wonach Meistbegünstigung ein statisches, kein dynamisches Recht gewähre, sei schlicht mit deren Funktion als Gleichbehandlungsstandard unvereinbar[303]. Eine solche Auslegung führte zur Begründung umgekehrter Diskriminierung und sei damit der Intention des Nichtdiskriminierungsstandards fremd[304]. Mit einem vergleichbaren Argument wurde auch das zweite Vorbringen, dass der Widerruf wegen seiner geographischen Begrenzung auf Spanien und Großbritannien keine Konsequenz für die Rechte der USA haben könnte, verworfen[305]. Auch der weitere Vortrag, der Besonderheiten im Abschluss der betreffenden Verträge betonte, weshalb eine statische Verweisung anzunehmen sei, konnte den IGH schließlich nicht überzeugen[306].

---

300 *Johnson* BYIL 29 (1952), 401 (412).

301 *US Nationals* ICJ Rep. 1952 S.190.

302 Ebd.

303 *US Nationals* ICJ Rep. 1952 S.192.

304 „[...] the intention of most-favoured-nation clauses was to establish and to maintain at all times fundamental equality without discrimination among all of the countries concerned.” *US Nationals* ICJ Rep. 1952 S. 192.

305 *US Nationals* ICJ Rep. 1952 S. 192 f.

306 *US Nationals* ICJ Rep. 1952 S. 193 ff.

Im Ergebnis führte dies dazu, dass keine weitergehende als die bereits von Marokko gestattete Gerichtsbarkeit der USA gegeben war und folglich keine Völkerrechtsverletzung vorlag.

3. Aussagekraft

Die Aussagen des IGH zum Rechtserwerb der USA und dessen Aufrechterhaltung mittels Meistbegünstigung wurden unterschiedlich bewertet. Grundsätzlich ergaben sich sich in der Schiedspraxis drei unterschiedliche Einschätzungen.

a) Fehlende Aussage zu prozessualer Meistbegünstigung

Die Tribunale in *Salini*, *Plama* und sogar *Maffezini* maßen den Äußerungen des IGH keine Aussage zu prozessualer Meistbegünstigung bei, begründeten dies aber unterschiedlich.

Nach Ansicht der Tribunale in *Salini*[307] und *Plama*[308] fehlte es in *US Nationals* grundsätzlich an einer Aussage, wobei sich die Aussage des *Salini*-Tribunals in der Feststellung erschöpfte, der Fall würde die Frage prozessualer Meistbegünstigung nicht ansprechen[309]. Das Schiedsgericht in *Plama* hingegen berief sich darauf, dass die USA eine permanente Inkorporation suchten, die aber vom IGH gerade abgelehnt wurde. Dies offenbare ein Verständnis gegen die automatische Einbeziehung durch bloßen Verweis, da der IGH vor allem auf den Zweck der Meistbegünstigung (wohl die Nichtdiskriminierung[310]) abstellte[311].

In *Maffezini* wurde den Feststellungen des IGH ebenso keine Bedeutung beigemessen, der Grund allerdings nicht in fehlender Vergleichbarkeit sondern der widerrufenen Besserstellung Großbritanniens und Spaniens gesehen[312]. Tragend in der Bewertung des IGH sei die Erkenntnis gewesen, dass es an einer Besser-

---

307 *Salini* Par. 106

308 *Plama* Par. 213, 217.

309 *Salini* Par. 106

310 *US Nationals* ICJ Rep. 1952 S.192.

311 *Plama* Par. 213.

312 *Maffezini* Par. 47.

stellung und damit einem vermittelbaren Recht mangelte. Deshalb sei die Aussage der Entscheidung nicht ausreichend zur Beurteilung prozessualer Meistbegünstigung.

b) Übertragbarkeit des Falles

Einzig nach *Siemens* hatte das Urteil hinreichende Aussagekraft, als Grundlage prozessualer Meistbegünstigung herangezogen zu werden[313].

Zwar erkannte das Tribunal an, dass der IGH eine Völkerrechtsverletzung seitens Marokkos mit der Begründung weggefallener Privilegien ablehnte, aus dem Gang der Argumentation schlussfolgerte es jedoch eine Anerkennung prozessualer Meistbegünstigung. So habe der IGH das Problem des Falles in der Fortgeltung einmal gewährter Privilegien gesehen und dieses Ansinnen der USA wegen der dynamischen Verweisungstechnik zutreffend abgelehnt. Die Frage, ob betreffende Vergünstigungen durch Meistbegünstigung überhaupt vermittelbar waren, sei hingegen zwischen den Parteien nicht umstritten gewesen[314]. Dies habe der IGH auch mit der zitierten Feststellung[315], dass eine Gewährung US-amerikanischer Gerichtsbarkeit solange unproblematisch war, wie zumindest die Privilegierung des Vereinigten Königreichs noch bestand, anerkannt.

c) Eigene Einschätzung

In der Analyse des Falls ist auf einen Rechtserwerb der USA, dessen Grundlagen und die konkrete prozessuale Konstellation einzugehen.

aa) Rechtserwerb der USA

Die Argumentation des IGH zum ursprünglichen Erwerb konsularischer Gerichtsbarkeit ließ eigentlich nichts an Klarheit vermissen. Gerade die schlichte Feststellung „[...] the United States acquired by virtue of the most-favored-

313 *Siemens* Par. 97ff.

314 *Siemens* Par. 99.

315 Siehe *US Nationals* ICJ Rep. 1952 S.190.

nation clauses, civil and criminal consular jurisdiction [...]"[316] unterstrich, dass die USA vorerst wie auch das Vereinigte Königreich und Spanien konsularische Gerichtsbarkeit für den Fall der passiven Beteiligung eigener Staatsangehöriger erwarben.

Dieses Verständnis korrespondiert mit einem stringenten Prüfungsablauf, wonach erst der Rechtserwerb zu prüfen ist, bevor dessen Untergang oder Verlust relevant wird. Der Gerichtsbarkeitserwerb stellte in der Argumentation des IGH damit einen notwendigen Schritt innerhalb der Prüfungskette dar, um zum echten Problem in Form von Untergang oder Fortdauer der Gerichtsbarkeit zu gelangen[317]. Es ist zwar zutreffend, dass das Ansinnen der USA letztlich wegen des Widerrufs der Privilegien scheiterte, Einfluss auf den vorherigen Rechtserwerb hatte dies jedoch nicht. Der IGH verzichtete zwar darauf, aus Gründen der Prozessökonomie die Frage eines vorherigen Rechtserwerbs offen zu lassen, um einzig die entscheidende Frage des Rechtsverlustes zu diskutieren, wobei er wegen der Abwegigkeit des Arguments der USA[318] zum gleichen Ergebnis gekommen wäre. Eine Auslegung der gleichwohl getroffenen Aussage als *obiter dictum* rechtfertigt diese Möglichkeit jedoch nicht.

Bestärkt wird dieser Gedanke durch den Verweis auf den kurz zuvor entschiedenen Fall *Anglo-Iranian Oil*. Der IGH ließ dort die Zulässigkeit einer prozessualen Meistbegünstigung explizit offen[319], weil er wegen des wirksamen zeitlichen Vorbehalts Irans gar nicht erst zu einer Anwendung der Meistbegünstigung kam. Nur ca. einen Monat später[320] traf er hingegen im Bewusstsein dieses Problems der unklaren Reichweite von Meistbegünstigungsklauseln eine kurze und deutliche Aussage zur Vermittlung konsularischer Gerichtsbarkeit. Hätte er an der grundsätzlichen Meistbegünstigungswirkung in *US Nationals* Zweifel gehabt, wäre dieser wohl kaum nur ein Satz gewidmet worden.

---

316 Ebd.

317 *Siemens* Par. 99.

318 *Johnson* BYIL 29 (1952), 401 (412).

319 *Anglo-Iranian Oil* ICJ Rep. 1952 S.109

320 *Anglo-Iranian Oil* wurde am 22. Juli 1952, *US Nationals* am 27. August 1952.

bb) ejusdem generis

Neben der klaren Aussage zugunsten eines grundsätzlichen Erwerbs konsularischer Gerichtsbarkeit, traf das Gericht in der angesprochenen Kürze gleichzeitig durch die Reichweite seiner Annahme eine Einschätzung bzgl. des von Meistbegünstigung erfassten Vertragsgegenstands. Die Auslegung *ejusdem generis* erfolgte quasi konkludent.

Für die Gerichtsbarkeitsgewährung über Meistbegünstigung bedarf es korrespondierender Vertragsgegenstände, damit die Regelungssysteme kompatibel und dieser zugänglich sind[321]. Hiervon ging der IGH aus, indem er die Verträge zwischen Marokko, Spanien, dem Vereinigten Königreich und den Vereinigten Staaten schlicht als *capitulatory regime* und die darin übertragenen Rechte als *capitulatory rights* bezeichnete[322]. Vertragsgegenstand war damit nach Ansicht des IGH in allen Verträgen die Zuordnung von Staatsgewalt und Souveränität unter den Vertragsparteien. Ein Problem sah er hier offenbar nicht, da er auf die Natur der zugrunde liegen Verträge überhaupt nicht einging.

Dass es sich bei der Zuordnung von Gerichtsbarkeiten über Angehörige der eigenen Nationalität um jeweils identische Rechte handelt, soll nicht in Abrede gestellt werden. Es gilt jedoch zu bemerken, dass zumindest der Vertrag zwischen Marokko und Spanien dem Titel nach als „Vertrag über Handel und Schifffahrt" nicht ausschließlich einem solchen *capitulatory regime* zuzuordnen gewesen sein wird, da derartige Verträge im Regelfall nicht bloß Aussagen zur Souveränität im engeren Sinne enthielten[323]. Zwar können Teile des Regelungsgehaltes deckungsgleich sein, was hier als Anknüpfungspunkt der Meistbegünstigungsauslegung genügte, die vollständige Zusammenfassung unter einem weiten Begriff des *capitulatory regime* bleibt jedoch bedenklich, will man nicht die Auslegung nach *ejusdem generis* ins Uferlose und damit *ad absurdum* laufen lassen.

---

321 *Dolzer/Bloch* Hdb WirtR Abschnitt J Rn. 82 und oben unter B. I. 2. b) Ejusdem generis.

322 *US Nationals* ICJ Rep. 1952 S. 190.

323 *Sornarajah* Foreign Investment S. 209; *Blumenwitz* Treaties on Friendship, Commerce and Navigation EPIL IV, 953 (954 ff.).

cc) Prozessuale Wirkung

Damit ergibt sich aus der Entscheidung des IGH eine Aussage im Sinne des *Siemens*-Tribunals. Zur Stütze einer allgemeinen Regelung scheint diese zwar allein nicht ausreichend, zumindest kann man aber davon ausgehen, dass keine grundlegenden Bedenken an der festgestellten Meistbegünstigung vorgebracht wurden. Die Frage bleibt allerdings, ob in *Anglo-Iraniain Oil* überhaupt eine Konstellation prozessualer Meistbegünstigung behandelt wurde.

Neben einer Qualifikation als scheinbar prozessualer Rechtssatz, ist auch dessen konkrete Verfahrensfunktion zu bestimmen[324]. Die Vermittlung konsularischer Zuständigkeiten scheint in der Bewertung *prima facie* tatsächlich prozessuale Funktionen zu erfüllen. Dies gilt allerdings nur in Verfahren, die unter der Gerichtsbarkeit des ermächtigten Staates stattfinden. Streiten jedoch zwei Staaten um das Recht zur Verfahrensdurchführung, gilt dies der Zuordnung legitimer Souveränitätswahrnehmung zwischen beiden Staaten. Die Geltendmachung dieses Rechtes im Verhältnis Marokko/USA war damit ausschließlich Verfahrensgegenstand. Auf den institutionalisierten Ablauf des Verfahrens vor dem IGH hatte die Meistbegünstigungswirkung aber keinen Einfluss. Sie eröffnete nicht die Gerichtsbarkeit des IGH, wie es in *Anglo-Iranian Oil* der Fall gewesen wäre. *US Nationals* erfasste damit entgegen des ersten Anscheins eine materielle und keine prozessuale Meistbegünstigungswirkung.

dd) Konsequenz

Einzig vom Tribunal in *Siemens* zutreffend festgestellt, hat der IGH sich in *US Nationals* bejahend zum Erwerb konsularischer Gerichtsbarkeit durch die USA geäußert, es fehlte aber an der notwendigen prozessualen Wirkung dieser Meistbegünstigungskonstellation. Dass die gegenständliche materielle Meistbegünstigungswirkung zulässig ist, stand nie in Frage, weshalb in *US Nationals* tatsächlich keine Aussage zur Zulässigkeit prozessualer Meistbegünstigung enthalten ist. Zwar bleibt damit die Bewertung der gerichtlichen Aussage in *Siemens* zutreffend, ihre Einordnung als prozessuale Meistbegünstigung jedoch nicht.

Final ist somit den Tribunalen zuzustimmen, die die Vergleichbarkeit ablehnten. Deren knappe Argumentation überzeugt allerdings wegen einer fehlenden Beto-

---

[324] B. II. 3. Allgemeiner Abgrenzungsstandard.

nung der tatsächlichen prozessualen Funktion nicht. Vor allem ist bedauerlich, dass sich die Schiedsgerichte nicht die Mühe einer klaren Bewertung der Fallgestaltung machten, sondern deren Analyse schlicht vernachlässigten. Gerade die Behauptung des *Plama*-Tribunals, es fehle wegen des Zwecks der Meistbegünstigung an einer automatischen und dynamischen Einbeziehung, ist nicht nachvollziehbar. Dies stellt schließlich auch nach Ansicht des IGH exakt den Zweck der Meistbegünstigung dar, wie das klare Votum gegen eine starre Verweisung unterstrich. Darauf zu verzichten und den gesonderten Beweis einer solchen Intention zu fordern, widerspräche dem Zweck der Klausel und machte sie faktisch gegenstandslos.

III. Ambatielos Arbitration

Schließlich ist der auf prozessuale Meistbegünstigung am intensivsten durchleuchtete *Ambatielos*-Schiedsspruch zu untersuchen. Dessen Bewertung schwankte erneut zwischen Anerkennung und Ablehnung prozessualer Meistbegünstigung. Im Gegensatz zu *US Nationals* waren die Einschätzungen der Tribunale jedoch in einem ausgewogenen Verhältnis gespalten. In einer behaupteten Benachteiligung des griechischen Staatsbürgers Ambatielos vor britischen Gerichten sahen die Tribunale in *Maffezini*[325] und *Siemens*[326] eine Bestätigung prozessualer Meistbegünstigung, *Salini*[327] und *Plama*[328] lehnten eine solche Aussage hingegen mit dem Hinweis, es handele sich um materielle Meistbegünstigung, ab.

1. Fakten

Am 17. Juli 1919 schloss der griechische Staatsbürger Nicolas Eustache Ambatielos mit der Regierung des Vereinigten Königreiches einen Vertrag über den Kauf von insgesamt neun Dampfschiffen. Die Vertragsverhandlungen wurden seitens der britischen Regierung durch Major Bryan Laing geführt und sieben dieser Schiffe bis 1920 geliefert.

---

325 *Maffezini* Par. 49ff.

326 *Siemens* Par. 102.

327 *Salini* Par. 112.

328 *Plama* Par. 215.

Aufgrund in der Zwischenzeit gefallener Frachttarife war Ambatielos nicht mehr in der Lage, seine Verpflichtungen aus dem Vertrag zu bedienen. Daher musste er beim Vereinigten Königreich Hypotheken auf die Schiffe aufnehmen und wurde hieraus 1921 gerichtlich in Anspruch genommen. Innerhalb der Verfahren machte er gegen die britische Regierung in einer Widerklage Ansprüche aus Lieferverzug geltend, die zeitlich mit dem Tarifverfall korrelierten und damit kausal für seinen Zahlungsverzug gewesen seien. Der Kaufvertrag enthielt jedoch keine expliziten Lieferdaten. Zum Beweis absprachewidriger Verzögerungen konnte Ambatielos die Einigung über spezifische Lieferdaten deshalb lediglich auf die Aussage Major Laings und eine kurze schriftliche Korrespondenz mit diesem stützen.

Im Ausgangsverfahren verzichteten jedoch sowohl Ambatielos als auch das Vereinigte Königreich trotz Vorladung auf die Anhörung Laings. Vermutlich befürchteten beide Seiten, Laing könnte im Sinne der Gegenseite aussagen[329]. Bzgl. der damit einzig verbliebenen schriftlichen Korrespondenz machte die Regierung ihr „Crown Privilege" geltend. Dadurch konnte die Einführung bestimmter Urkunden in den Prozess unter Berufung auf gegenläufige Interessen der Öffentlichkeit (nachgewiesen durch eine eidesstattliche Versicherung des zuständigen Ministers) bindend verweigert werden[330]. Wie in Anbetracht der Beweislage nicht anders zu erwarten, verlor Amabatielos den Ausgangprozess. Gegen diese Entscheidung legte er jedoch Berufung ein und wollte nun auch die Aussage Major Laings hören, von welchem er sich mittlerweile eine Aussage im eigenen Sinne erhoffte. Nach englischem Prozessrecht war jedoch die Ladung von Zeugen in der Berufungsverhandlung präkludiert, wenn diese bereits in der Ausgangsverhandlung hätten aussagen können[331]. Das Berufungsgericht wies daher Ambatielos Antrag auf erneute Vorladung Laings ab, da im Ausgangsverfahren eine Möglichkeit zur Einvernahme des Zeugen gegeben war, die lediglich aus taktischen Gründen ungenutzt blieb. Aufgrund der fortdauernden Untersagung einer Veröffentlichung seiner Korrespondenz mit Major Laing, sah Ambatielos in der Fortführung des Berufungsverfahrens keinen Sinn mehr und zog seinen Antrag zurück.

Wegen vermeintlich völkerrechtswidriger Benachteiligung durch die britischen Beweisregeln nahm sich daraufhin die griechische Regierung ihres Staatsbürgers

---

329 *Wühler* Ambatielos Case EPIL I, 123 (124).

330 *Honig* ZaöRV 17 (1956), 133 (135).

331 Als Begründung wird hier im Allgemeinen die Prozessökonomie angeführt. Vgl. insoweit die deutsche Regelung des § 531 II Nr. 3 ZPO.

an und versuchte in Verhandlungen mit dem Vereinigten Königreich, eine Entschädigung für dessen vermeintlich von Großbritannien verschuldeten wirtschaftlichen Ruin auszuhandeln. Die während des Zweiten Weltkriegs unterbrochenen Verhandlungen blieben jedoch erfolglos. Als Konsequenz strengte Griechenland im Mai 1951 vor dem IGH ein Verfahren gegen das Vereinigte Königreich wegen Verletzung eines Vertrages über Handel und Schifffahrt aus dem Jahre 1886 sowie eines entsprechenden Vertrages von 1926 an. Das Gericht erklärte sich in einer ersten Entscheidung zu den *preliminary objections to jurisdiction* vom 1. Juli 1952 ausschließlich nach dem Vertrag von 1926 für zuständig, weshalb eine materielle Überprüfung nach dem Vertrag von 1886, der exklusiv die Einsetzung eines Schiedsgerichts vorsah, ausgeschlossen blieb[332]. Diese beschränkte Zuständigkeit des IGH erfasste die Frage, ob das Vereinigte Königreich nach dem Vertrag von 1926 verpflichtet war, sein Einverständnis zur Durchführung eines internationalen Schiedsverfahrens zu erteilen, innerhalb dessen die Rechtmäßigkeit der britischen Gerichtsverfahren beurteilt würde[333]. Diese Kompetenz leitete der IGH aus Art. 29 des Handels- und Schifffahrtsvertrages von 1926[334] ab, der seine Zuständigkeit dahingehend erweiterte, dass das Gericht auch über die Statthaftigkeit eines Schiedsverfahrens zur Feststellung einer Verletzung des Vertrages von 1886 entscheiden durfte.

In seiner zweiten Entscheidung vom 19. Mai 1953 (*merits*) bestätigte das Gericht schließlich eine Schiedspflicht des Vereinigten Königreichs, da Griechenland glaubhaft machen konnte, sein geltend gemachter Anspruch resultiere aus einer Verletzung des früheren Vertrages von 1886[335]. Aufgrund letzteren Urteils wurde von den Parteien schließlich am 24. Februar 1955 eine Schiedskommission eingesetzt, die ihren Schiedsspruch am 6. März 1956 ablieferte.

---

332 Ambatielos (Preliminary Objections) ICJ Rep. 1952 28 (44 ff.).

333 Ebd.

334 „It is well understood that the Treaty of Commerce and Navigation between Great Britain and Greece of to-day's date does not prejudice any claims on behalf of private persons based on the provisions of the Anglo-Greek Commercial Treaty of 1886, and that any differences which may arise between our two Governments shall, at the request of either Government, be referred to arbitration in accordance with the provisions of the Protocol of November 10th 1886, annexed to said treaty."

335 *Ambatielos (Merits)* ICJ Rep. 1953 S. 10 (23).

2. IGH-Dissent

Die Mehrheit der IGH-Richter hatte zwar die Pflicht zur Einleitung eines Schiedsverfahrens bejaht, die Richter McNair, Basdevant, Klaestad und Read schlossen sich diesem Ergebnis jedoch nicht an[336].

Ging die Mehrheitsmeinung von der hinreichenden Glaubhaftmachung einer Verletzung der Meistbegünstigungsklausel des Vertrages von 1886 aus, sahen die Dissenter eine solche nicht. Ihrer Auffassung nach kam keine Verletzung des Art. X in Betracht, da Meistbegünstigung explizit nur im Zusammenhang mit Handel und Schifffahrt gewährt wurde. Es sei folglich nicht möglich, dass selbige durch die bloße Ausgestaltung von Beweisregeln in Verfahren vor nationalen Gerichten beeinträchtigt wurde[337].

3. Schiedsspruch

Im gleichwohl auf Grund der Mehrheitsentscheidung durchgeführten Schiedsverfahren führten sowohl Griechenland als auch das Vereinigte Königreich erneut die bereits vor dem IGH geltend gemachten Argumente unter dem Vertrag von 1886 an.

a) Argumente der Parteien

Griechenland berief sich insbesondere auf eine Verletzung der Meistbegünstigungsklausel in Art. X des Vertrages über Freundschaft und Schifffahrt von 1886:

> „The Contracting Parties agree that, in all matters relating to commerce and navigation, any privilege, favour, or immunity whatever which either Party has actually granted or may hereafter grant to the subjects or citizens of any other State shall be extended immediately and unconditionally to the subjects or citizens of the other Contracting Party; it being their intention that the trade and navigation of each country shall be placed, in all respects, by the other on the footing of the most-favoured-nation."

---

336 *Ambatielos (Merits)* ICJ Rep. 1953 S. 25 ff.

337 *Ambatielos (Merits)* ICJ Rep. 1953 S. 34.

Dieser Standard sei durch die Ambatielos geschehene Behandlung verletzt worden. Nach Ansicht Griechenlands hatte das Vereinigte Königreich in Drittverträgen mit Dänemark, Spanien, Schweden, Peru, Costa Rica, Japan und Bolivien deren Angehörigen eine Behandlung im Einklang mit „...' justice ', ' right ', ' equity ' and ' the principles of international law '...“[338] gewährt. Konkret bedeutete dies, dass für Angehörige dieser Nationen ein deutlich vorteilhafterer Stand vor britischen Gerichten gewährt sei. Dieser müsse über Meistbegünstigung auch an Griechenland und dessen Staatsangehörigen Ambatielos weitergegeben werden. Insbesondere seien vergleichbaren Drittländern Rechte zugestanden, deren Berücksichtigung Ambatielos im Rahmen seiner Widerklagen eine effektivere Rechtsdurchsetzung ermöglicht hätte[339]. Nach griechischer Ansicht wäre es unter Anwendung besagter Privilegien weder zur Präklusion der Anhörung des Zeugen Laing noch einem staatlichen Zurückbehaltungsrecht der Korrespondenz zwischen diesem und Ambatielos gekommen.

Die Entgegnung der britischen Regierung stellte hingegen darauf ab, dass verfahrensrelevante Vorteile nicht vom Anwendungsbereich der Meistbegünstigungsklausel umfasst wären[340]. Diese erfasse im Kontext ihres Wortlautes lediglich den Handel und die Schifffahrt betreffende „privilege[s], favour[s], or immunit[ies]“. Die Ambatielos vor britischen Gerichten geschehene Behandlung sei jedoch nicht als solche zu bezeichnen, da es sich um eine Ausgestaltung der Rechtspflege handelte. Diese Schranke sei sowohl generell als auch für den konkreten Fall zu berücksichtigen[341]. Darüber hinaus fehle es tatsächlich an einer Besserstellung, da die zitierten Drittverträge keine weiteren als die Ambatielos gewährten Rechte festlegten[342].

b) Bewertung durch die Kommission

Das Schiedsgericht stellte fest, dass Art. X wegen seines relativen Schutzes entgegen früherem Vorbringen Griechenlands keinen absoluten völkerrechtlichen

---

338 *Ambatielos (Award)* ILR 23, 306 (318).

339 *Hambro* AVR 6 (1957), 152 (168).

340 *Ambatielos (Award)* ILR 23, 306 (318 f).

341 *Ambatielos (Award)* ILR 23, 306 (319).

342 Ebd.

Standard vermittelte. Die Untersuchung habe sich daher einzig auf den aus Meistbegünstigung resultierenden relativen Aspekt zu beziehen[343].

In dessen anschließender Diskussion widmete sich die Kommission der Frage nach Gegenstand und Reichweite des durch Meistbegünstigung vermittelbaren Schutzes. Dabei akzeptierte sie, dass die Wirkung der Meistbegünstigungsklausel auf Vergünstigungen im Zusammenhang mit Handel und Schifffahrt beschränkt sei. Dieses Ergebnis folge aus dem eindeutigen Wortlaut des Art. X[344]. Damit sei aber weder eine allgemeine noch eine konkrete Aussage gegen die Zulässigkeit prozessualer Meistbegünstigung verbunden[345]. Vielmehr stelle sich die Frage, wie „all matters relating to commerce and navigation" zu verstehen sei. In besagter Formulierung komme nach gängiger Vertragspraxis keine *a priori* definierte Bedeutung zum Ausdruck. Es bedürfe vielmehr einer Gesamtschau der vertraglichen Regelung und Praxis, um der flexiblen Formulierung gerecht zu werden[346]. Verträge über klassische Fragen von Handel, Schifffahrt und Freundschaft enthielten regelmäßig Aussagen zu Fragen der Rechtspflege und deren Rahmenbedingungen. Auch der Vertrag von 1886 enthalte mit seinem Art. XV eine Regelung über die Beilegung von Rechtsstreitigkeiten. Dieser gewährte in Absatz 3 den „... subjects of the Contracting Parties free access to the Courts of Justice for the prosecution and defence of their rights..."[347]. Gleiches gelte für die übrigen von Griechenland angeführten Drittverträge. Die Einwendung, bei Fragen der Rechtspflege handele es sich nicht um Gegenstände im Zusammenhang mit Handel und Schifffahrt, könne der Vermittlung gerichtlicher Schutzstandards durch Meistbegünstigung somit nicht entgegen gehalten werden[348]. Für dieses Ergebnis spreche vor allem auch eine zweckorientierte Auslegung, denn materielle Schutzstandards seien untrennbar mit ihrer gerichtlichen Durchsetzung verbunden. Prozessuale Rechte verkörperten damit nach dem Verständnis der Kommission einen untrennbaren Bestandteil der Materie Handel und Schifffahrt. Dass sie nicht explizit als solche Elemente genannt wurden, vermöge nur bei isolierter nicht aber teleologischer Betrachtung zu überzeu-

343 *Ambatielos (Award)* ILR 23, 306 (318).

344 Ebd.

345 *Ambatielos (Award)* ILR 23, 306 (319).

346 Ebd.

347 Ebd.

348 Ebd.

gen[349]. In einer verständigen Gesamtwürdigung sei davon auszugehen, dass materielle Rechte ohne prozessuale Durchsetzbarkeit jeglichen Wertes entbehrten. Es sei deshalb auf die im Vertragszweck dokumentierte Intention der Parteien abzustellen, die Meistbegünstigung in allen vertraglich erfassten Angelegenheiten fordere, wozu auch die Gewährung eines angemessenen Rechtsschutzes gehöre[350]. Der gewählte weite Begriff „all matters" zeige, dass es neben materiellen Standards von den Vertragsparteien durchaus gewollt gewesen sei, ebenso im Vertrag enthaltene prozessuale Regelungen durch Meistbegünstigung zu vermitteln[351]. Inhaltlich schloss sich die Kommission damit Griechenlands zweitem Argument der grundsätzlichen Zulässigkeit eines Importes verfahrenrelevanter Rechte über die Meistbegünstigungsklausel an.

Trotz dieser für Griechenland positiven rechtlichen Würdigung wies die Kommission die Klage im Anschluss aus tatsächlichen Gründen ab. Ihrer Ansicht nach fehlte es am Nachweis einer für die Verletzung von Art. X notwendigen Besserstellung. Der Status Angehöriger der übrigen Nationen bedeutete lediglich die Anwendung eines prozessualen Standards der Inländerbehandlung. Diesem Standard konform wurde Ambatielos aber behandelt, denn die für Briten ebenso geltenden Restriktionen des Prozessrechts in Präklusion und „Crown Privilege" fanden auf seinen Fall unverändert Anwendung. Jener drittvertraglich garantierte und importierte Mindeststandard blieb damit gewahrt, während eine weitere Besserstellung nicht ersichtlich war. Die griechische Klage musste damit im Ergebnis erfolglos bleiben.

4. Aussage

Um aus *Ambatielos* eine konkrete Aussage zur Anerkennung prozessualer Meistbegünstigung zu gewinnen, muss bestätigt werden, dass sich der Fall inhaltlich mit einer solchen Konstellation befasste. Es bedarf somit wiederum einer Bewertung des vermittelten Rechts und einer Betrachtung, wie es in der Prozesssituation für seinen Träger wirkte.

---

349 Vgl. die allgemeinen Einwände gegen eine *ordinary-meaning-rule* bei *Stein/von Buttlar* Völkerrecht § 4 Rn. 82.

350 *Ambatielos (Award)* ILR 23, 306 (320).

351 Ebd.

a) Wirkung für Griechenland

In den völkerrechtlichen Entscheidungen war nicht mehr Ambatielos selbst Partei, sondern wurde mediatisiert durch seinen Heimatstaat zum Verfahrensgegenstand, während Griechenland im Schiedsverfahren ein eigenes Recht aus der Meistbegünstigung geltend machte[352]. Diese Unterscheidung erkannten auch die Tribunale in *Salini*[353] und *Plama*[354]. Damit kann anhand der untersuchten Konstellationen vorrangig die Wirkung der Meistbegünstigung auf Griechenland beleuchtet werden. Für dieses stellte die Klausel einen Schutzstandard dar, der durch die restriktive Gewährung rechtlichen Gehörs gegenüber Ambatielos als Staatsbürger verletzt worden sein könnte. Damit handelte es sich im Bezug auf Griechenland um eine rein materielle Wirkung, da sie nicht den Ablauf des Verfahrens sondern den im Rahmen des Verfahrens zu überprüfenden Gegenstand betraf[355].

b) Aussagen zu Ambatielos

Eine andere Beurteilung gilt jedoch für die Meistbegünstigungswirkung in Verfahren vor britischen Gerichten. Ambatielos war hier selbst Verfahrenspartei. Diese Konstellation wurde zwar nicht Gegenstand des Schiedsverfahrens, gleichwohl kann den Aussagen der Kommission auch in diesem Aspekt Bedeutung beigemessen werden.

Wie sie feststellte, hätten Ambatielos die streitgegenständlichen Beweismittel als den Ablauf des nationalen Verfahrens gestaltende Maßnahmen gewährt werden müssen, soweit diese Drittländern zugestanden hätten. Die Konsequenz wird anhand des Art. XV, der Angehörigen der Vertragsstaaten freien Zugang zu nationalen Gerichten gewährte, gewonnen. Da der Ausgangsvertrag von 1886 folglich die Gewährung prozessualer Rechte auch für mediatisierte Staatsangehörige garantierte, gestattete dies der nationalen Rechtsordnung durch direkten Rückgriff auf völkervertragliche Normen (hier die mittels Meistbegünstigung gewährte Auswirkung auf das Verfahren) in nationalen Verfahren, ein unmittel-

---

352 *Wühler* Ambatielos Case EPIL I, 123 (124).

353 *Salini* Par. 112

354 *Plama* Par. 215.

355 Ebd.

bar dem Völkerrecht entstammendes prozessual wirkendes Recht auf Einbringung der betroffenen Beweismittel in das nationale Verfahren zu transportieren[356]. Die einzig verbleibende Schranke, an der eine solche Konstruktion scheitern könnte, wäre die nationalrechtliche Ausgestaltung in Monismus und Dualismus[357], über welche die Schiedskommission als völkerrechtlicher Spruchkörper keine Aussagen treffen konnte und die dem nationalen Souverän vorbehalten blieb. Es war also möglich, ohne auf eine (partielle) Völkerrechtsubjektivität zurückzugreifen, dem Einzelnen in nationalen Gerichten anwendbare Rechte zu gewähren, die direkt völkerrechtlich begründet waren. Es bedurfte dazu lediglich eines nationalen Umsetzungsaktes, der zwar die Gestalt des Rechts z. B. vom völkerrechtlichen Vertrag hin zum Bundesgesetz nach Art. 59 Abs. 2 GG ändern konnte, den Inhalt des Rechts jedoch unangetastet ließ.

Für den untersuchten Gegenstand problematisch bleibt insoweit lediglich, dass man damit die völkerrechtliche Ebene verließe und nur die prozessuale Wirkung von Meistbegünstigungsklauseln im nationalen Recht beleuchtete. Da aber die völkerrechtliche Ausgestaltung die Reichweite der nationalen Norm vorgibt und sich beide ausschließlich der Hülle nach unterscheiden, stellt der inhaltliche Vergleich keinen Systembruch dar. Erkennt man hingegen zumindest partielle Völkerrechtsubjektivität des Individuums an, spricht erst recht nichts dagegen zu akzeptieren, dass das vermittelbare prozessuale Recht Ambatielos auch direkt unter dem völkerrechtlichen Regime unabhängig von einem nationalen Gewährungsakt zustand[358]. Selbst einer restriktiven Theorie der Völkerrechtssubjektivität in Abhängigkeit vom Durchsetzungsforum[359] wäre damit für den Fall der Eröffnung eines internationalen Forums zur Durchsetzung genüge getan. Es ist hier natürlich zuzugeben, dass ein derartiges völkerrechtlich begründetes Durchsetzungsforum allein Griechenland und nicht Ambatielos zustand[360]. In jüngeren völkerrechtlichen Verträgen, wie eben BITs, ist dieser Nachteil aber zum großen

---

356 Es wird hier bewusst auf eine Verwendung der Termini „Inkorporation", „Transformation" und „Anwendungsbefehl" verzichtet, da diese Entscheidung der nationalen Rechtsordnung vorbehalten bleiben muss. So scheint es anhand aller drei Konzepte denkbar, ein völkerrechtliches Recht als solches ins nationale Recht zu transportieren. Sicherlich würde jedoch mit einer Berufung auf das Konstrukt des Anwendungsbefehls die größtmögliche Authentizität gewährleistet; einer Transformation bliebe wohl die geringste.

357 Siehe hierzu *Stein/von Buttlar* Völkerrecht Rn. 173 ff

358 Vgl. B. II. 2. c) ee) Völkerrechtliche Mehrpersonenverhältnisse.

359 Ipsen/*Epping* Völkerrecht § 7 Rn. 5.

360 Art. XV regelte schließlich nur den Zugang zu nationalen Gerichten.

Teil beseitigt[361]. Zumindest in deren Anwendungsbereich spricht somit die von der *Ambatielos*-Kommission vertretene *ratio* für eine generelle Zulässigkeit der Vermittlung prozessualer Rechte über Meistbegünstigung.

Hier zeigt sich, dass ein seitens der Schiedskommission aufgestelltes Postulat prozessualer Regeln durchaus anhand der Meistbegünstigungsklausel begründet werden konnte. Die Frage, ob dies auch bindend in der nationalen Rechtsordnung geschehen kann, ist hiervon zu trennen, da sie nicht mehr vom völkerrechtlichen Rahmen sondern nationaler Rechtssetzung[362] bestimmt wird. Aber selbst wenn man dieser Konstruktion nicht folgt und keinen Schluss auf die Anerkennung prozessualer Meistbegünstigung zieht, findet sich im Schiedsspruch doch ein *obiter dictum* zu besagter Wirkung, denn die Kommission sprach aus, dass bei unterstellter Besserstellung von Drittländern nur dann keine Verletzung der Meistbegünstigung vorläge, solange entsprechende Rechte auch im nationalen Verfahren gewahrt blieben[363]. Diese Kehrseite trägt, wenn auch in unverbindlicher Form die Annahme, dass prozessuale Wirkung der Meistbegünstigung vom Völkerrecht gefordert sein kann und konkret gefordert war. Damit indiziert der Schiedsspruch selbst in zurückhaltender Interpretation die Möglichkeit einer völkerrechtlichen Begründung prozessualer Meistbegünstigung als Rechtssetzungsauftrag an den nationalen Gesetzgeber.

c) Weitergehende Schlussfolgerungen

Ergänzend zu diesen spezifischen Folgen sind im Schiedsspruch auch allgemeine Erwägungen zur Bedeutung der prozessualen Durchsetzbarkeit für den Wert materieller Schutzstandards zu finden. Diese sind gerade in *Maffezini* – wenn auch unter anderen inhaltlichen Vorzeichen – betont worden[364] und betrafen die

---

361 *Füracker* SchiedsVZ 2006, 236 (238 f.).

362 Z. B. spricht das BVerfG hier in seiner *Görgülü*-Entscheidung von der Vereinbarkeit mit intern „höherrangigem" Recht, insbesondere Verfassungsrecht; BVerfGE 111, 307 (318).

363 Ein solcher Umkehrschluss wird anhand der Konstellation einer zu entscheidenden Völkerrechtsverletzung durch Unterlassung der Rechtsgewährung indiziert.

364 Wegen der oben widerlegten Einschätzung des Falles als Konstellation prozessualer Meistbegünstigung führte das Tribunal die Aspekte jedoch unter einem anderen Gesichtspunkt auf (Par. 47ff). In *Siemens* spielen sie jedoch, ebenso basierend auf dem unzutreffenden Verständnis des materiellen Charakters, eine untergeordnete Rolle.

Bestimmung des Vertragsgegenstandes sowie die hierzu herangezogenen Auslegungstechniken.

aa) Bestimmung der *subject matter*

Ansatzpunkt der Bestimmung war die Feststellung, dass es sich dem Wortlaut der Meistbegünstigungsklausel nach ausschließlich um die Vermittlung von Privilegien in Handel und Schifffahrt handelte. Eine prozessuale Anwendung der Meistbegünstigung auf die Ausgestaltung nationaler Gerichtsverfahren würde dieser strengen Begrifflichkeit kaum gerecht, da die Rechtspflege isoliert betrachtet von Handel und Schifffahrt getrennt sei[365]. Gleichwohl kam das Schiedsgericht zum Ergebnis, Meistbegünstigung müsste auch auf die Ausgestaltung nationalgerichtlicher Verfahren angewandt werden. Dies wurde durch ein weites Verständnis der Anknüpfung „all matters relating to commerce and navigation" getragen. Diese mussten nach der Kommission über eine isolierte Wortlautinterpretation hinaus als hinreichend mit Handel und Schifffahrt verbundene Wirkungen verstanden werden. Materieller Schutz werde nur durch die Möglichkeit seiner Durchsetzung effektiv, weshalb diese dessen unverzichtbarer Bestandteil sei[366]. Andernfalls könnte jeder Schutz verkürzt oder vollständig unterlaufen werden. Hiergegen sei der Zugang zu effektiver Rechtsdurchsetzung geeignet, die Einhaltung substantieller Standards zu sichern, und so deren Zweck dienlich[367]. Diese Wertung der Vertragsparteien spiegele sich in Art. XV des Vertrages, der mit dem freien Zugang zu nationalstaatlicher Gerichtsbarkeit zeige, dass nach Ansicht der Vertragsparteien auch effektiver Rechtsschutz Gegenstand des Vertrages war.

Anhand der aufgeführten Argumente schlussfolgerte die Kommission, dass Fragen der Rechtsdurchsetzung von der Meistbegünstigungsklausel erfasst sein mussten. Sie gelangte damit zu einem weiten Anwendungsbereich als Konsequenz der zweckdienlichen Verflechtung materieller Schutzstandards mit ihrer Durchsetzung, die auch in der Vertragssystematik hinreichend Niederschlag gefunden habe.

---

365 *Ambatielos (Award)* ILR 23, 306 (319).

366 Ebd.

367 Ebd.

bb) Auslegungsansätze

Ausgang der Interpretation war der Wortlaut der Meistbegünstigungsklausel. Dieser gab nicht nur die Grenzen der Auslegung vor, sondern konnte bei Klarheit hinreichende Anknüpfung sein. An einer solchen Eindeutigkeit fehlte es jedoch in Art. X. Zwar bestand eine Möglichkeit, die Norm eng auszulegen[368], was der Wortlaut nahe gelegt habe, die endgültige Begriffsbestimmung war damit nach Ansicht des Tribunals aber nicht geleistet. Ein enges Verständnis würde insbesondere durch die weite Aussage, es handele sich um „**all matters** relating to commerce and navigation“[369] relativiert. Die Kommission griff deshalb zur endgültigen Klärung auf folgende Auslegungsansätze zurück:

1. Anhand der Vertragssystematik folgerte die Kommission, dass sich hinter „Handel und Schifffahrt“ mehr als eine Begrenzung auf beide Gebiete verberge. Dies ergebe sich aus einer Gesamtschau des Vertrags. Selbiger enthielte eigene Regeln zur Rechtsdurchsetzung in der Zusicherung rechtlichen Gehörs nach Art. XV.

2. Zum gleichen Ergebnis führe der Rückgriff auf den Vertragszweck. Gegenstand des Vertrages sei eine Vereinfachung und Förderung des gegenseitigen Handels und der Schifffahrt. Hierzu könne es neben der Gewährung materieller Privilegien im Zollbereich oder vereinfachten Einfuhr- oder Einreisebedingungen auch gehören, Betroffenen die Möglichkeit effektiven Rechtsschutzes zu eröffnen. Auch diese Intention zeige sich in Art. XV. Darin käme die zweckdienliche Verbindung materieller Schutzregime mit prozessualer Durchsetzung als unverzichtbares Mittel der Behauptung des Rechts zum Ausdruck. Es sei deshalb zweckdienlich, die Rechtsdurchsetzung in den Kontext des Handels und der Schifffahrt einzuschließen.

Somit stellte die Kommission auf Grund eines systematischen wie eines teleologischen Argumentes klar, dass der isolierte Wortlaut kaum eine Beschränkung auf rein materielle Konstellationen trage. Die Begriffsbestimmung habe wegen dieser Mehrdeutigkeit anhand objektiver Merkmale des Vertragstextes zu erfolgen.

---

368 Ebd.

369 Hervorhebung durch den Verfasser.

Dabei betonten beide Argumente die Bedeutung der Durchsetzbarkeit für den Wert materiellen Schutzes. Diese schien somit bereits damals eine herausgehobene und bedeutende Stellung einzunehmen.

IV. Konsequenzen der allgemeinen Aussagen

Als Konsequenzen der allgemeinen Fälle sind zwei Ebenen zu unterscheiden. Zuerst müssen die Einschätzungen von IGH und Schiedskommission tatsächlich Aussagen zu prozessualer Meistbegünstigung enthalten. Erst dann kann geklärt werden, welche Auswirkungen damit verbunden sind.

1. Angewandte Prinzipien

Die drei allgemeinen Fälle trafen allesamt keine direkte Aussage zu prozessualer Meistbegünstigung, da es entweder an der Entscheidungserheblichkeit, einer vergleichbaren Situation oder schlicht der Besserstellung fehlte. Eine eindeutige Aussage i. S. eines „Präzedenzfalles"[370] kann ihnen deshalb nicht entnommen werden. Mit ihrer Ablehnung direkter Aussagen in den beiden späteren Fällen behielten die Skeptiker damit grundsätzlich Recht, da es sich in keinem der Fälle tatsächlich um eine prozessuale Wirkung handelte. Trotz des Fehlens einer bekräftigenden Aussage ist damit aber keineswegs gesagt, dass es den untersuchten Fällen vollumfänglich an Aussagen zu prozessualer Meistbegünstigung fehlte.

a) Implikation für nationale Verfahren

Gerade die Erkenntnisse aus *Ambatielos* zeigen, dass Hinweise auf die Zulässigkeit prozessualer Meistbegünstigung vorliegen. Vor allem die Ausführungen zur möglicherweise notwendigen Ausgestaltung des britischen Verfahrens bestätigen, dass die Kommission eine Aussage zur Möglichkeit prozessualer Meistbegünstigungswirkung traf.

---

370 Wegen der im Völkerrecht typischen Wirkung *inter partes* (z. B. nach Art. 59 IGH-Statut) wird der Begriff des Präzedenzfalles hier nur im übertragenen Sinne verwendet.

b) Bedeutung rechtlicher Durchsetzungsmechanismen

Auch die in *Ambatielos* angewandten Auslegungskriterien unterstreichen die Annahme eines weiten Anwendungsbereichs. Diese Aussage bezieht ihren Gehalt vor allem aus der Erkenntnis, dass materielle Standards ohne korrespondierende Durchsetzung nutzlos sind, weshalb eine inhaltliche Verbindung beider Elementen anzunehmen ist. Diese Verbindung wiederum macht deutlich, dass nicht ohne weiteres die Abspaltung prozessualer von materiellen Garantien durchzuführen ist. Andernfalls würde das Ziel materiellen Schutzes inhaltlich relativierbar und unterlaufen.

c) Verhältnis der Auslegungsmethoden

Schließlich kennzeichnete die Auslegung nach *Ambatielos*, dass die Berufung auf einen vermeintlich engen Wortlaut der Meistbegünstigungsklausel kaum zu sachgerechten Ergebnissen führte. Dessen Funktion lag neben dem Ausgangspunkt der Interpretation vor allem in der Identifikation ausgeschlossener Wirkungen. Gerade seine Eindeutigkeit war dafür wesentlich. Der Schiedsspruch betonte außerdem die Bindung der Ermittlung des Parteiwillens an objektive Kriterien in Systematik und Zweck des Vertrages. Sich von diesen objektiven Kriterien zu lösen, bedeutete, den vertraglich dokumentierten Willen zugunsten eines vermeintlich bekannten hypothetischen Parteiwillens mit eigenen Vorstellungen aufzuladen oder gar zu ersetzen.

2. Aussagekraft für Fragen des Investitionsschutzes

Was die Erkenntnisse aus *Ambatielos* betrifft, muss beiden Rechtsprechungslinien teilweise Recht gegeben und teilweise widersprochen werden. Bzgl. *Anglo-Iranian Oil* und *US Nationals* hingegen spricht wenig für deren tatsächliche Relevanz.

Die Übertragbarkeit der Kriterien aus *Ambatielos* völlig zu verneinen[371], kann in Anbetracht der herausgestellten mittelbaren Auswirkungen bzgl. *subject matter*, Verbindung von materiellem und Prozessrecht sowie der angewandten Ausle-

371 *Salini* Par. 112; *Plama* Par. 215.

gungskriterien nicht überzeugen. Gleiches gilt jedoch für die Behauptung, in *Ambatielos*[372] oder sogar *US Nationals*[373] wäre eine direkte Aussage zur Zulässigkeit materieller Meistbegünstigung getroffen. An einer solchen fehlte es gerade, weshalb auch dieser Schluss abzulehnen ist.

Gerade die in *Ambatielos* gewonnenen Erkenntnisse zur Reichweite und Auslegung von Meistbegünstigungsklauseln gewährten jedoch Einsichten, die wegen ihrer allgemeingültigen Natur auch im Investitionsschutz nicht außer Acht gelassen werden können.

372 *Maffezini* Par. 49 f.; *Siemens* Par. 102.

373 *Siemens* Par. 99.

E. Darstellung der investitionsschutzrechtlichen Schiedssprüche

Im Investitionsschutz existieren mittlerweile mehr als die in der Definition prozessualer Meistbegünstigung angesprochenen vier Schiedssprüche. Die wesentlichen Konzeptionen wurden gleichwohl in diesen ersten vier Entscheidungen entwickelt, im Vergleich zu deren ausführlicher Abhandlung spätere Fälle lediglich Fußnoten darstellen, die sich in einer kurzen Wiederholung der Ausgangsargumente erschöpfen. Diese sollen deshalb nur knapp dargestellt, auf überflüssige Wiederholungen hingegen verzichtet werden.

Maffezini und *Siemens* markierten den Anfang und gleichzeitig eine der beiden Grundpositionen prozessualer Meistbegünstigung im Investitionsschutz. Direkte Reaktion und inhaltliches Gegenstück hierauf waren die folgenden Entscheidungen in *Salini* und *Plama*. Die Tragweite des Streits erschöpft sich aber nicht in dieser groben Kategorisierung. Trotz ihrer gegenteiligen Konzeptionen griffen sowohl das *Maffezini*-Tribunal[374] als auch seine späteren Widersacher[375] auf ein subjektives Konzept zurück, um der in prozessualer Meistbegünstigung gesehenen Gefahr eines *(diszruptive) treaty shopping* zu begegnen, was trotz aller Gegensätze auch Gemeinsamkeiten dokumentierte.

I. Emilio Augustín Maffezini v. the Kingdom Spain

Die Zuständigkeitsentscheidung des ICSID Tribunals in *Emilio Augustín Maffezini v. the Kingdom of Spain* war nicht nur Ausgangspunkt einer Debatte über die Zulässigkeit prozessualer Meistbegünstigung; hier wurde auch eines der grundlegenden Modelle entwickelt und mit einem Schrankenkonzept zur Lösung von Folgeproblemen versehen.

1. Fall

Der argentinische Staatsbürger Emilio Augustín Maffezini beteiligte sich im Jahr 1989 an einem Joint Venture (EAMSA) mit einer staatsnahen spanischen

---

374 *Maffezini* Par. 63.

375 *Salini* Par. 115; *Plama* Par. 219.

Körperschaft (SODIGA), um sich in Galizien in der Chemikalienproduktion zu engagieren[376].

Während der Vorbereitungs- und Aufbauphase investierte er hierzu über 60 Millionen Peseten sowohl aus Eigenkapital als auch über Kredite. Das Geld diente der Einholung von Gutachten für die Genehmigung des Vorhabens sowie konkreten Baumaßnahmen. Diese wurden vermeintlich auf Druck spanischer Behörden und Kooperationspartner gleichzeitig betrieben, wobei sich die Prämissen dieser Entscheidung als unzutreffend herausstellten. Zwischen Mitte 1991 und Anfang 1992 geriet das Projekt deshalb in wirtschaftliche Schieflage, was Maffezini zu einer Unterbrechung des Bauvorhabens zwang. Gleichzeitig wurden aus Maffezinis Privatvermögen Gesellschafterdarlehen an das finanziell ausgeblutete Joint Venture gewährt. Kurze Zeit später wollte er sich deshalb aus dem Projekt zurückziehen und unterbreitete SODIGA 1994 konkrete Ausstiegsangebote. Diese wollte die Angebote jedoch nur bei angemessener Kompensation annehmen und erklärte sich erst 1996 auf Grund einer Intervention der argentinischen Botschaft zur Annahme der ursprünglichen Konditionen bereit. Hierauf ging Maffezini jedoch nicht mehr ein und leitete das Schiedsverfahren am 30. Oktober 1997 ein.

Materiell rügte er eine dem Staat Spanien zurechenbare Verletzung des argentinisch-spanischen BIT wegen fehlerhafter Projektberatung, der Ausübung unangemessenen Drucks und Unregelmäßigkeiten bei der Einräumung eines Kredits über 30 Millionen Peseten[377].

a) Zulässigkeit

Zwar wurde Maffezinis Klage am 30. Oktober 1997 registriert, eine Entscheidung über deren Zulässigkeit war damit jedoch noch nicht getroffen. Diese richtete sich nach dem für Streitigkeiten zwischen Investor und Gaststaat maßgeblichen Art. X des argentinisch-spanischen BIT. Dessen Absatz 1 statuierte den Vorrang von Bemühungen um eine friedliche Streitbeilegung. Die Einleitung eines internationalen Schiedsverfahrens war an weitere Bedingungen geknüpft. Gem. Absatz 2 gehörte hierzu, dass die Streitigkeit nicht innerhalb von

---

376 Diese und die folgenden Informationen sind wesentlich dem *Maffezini*-Award vom 13. November 2000 Rn. 39 ff. entnommen.

377 *Maffezini*-Award Rn. 44.

sechs Monaten ab ihrer Entstehung beigelegt werden konnte. Nach Ablauf dieser Frist sollte sie an die nationale Gerichtsbarkeit abgegeben werden. Hieran anknüpfend ordnete Absatz 3 an:

> „3. The dispute may be submitted to international arbitration in any of the following circumstances:
>
> at the request of one of the parties to the dispute, if no decision has been rendered on the merits of the claim after the expiration of a period of eighteen months from the date on which the proceedings referred to in paragraph 2 of this Article have been initiated, or if such decision has been rendered, but the dispute between the parties continues;
>
> if both parties to the dispute agree thereto.“[378]

Tatsächlich war jedoch keine der beiden Voraussetzungen erfüllt, da sich Maffezini weder auf eine Zustimmung Spaniens berufen konnte noch überhaupt ein nationales Gerichtsverfahren betrieben worden war.

Er meinte jedoch, die in Art. X (3) genannten Bedingungen nicht erfüllen zu müssen, da ihn diese gegenüber einem chilenischen Investor benachteiligten. Von letzterem forderte Art. 10 (2) des chilenisch-spanischen BIT für die Einleitung eines Schiedsverfahrens nämlich nur:

---

378 Soweit die Tribunale oder ICSID in den einschlägigen Entscheidungen eine eigene Übersetzung nicht-englischsprachiger Klauseln geben, wird deren Wortlaut einer Übersetzung des Verfassers vorgezogen, um Authentizität zu gewährleisten. Die spanischsprachige Klausel lautete wie folgt:

> „La controversia podrá ser sometida a un tribunal arbitral internacional en cualquiera de las circunstancias siguientes:
>
> a petioión de una de las partes en la controversia, cuando no exista una decísion sobre el fondo después de transourridos dieciocho meses contados a partir de la iniciación del proceso por el apartado 2 de ente articulo, o cuando exista tal decisión pero la controversia subsiste entre las partes;
>
> Cuando ambas partes en la controversia así lo hayan convenido."

> „Wenn die bezeichnete Streitigkeit nicht innerhalb von sechs Monaten ab dem Zeitpunkt ihrer Bekanntgabe gegenüber der anderen Vertragspartei beigelegt werden konnte, wird sie nach Wahl des Investors unterbreitet:
>
> - entweder nationaler Gerichtsbarkeit der von der Streitigkeit betroffenen Vertragspartei;
>
> - oder internationaler Schiedsgerichtsbarkeit nach den Bedingungen des Absatzes 3.
>
> Sobald ein Investor zur Streitbeilegung die Gerichtsbarkeit der betroffenen Vertragspartei oder die internationale Schiedsgerichtsbarkeit gewählt hat, ist die Wahl jedes Verfahrens endgültig.“[379]

Nach Ansicht Maffezinis stellte dieser Zugang ohne zwingende Befassung nationaler Gerichte eine Besserstellung dar, die über die Meistbegünstigungsklausel in Art. IV (2) auch ihm zustand. Dieser garantierte nach *fair-and-equitable-treatment* in Absatz 1:

> „In all matters subject to this Agreement, this treatment shall not be less favourable than that extended by each Party to the investments made in its territory by investors of a third country.“[380]

Maffezini machte daher geltend, dass die Regelung des Art. 10 (2) eine Besserstellung chilenischer Investoren bedeutete, die ihm ebenso zustand, und er des-

---

379 Findet sich in der Entscheidung oder deren Übersetzung keine englische Fassung der Klausel wird diese ins Deutsche übersetzt:

„Si la controversia no hubiera podido ser solucionada en el término de seis meses a partir del momento en que hubiera sido planteada por una u otra de las partes, será sometida a elección del inversionista:

o bien a las jurisdicciones nacionales de la Parte Contratante implicada en la controversia;

o bien al arbitraje internacional en las condiciones descritas en el párrafo 3.

Una vez que un inversionista haya sometido la controversia a las jurisdicciones de la Parte Contratante implicada o al arbitraje internacional, la elección de uno y otro de esos procedimientos será definitiva.”

380 „En todas las materiás regidas por el presente Acuerdo, este tratamiento no será menos favorable que el otorgado por cada Parte a las inversiones realizadas en su territorio por inversores de un teroer pais.”

halb gleichfalls nach Ablauf der sechsmonatigen Verhandlungen ein ICSID-Verfahren einleiten dürfte.

b) Vorgebrachte Einwände

Gegen diesen Vortrag brachte Spanien zwei wesentliche Einwände, die sich sowohl auf die Natur des durch Meistbegünstigung vermittelten Schutzes, als auch das Vorliegen einer Diskriminierung bezogen.

Grundsätzlich wandte es ein, der Begriff „matters" in Art. IV (2) erfasse entgegen der Auffassung Maffezinis lediglich substantielle Vorteile. Dies ergebe sich daraus, dass einzig dem Regime des Ausgangsvertrages unterstehende Vorteile zu gewähren seien. Drittverträge Spaniens müssten aber als *res inter alios acta* bewertet werden und seien folglich nicht berücksichtigungsfähig[381]. Zur Unterstützung dieses Arguments trug Spanien außerdem vor, eine beachtliche Diskriminierung könnte ausschließlich in materiell-ökonomischer Hinsicht erfolgen. Erst der Nachweis, dass eine Verweisung Maffezinis an die spanische Gerichtsbarkeit sich für diesen als konkrete Benachteiligung in einem materiellen Standard niederschlage, vermöge eine Erheblichkeit prozessualer Wirkungen in der Meistbegünstigung zu bewirken. Diesen konkreten Nachweis sei Maffezini jedoch schuldig geblieben[382].

2. Antwort des Tribunals

In seiner Zulässigkeitsentscheidung vom 25. Januar 2000 erklärte sich das Tribunal nach Maffezinis Meistbegünstigungsargument für zuständig.

a) Auslegung des Art. IV (2)

Wie die Parteien sah das Tribunal die wesentliche Frage seiner Zuständigkeitsentscheidung in der Anwendbarkeit des Art. IV (2) auf prozessuale Konstellationen.

---

381 *Maffezini* Par. 41.

382 *Maffezini* Par. 42.

aa) Subject Matter

In Anwendung der Auslegungsregel *ejusdem generis* hatte das Tribunal zu klären, ob prozessuale Vorteile konkret der Meistbegünstigung zugänglich waren. Bevor es sich jedoch direkt der Meistbegünstigungsklausel zuwandte, versuchte es, anhand allgemeiner Erwägungen und weiterer Vertragspraxis bereits eine Orientierung zu erlangen.

(1) Berücksichtigung von Fallrecht

Das Tribunal begann seine Analyse mit einer Untersuchung der drei im vorigen Kapitel besprochenen Fälle. Dabei griff es allein zur Bestimmung von Ausgangs- und Drittvertrag auf *Anglo-Iranian Oil* zurück[383]. Weitere Aussagen wurden dort nicht gesehen, was auch auf die Einschätzung von *US Nationals* zutraf.

Anders verhielte es sich hingegen für *Ambatielos*. Dessen Feststellungen zum Begriff der *subject matter* könne eine deutlich weitere Aussage beigemessen werden. Die Beurteilung nach *ejusdem generis* lasse erkennen, das die Schiedskommission eine weite Bestimmung der Vertragsmaterie akzeptiert habe, nach der auch prozessuale Wirkungen in den Begriff der Vertragsmaterie einzubeziehen seien[384]. Der Rechtsschutz für in Handel und Schifffahrt tätige Personen musste wegen der Abhängigkeit zwischen Schutzstandard und Geltendmachung so verstanden werden, dass er einem weiten Begriff der Vertragsmaterie unterfalle. An dieser charakteristischen Wirkung könne das Fehlen eines Nachweises konkreter Besserstellung in *Ambatielos* nichts ändern[385]. Das gleiche Problem stellte sich nach Ansicht des Tribunals auch im investitionsschutzrechtlichen Fall *Asian Agricultural Products Limited v. Republic of Sri Lanka* vom 27. Juni 1990[386]. Allerdings war hier mit Haftungsstandards ein materieller Aspekt betroffen[387], weswegen dem Fall keine weitere Aufmerksamkeit zuteil wurde[388].

---

383 *Maffezini* Par. 44 f.

384 *Maffezini* Par. 50.

385 Ebd.

386 Asian Agricultural Products Ltd. v. Sri Lanka, Case No. ARB/87/3, 27. Juni 1990

387 Asian Agricultural Par. 54.

(2) Anhaltspunkt in der BIT-Praxis anderer Staaten

Danach ging das Tribunal auf die Frage ein, ob sich im Vergleich mit Meistbegünstigungsklauseln in anderen BITs Auslegungshinweise für Art. IV (2) fänden.

Nach einem hauptsächlich in jüngeren Verträgen des Vereinigten Königreichs anzutreffenden Ansatz könne die Meistbegünstigungsklausel selbst eine Definition ihres Anwendungsbereiches enthalten wie z. B. Art. 3 (3) des BIT zwischen Albanien und dem Vereinigten Königreich:

> „For the avoidance of doubt it is confirmed that the treatment provided for in paragraphs (1) and (2) [Inländerbehandlung und Meistbegünstigung] above shall apply to the provisions of Articles 1 to 11 of this Agreement."[389]

Da sich die prozessual wirkenden Bedingungen der Streitbeilegung zwischen Vertragsstaat und Investor sowie zwischen den Vertragsstaaten selbst in Art. 8 und 9 des BIT befanden, sei damit klargestellt, dass Meistbegünstigung auch auf prozessuale Fragen Anwendung fand[390]. Die Aussagen enthielten jedoch keinen verallgemeinerungsfähigen Gedanken, da sie explizit zur Vermeidung von Zweifeln eingefügt wurden.

Andere Meistbegünstigungsklauseln wie z. B. Art. 3 (3) des BIT zwischen Chile und der Belgisch-Luxemburgischen Wirtschaftsunion[391] enthielten solche Klarstellungen hingegen nicht, sprächen allerdings ähnlich wie Art. IV (2) von

---

388 *Maffezini* Par. 51.

389 Vertrag vom 30. März 1994; Einschub durch den Verfasser.

390 Eine regelungstechnisch vergleichbare Konstruktion findet sich in den Verträgen des Vereinigten Königreichs mit Angola, Armenien, Aserbaidschan, Bahrain, Barbados, Bosnien-Herzegowina, Burundi, Chile, El Salvador, Elfenbeinküste, Estland, Georgien, Honduras, Kasachstan, Kenia, Kirgisistan, Kuba, Laos, Lettland, Libanon, Litauen, Moldawien, Nicaragua, Pakistan, Peru, Sierra Leone, Slowenien, Südafrika, Tonga, Trinidad, Turkmenistan, Uganda, Ukraine, Vanuatu, Venezuela, Weißrussland und Zimbabwe.

391 Vertrag vom 30. März 1992.

„...all rights contained in the present agreement..."[392]. Wie in *Ambatielos* bedürften derartige Klauseln einer genaueren Untersuchung auf prozessuale Wirkungen, deren Einbeziehung über *ejusdem generis* von der Vertragsmaterie abhänge[393].

(3) Vertragspraxis Argentiniens und Spaniens

Nach dieser Darstellung ging das Tribunal sowohl auf die Entstehungsgeschichte des einschlägigen BIT als auch die weitere BIT-Praxis beider Vertragsparteien ein. So war Argentinien nach den vorliegenden Materialien regelmäßig darauf bedacht, eine *local-remedies-rule* oder zumindest eine ähnlich wirkende Sicherung gegen die Einleitung eines internationalen Schiedsverfahrens einzuführen. Spanien als potentieller Kapitalexporteur drängte hingegen auf schnellen und unkomplizierten Zugang. Das Ergebnis in Art. X stelle deshalb einen ausbalancierten Kompromiss dar, der nicht dadurch beeinflusst werde, dass die Rolle von Kapitalimporteur und -exporteur tatsächlich getauscht wurde[394].

Spaniens weitere Praxis habe gezeigt, dass es daran interessiert sei, einen möglichst einfachen Zugang – nach Wahl des Investors zu internationaler Schiedsgerichtsbarkeit oder nationalen Gerichten – ohne weiteren Schutz zu vereinbaren. Dies dokumentierten z. B. der genannte Vertrag mit Chile aber auch die BITs mit Algerien, Kolumbien und 18 weiteren Staaten[395]. Ein ähnliches System, das jedoch dem Investor keine Wahlmöglichkeit einräume, finde sich in Verträgen mit Bolivien, Marokko und der früheren UdSSR. Einzig der BIT mit Ungarn folge ebenso dem mit Argentinien vereinbarten Muster[396].

Am BIT Argentinien-Spanien wäre im Übrigen auffällig, dass dessen Meistbegünstigungsklausel mit „all matters subject to this Agreement" entgegen Spaniens weiterer Vertragspraxis „this treatment" eine weite Formulierung enthalte[397].

---

392 *Maffezini* Par. 53. Der authentische spanische Wortlaut des Art. 3 (3) lautet hier: „...los derechos contenidos en el presente Acuerdo..."

393 *Maffezini* Par. 54 ff.

394 *Maffezini* Par. 57.

395 *Maffezini* Par. 58

396 *Maffezini* Par. 59.

397 *Maffezini* Par. 60.

Schließlich verwies das Tribunal auf einen ergänzenden Effekt der Meistbegünstigungsklausel. Hiernach könnte die Klausel so interpretiert werden, dass sie zusammen mit der ebenso gewährten Inländerbehandlung wirke. Spanien selbst suchte für seine Staatsbürger in anderen Vertragswerken einen möglichst günstigen Weg zu internationaler Schiedsgerichtsbarkeit. Diese Behandlung müsste ebenso ausländischen Investoren nach der Inländerbehandlung zustehen[398] und Spanien müsse wie für eigene Staatsbürger auch bei argentinischen Investoren auf schnellen, unkomplizierten Zugang zu internationaler Schiedsgerichtsbarkeit hinwirken[399].

(4) Schlussfolgerungen

Aus dem Dargelegten folgerte das Tribunal, die Meistbegünstigungsklausel des Art. IV (2) sei weit auszulegen.

Zuerst wurde betont, dass nach *Ambatielos* ein weites Verständnis angezeigt sei. Der Schiedsspruch unterstreiche, dass der Anwendungsbereich einer im Wortlaut vergleichbaren Meistbegünstigungsklausel nicht an einem zu engen Begriffsverständnis kleben dürfe. Es sei vielmehr auf die in der Durchsetzung angelegte Verbindung zwischen materiellem Recht und Prozessrecht abzustellen, weshalb letzteres einen eigenen wesentlichen Stellenwert in der Beurteilung des gewährten Schutzes innehätte[400]. Auf dieser Erkenntnis fußten auch völkervertragliche Investitionsschutzregime, die als wesentliche Neuerung gegenüber früheren Regelungen direkten Zugang des Investors zu internationaler Schiedsgerichtsbarkeit vorsähen, wie im Abschluss der ICSID-Convention selbst dokumentiert[401]. Deshalb wäre ohne weitere Ansatzpunkte keine Ausklammerung prozessualer Rechte aus dem Schutzbereich des Meistbegünstigungsstandards zu rechtfertigen[402].

---

398 *Maffezini* Par. 61.

399 Dieses Argument stellt wegen der Betonung spanischen Handelns wohl auf eine tatsächliche Besserstellung ab, was im Ergebnis eine Verpflichtung zum Abschluss einer *ad-hoc*-Schiedsvereinbarung bedeutete.

400 *Maffezini* Par. 54.

401 *Maffezini* Par. 55.

402 *Maffezini* Par. 56.

Dieses Ergebnis würde auch durch die Vertragspraxis unterstrichen. Sowohl die allgemeine spanische BIT-Praxis, als auch die konkrete Geschichte des BIT unterstrichen, dass Spanien immer die Festschreibung möglichst einfachen Zugangs zu internationaler Schiedsgerichtsbarkeit forcierte. Dies sei nicht nur in der Auslegung einer weit gefassten Meistbegünstigungsklausel zu berücksichtigen, sondern müsse außerdem als Maßstab der Inländerbehandlung beachtet werden[403].

Damit dokumentierten Spaniens konkrete wie allgemeine BIT-Praxis und auch strukturelle Erkenntnisse aus *Ambatielos*, dass die Meistbegünstigungsklausel prozessuale Wirkungen umfasste.

bb) Vorliegen einer Benachteiligung

Dem zweiten spanischen Einwand einer fehlenden Benachteiligung Maffezinis ging das Tribunal indes nicht weiter nach.

Auf den ersten Blick überraschend, überzeugt diese Konsequenz im seitens des Tribunals vertretenen Auslegungsansatz. So unterstrich Spanien in seiner zweiten Einwendung, dass nach eigener Ansicht nur die Verletzung materieller Standards der Meistbegünstigung zugänglich sei[404]. Prozessuale Wirkungen müssten zur Verletzung materieller Standards eine bestimmte Intensität – zumindest durch ein nationalstaatliches Urteil – aufweisen, um meistbegünstigungsrelevant zu sein.

Dem Einwand, dass ausschließlich materielle Diskriminierungen erfasst wären, schloss sich das Tribunal jedoch gerade nicht an. Der Frage nach einer bestimmten Intensität der Diskriminierung Maffezinis bedurfte es somit folgerichtig nicht mehr.

b) Grenzen

Das Tribunal sah in prozessualer Meistbegünstigung jedoch auch Probleme. Angesichts der latenten Erosionsgefahr eines fein ausbalancierten Vertragswerkes

---

403 *Maffezini* Par. 61.

404 *Maffezini* Par. 42.

müsse die Einbeziehung prozessualer Effekte in besonders sensiblen Fällen eingeschränkt werden. Grundlage dieser Einschränkungen bildeten nach Ansicht des Tribunals *public policy considerations*. Diese zeichneten sich dadurch aus, dass sie als „fundamental conditions for the [Contracting Parties'] acceptance of the agreement“[405] angesehen wurden.

Als solche Grenzen identifizierte das Tribunal u. a.:

1. Die Vereinbarung einer *local-remedies-rule* entsprechend Art. 26 ICSID-Convention, wonach es zur Einleitung eines Schiedsverfahrens der Erschöpfung nationalen Rechtsschutzes bedarf. Deren herausgehobene Stellung folge aus ihrer überwiegenden Bedeutung im allgemeinen Völkerrecht, wie in der Rechtsprechung von IGH[406] und StIGH[407] dokumentiert.

2. Die Vereinbarung einer *fork-in-the-road-clause*, die die Anrufung nationaler oder internationaler Gerichtsbarkeit für endgültig erklärt und deren Finalität beim Eröffnen weiterer Rechtsschutzmechanismen unterlaufen würde.

3. Die Vereinbarung eines spezifischen Streitschlichtungsforums wie z. B. ICSID.

4. Die Zuweisung der Streitbeilegung an ein *highly institutionalized system*, das sich wie NAFTA durch eigene präzise Streitbeilegungsregeln auszeichnet[408].

Es sei offensichtlich, dass keine der bezeichneten Regelungen durch Meistbegünstigung umgangen werden könne. Sie reflektierten den präzisen Willen der Vertragsparteien. Jede Umgehung liefe diesem zuwider und ignorierte deren fundamentale Erwägungen. Es bleibe deshalb unerlässlich, zwischen legitimer Rechtserweiterung und (*disruptive*) *treaty shopping* zu unterscheiden.

---

405 *Maffezini* Par. 62.

406 *Interhandel* (Switzerland v. United States of America), ICJ Rep. 1959, 27.

407 *Mavrommatis Palestine Concessions* (Greece v. U.K.), PCIJ, 1924 Ser. A No. 2, 12.

408 *Maffezini* Par. 63.

Keiner der identifizierten Fälle sei jedoch bei der 18-Monats-Frist des Art. X betroffen, weshalb auch keine Grenze aus *public policy considerations* für einschlägig erachtet wurde.

3. Bewertung

In der Bewertung des Schiedsspruches sind zwei Ebenen zu unterscheiden. Hierbei handelt es sich um die prozessuale Besserstellungen umfassende Auslegung der Meistbegünstigungsklausel sowie die Einführung inhärenter Grenzen.

a) Weite Auslegung

Deutlichster Ansatzpunkt des Tribunals war die Heranziehung des *Ambatielos*-Schiedsspruches und dessen vermeintlicher Aussage zu prozessualer Meistbegünstigung. Gestützt würde diese sowohl durch die allgemeine Praxis Spaniens, möglichst einfachen Zugang zu internationaler Schiedsgerichtsbarkeit zu erlangen, bzw. den Vergleich des vereinbarten Wortlauts mit Meistbegünstigungsklauseln in anderen spanischen BITs. Daneben referierte das Tribunal auf ein kreatives Verständnis der Inländerbehandlung.

aa) Bewertung früheren Fallrechts

Der inhaltlichen Berücksichtigung älterer Judikatur lässt sich nur bedingt zustimmen. Im Resultat zutreffend ist die Bewertung der Fälle *Anglo-Iranian Oil* und *US Nationals*. Ersterer wurde systemstimmig einzig zur Bestimmung des Ausgangsvertrages herangezogen[409]. Die Ablehnung einer Aussage in *US Nationals* stützte sich jedoch unzutreffend auf den Widerruf der Privilegien und nicht die tatsächlich zu beurteilende materielle Meistbegünstigungswirkung[410].

Ähnlich zwiespältig ist die Bewertung des *Ambatielos*-Schiedsspruchs. Zutreffend vollzog das Tribunal dessen Argumentation nach. Hiernach sei anerkannt worden, dass eine Meistbegünstigungsklausel völkerrechtliche Vorgaben für die

---

409 *Maffezini* Par. 45.

410 D. II. US Nationals in Morocco.

Ausgestaltung eines nationalen britischen Verfahrens aufstellen könne[411]. Aus dieser *prima facie* prozessualen Klassifikation wurde gefolgert, die Entscheidung selbst äußere sich damit auch zur Zulässigkeit prozessualer Meistbegünstigung. Diese Annahme vermag in ihrer Reichweite jedoch nicht zu überzeugen, da es sich in der Prozesssituation lediglich um eine materielle Meistbegünstigungswirkung handelte[412]. Trotz der unzutreffenden Bewertung wurden im Anschluss jedoch treffende Konsequenzen aus *Ambatielos* gezogen. So zeichnete das Tribunal korrekt nach, dass materielle Standards ohne einen korrespondierenden Durchsetzungsmechanismus eines wesentlichen Nutzenelementes beraubt seien[413]. Dies betraf zwar nicht *per se* eine prozessuale Wirkung des Art. IV (2), gab aber einen Hinweis, unter welchen Gesichtspunkten die Bestimmung der Vertragsmaterie nach *ejusdem generis* vorzunehmen ist[414]. Das Argument ist damit als Grundlage einer weiten Bestimmung der vertraglichen *subject matter* anzuführen. Den weiteren Schritt, eine das nationale Verfahren tatsächlich gestaltende Ausstrahlung in der völkerrechtlichen Norm zu sehen, ging das Tribunal jedoch nicht.

Insgesamt sind gegen die Berücksichtigung der allgemeinen Fälle zwar methodische Einwände zu erheben, diese betreffen jedoch überwiegend das Vorgehen und nicht das Ergebnis der Rechtsanwendung. Sie sind bis auf die Überbewertung der Reichweite des *Ambatielos*-Schiedsspruches damit nahezu unbeachtlich.

bb) Vertragspraxis

Diese über eine Verbindung von materiellem Recht und Prozessrecht begründete weite Meistbegünstigungsanwendung wurde im Anschluss mit Beispielen aus der allgemeinen BIT-Praxis unter besonderer Berücksichtigung der generellen als auch der konkreten spanischen Abschlusspolitik untermauert.

Erster Gegenstand war die in jüngeren (ab ca. 1993) BITs des Vereinigten Königreiches anzutreffende Praxis, den Anwendungsbereich der Meistbegünsti-

---

411 *Maffezini* Par. 50.

412 D. III. 4. Aussage.

413 *Maffezini* Par. 49.

414 D. III. 4. c) Weitergehende Schlussfolgerungen.

gungsklausel durch die Nennung erfasster Normen zu definieren[415]. Diese Klauseln schließen explizit die Streitbeilegung ein[416]. Selbst wenn man Drittverträgen entgegen der hier vertretenen Ansicht, dass drittstaatliche Vertragspraxis nur eine untergeordnete Rolle spielen kann[417], eine allgemeine Bedeutung für die Vertragsauslegung zustünde, wäre die Formulierung weder für noch gegen die Zulässigkeit prozessualer Meistbegünstigung anzuführen. Dem Argument, die gesonderte Erwähnung würde bei anerkannter prozessualer Meistbegünstigung überflüssig, kann der klare Wortlaut entgegen gehalten werden. Dieser führt nämlich eindeutig die Ausräumung von Zweifeln als Motivation der Vertragsparteien an[418].

Ähnlich verhält es sich mit der Berücksichtigung weiterer spanischer Vertragspraxis. Zwar mag es zutreffen, dass Spanien immer bemüht war, schnellen Zugang zu unabhängiger (Schieds-)Gerichtsbarkeit zu vereinbaren; eine systematische Begründung, warum dies Einfluss auf das konkrete Vertragsregime haben sollte, blieb das Tribunal allerdings schuldig. Es käme damit einzig die Berücksichtigung als nachrangiges Auslegungskriterium nach Art. 32 VCT in Betracht[419]. Dass eine solche Situation mehrdeutiger Auslegung nach Wortlaut, Systematik und Zweck gegeben sei, hat das Tribunal jedoch weder nachgewiesen noch überhaupt thematisiert. Die Annahme schiene in Anbetracht des teleologischen Arguments darüber hinaus wenig schlüssig.

Technisch vergleichbar unterstrich das Tribunal im konkreten BIT eine für spanische Verhältnisse weite Meistbegünstigungsklausel. Auch dieses Argument überzeugt jedoch nicht, da es der Auslegungssystematik nicht gerecht wird. Die Aussage „all matters subject to this agreement" gibt lediglich wieder, was nach *ejusdem generis* ohnehin gilt; nämlich dass Meistbegünstigung auf von der *subject matter* des Ausgangsvertrages erfasste Privilegien beschränkt ist[420]. Fehlt es an einer Wortlauteinschränkung dieser Grundaussage, gilt das vom Tribunal gesondert Betonte ohnehin auf Grund allgemeiner Meistbegünstigungssystematik.

---

415 Siehe Fn. 390.

416 *Maffezini* Par. 52.

417 Siehe C. I. 3. Sonderfall weiterer Vertragspraxis.

418 *Maffezini* Par. 52.

419 C. I. 3. Sonderfall weiterer Vertragspraxis.

420 *Dolzer* FS Ress S. 47; *Ustor* Most-Favoured-Nation-Clause EPIL III, 468 (471 f.); *Sacerdoti* RdC 1997 (269), 251 (345 ff.); *Dolzer/Stevens* BITs S. 66.

Folglich sind die auf Spaniens eigener und drittstaatlicher Vertragspraxis gründenden Argumente des Tribunals für die Auslegung der konkreten Meistbegünstigungsklausel nicht zu berücksichtigen, da der nach Art. 32 VCT notwendige Grad an Unklarheit ausblieb.

cc) Inländerbehandlung

Auch dem letzten Argument des Tribunals kann nicht gefolgt werden. Schon die Konstruktion einer Meistbegünstigungswirkung – vermittelt über die Inländerbehandlung – mutet untypisch an, wenngleich dies allein eine Ablehnung nicht trägt.

Vor allem ist die Vereinbarkeit beider Standards keineswegs unbestritten[421]. Letztlich scheitert die angestrebte Wirkung aber am Fehlen einer tatsächlichen Diskriminierung. So ist zwar zuzugeben, dass der Nachweis geführt wurde, Spanien sei immer bestrebt gewesen, einen investorfreundlichen Streitbeilegungsmechanismus zu vereinbaren[422]. Das einzige was Spanien damit nach der Inländerbehandlung schuldete, war jedoch der Versuch, in Vertragsverhandlungen auf eine möglichst investorfreundliche Schiedsklausel hinzuwirken. Dass Spanien dies in den Verhandlungen mit Argentinien tat, erkannte das Tribunal selbst nur wenige Absätze zuvor an[423]. Jede darüber hinausgehende Pflicht zum Abschluss einer *ad-hoc*-Schiedsvereinbarung sprengte diesen Rahmen und resultierte in einer neu begründeten tatsächlichen Besserstellung.

dd) Gesamtwürdigung

Insgesamt ist ein Großteil der Argumente des Tribunals auslegungssystematisch angreifbar. Dies gilt vorrangig für die eigentlich subsidiäre Argumentation anhand von Drittverträgen.

Das Gegenteil trifft auf die teleologischen Erwägungen zu. Wenn auch deren inhaltliche Reichweite nicht korrekt bewertet wurde, trägt gerade die Berück-

---

421 *Dolzer/Stevens* BITs S. 66.

422 *Maffezini* Par. 58.

423 *Maffezini* Par. 57.

sichtigung der in *Ambatielos* gefunden Erkenntnisse das nach Sinn und Zweck gefundene Ergebnis zulässiger prozessualer Meistbegünstigung überzeugend.

b) Ausnahmen zur weiten Auslegung

Den zweiten wesentlichen Punkt der Entscheidung bildete ihr *obiter dictum* zu den Grenzen prozessualer Meistbegünstigung. Diese „allgemeinverbindlichen" Ausnahmen vom Grundsatz wurden zwar nicht angewandt; gleichwohl fanden sie durch die Rezeption in *Tecmed* unter dem Begriff der *core matters* sogar Eingang in die materielle Meistbegünstigungsdogmatik[424].

aa) Allgemeine Begründung

Das Tribunal führte zur Begründung der Ausnahmen an, diese reflektierten fundamentale Erwägungen, von deren Vorhandensein die Vertragsparteien Wohl und Wehe des Vertrages abhängig machten[425]. Inhaltlich sei das Konzept neben den genannten Fällen auch offen für weitere bisher nicht identifizierte Regelungen als *public policy considerations*[426].

Im Überblick scheinen die genannten Ausnahmen durchaus überzeugend, schließlich dürfte kein Staat gerne trotz der Schranken seiner BITs auf Grund einer Meistbegünstigungsklausel unvermittelt zum Beklagten werden. Der Ansatz wurde jedoch ausschließlich damit gerechtfertigt, dass in besagten Fällen eine Erosion der vertraglichen Vereinbarungen durch *treaty shopping* zu befürchten sei[427]. Eine systematische Einordnung in die völkerrechtliche Auslegung erfuhr er seitens des Tribunals hingegen nicht. In Anbetracht der Dimension der eröffneten Ausnahmen können diese gleichwohl nicht ohne dogmatisch tragfähige Begründung bleiben. Schließlich handelt es sich schon bei den explizit aufgeführten Ausnahmen um ein sehr weites Spektrum dessen, was als mögliche Konstellationen prozessualer Meistbegünstigung in Betracht kommt[428].

---

424 *Tecmed* Par. 69.

425 *Maffezini* Par. 62.

426 *Maffezini* Par. 62 f.

427 *Maffezini* Par. 63

428 *Fietta* Int.A.L.R. 2005, 131 (133).

Der bloße mit prozessualer Meistbegünstigung einhergehende Souveränitätsverlust scheint hierzu jedenfalls ungeeignet, da dieser ein unverzichtbares Charakteristikum der Meistbegünstigung darstellt[429] und auch die Ungewissheit über zukünftige Entwicklungen mit dem Charakter eines *drafting by reference*[430] untrennbar verbunden ist.

Als tatsächliche Motivation der angeführten Ausnahmen wurde daher vorgeschlagen, es könne sich um Spezialitätserwägungen handeln[431]. Die Ausnahmen 2 bis 4 zeichneten sich schlicht dadurch aus, dass sie im Regelfall Ausdruck einer von den Vertragsparteien gewollten Besonderheit seien und damit auf wechselseitiger Betonung beruhten[432]. Einzig die *local-remedies-rule* sei als einseitig definierbare Sicherungsmaßnahme nicht von der Spezialität erfasst. Deren Rechtfertigung wird wie vom Tribunal auch in ihrer absoluten völkerrechtlichen Bedeutung erblickt. Dieser Begründungsvorschlag hat gegenüber den vagen Aussagen des Tribunals auf jeden Fall den Vorteil eines fundierten Systems.

bb) Kritik am Sonderstatus der *local-remedies-rule*

Die *local-remedies-rule* als Ausnahme zu prozessualer Meistbegünstigung wurde nicht von Spezialitätserwägungen, sondern deren völkerrechtlichem Status getragen[433]. Ob dieser tatsächlich im Investitionsschutz herangezogen werden kann, ist jedoch wegen seiner gesonderten Bedeutung innerhalb des Regimes fraglich.

Den generellen Status der *local-remedies-rule* unterstreicht über die zitierten Entscheidungen der *E.L.S.I.* Fall des IGH: „[T]he Chamber finds itself unable to accept that an important principle of customary international law should be held to have been tacitly dispensed with, in the absence of any words making clear an intention to do so.“[434] In Art. 26 ICSID-Convention findet sich aber gerade eine explizite Regelung, die dieses allgemeine Verhältnis umkehrt, indem dessen

429 *Vesel* YJIL.32 (2007), 126 (156).

430 *US Nationals* ICJ Rep. 1952 S. 192; *Sornarajah* Foreign Investment S. 308.

431 *Tellerbaum* JIArb 22 (2005), 225 (231).

432 *Dolzer/Myers* ICSIDRev. 2004, 49 (54).

433 *Maffezini* Par. 63

434 *E.L.S.I.* ICJ Rep. 1989, 15 (42).

Satz 2 festlegt, ein Staat könne seine Zustimmung zur Gerichtsbarkeit von der vorherigen „exhaustion of local administrative or judicial remedies“ abhängig machen[435]; gleiches gilt unter NAFTA[436]. Es fehlt damit gerade am maßgeblichen Schweigen, dass die gewohnheitsmäßige Annahme einer *local-remedies-rule* trägt. Deren in anderen Konstellationen zutreffend begründeter und in der völkerrechtlichen Rechtsprechung anerkannter Status ist damit im Investitionsschutz nicht vorhanden und konnte eine Ausnahme nach *Maffezini* auch nicht begründen.

Trotz dieser regimespezifischen Besonderheit könnte aber auch der Ausnahmestatus einer *local-remedies-rule* seine Begründung in Spezialitätsgesichtspunkten finden.

cc) Zusammenfassung

Insgesamt zeichnet sich ab, dass eine Begründung der Ausnahmen einzig in einem Spezialitätsverständnis plausibel begründet werden kann. Die Argumentation anhand von *public policy considerations* oder gesonderter Erwägungen aus dem völkergewohnheitsrechtlichen Rahmen heraus überzeugt indes nicht.

II. Siemens AG v. the Argentine Republic

Nach *Maffezini* blieb die investitionsschutzrechtliche Praxis zur Frage prozessualer Meistbegünstigung vorerst ruhig. Erst fünf Jahre später kam es mit *Siemens v. the Argentine Republic* wieder zu einem Schiedsspruch, in dessen Kontext die Wirkung einer Meistbegünstigungsklausel auf das System der Rechtsdurchsetzung geltend gemacht wurde.

---

435 *Schreuer* ICSID-Commentary Art. 26 Rn. 95.

436 Waste Management Par. 116.

1. Fall

a) Sachverhalt

Argentinien hatte im August 1996 einen Vertrag zur Einrichtung eines Systems der Migrationskontrolle und personellen Identifikation ausgeschrieben. Um im Vergabeverfahren berücksichtigt zu werden, mussten Teilnehmer eine nationale Tochtergesellschaft gründen, die später als Vertragspartner auftreten sollte. Aus diesem Grund gründete Siemens durch seine konzernintegrierte Tochter Siemens Nixdorf Informationssysteme AG („SNI“) eine lokale, vollständig in Siemens Eigentum stehende, Tochtergesellschaft unter der Firma Siemens IT Services S.A. („SITS“). Diese nahm am Ausschreibungsverfahren teil und erhielt schließlich den Zuschlag. Der Vertrag wurde am 6. Oktober 1998 unterzeichnet und durch eine entsprechende Verfügung (Decree No. 1342/98) bestätigt. Er hatte eine Laufzeit von sechs Jahren mit zweimaliger Verlängerungsoption um je drei Jahre. Nach Vertragsschluss stattete Siemens SITS mit Kapital und den notwendigen Assets aus.

Am 10. Dezember 1999 kam jedoch eine neue argentinische Regierung ins Amt, die den Vertrag mit SITS im Februar 2000 wegen vermeintlicher technischer Probleme aussetzte. Im März 2000 wurde eine Kommission zu dessen Überprüfung eingesetzt, die im November einen Anpassungsvorschlag auf Grund der mittlerweile ergangenen argentinischen Notstandsgesetzgebung vorlegte. SITS stimmte der Vertragsanpassung zu. Am 3. Mai 2001 erhielt SITS einen weiteren Anpassungsvorschlag. Gleichwohl kündigte Argentinien den Vertrag auf Basis seiner Notstandsgesetzgebung am 18. Mai 2001 vollständig (Decree No. 669/01). Hiergegen legte SITS am 5. und 19. Juni sowie am 5. Juli 2001 administrative Rechtsbehelfe ein, die jedoch am 24. September 2001 verworfen wurden (Decree No. 1205/01).

Daher informierte Siemens Argentinien am 23. Juli 2001 über eine Verletzung des Vertrages über die gegenseitige Förderung und den Schutz von Investitionen zwischen der Bundesrepublik Deutschland und der Republik Argentinien vom 9. April 1991. Die anschließenden Verhandlungen blieben erfolglos, weshalb Siemens am 18. März 2002 die Einleitung eines ICSID-Schiedsverfahrens beantragte[437].

---

[437] Die Fakten finden sich in Par. 23 bis 27 der Zuständigkeitsentscheidung vom 3. August 2004.

b) Argumentation Siemens

Siemens stützte eine Zuständigkeit des ICSID-Tribunals wesentlich auf die Meistbegünstigungsklauseln des argentinisch-deutschen BIT in Art. 3 (1) und (2) i. V. m. der Rechtsschutzklausel aus Art. X des argentinisch-chilenischen BIT.

aa) Rechtsschutz nach dem Ausgangsvertrag

Maßgeblich für die Streitbeilegung zwischen Investor und Gaststaat waren Art. 10 (2) und (3) des argentinisch-deutschen BIT. Wie in *Maffezini* postulierte auch hier der Absatz 2 eine sechsmonatige Verhandlungsfrist, nach deren Ablauf die Auseinandersetzung nationalen Gerichten zu unterbreiten war. Erst dann konnte unter den Voraussetzungen des Absatzes 3 die Einleitung eines internationalen Schiedsverfahrens begehrt werden:

> „Unter jeder der nachstehend genannten Voraussetzungen kann die Meinungsverschiedenheit einem internationalen Schiedsgericht unterbreitet werden:
>
> auf Verlangen einer Streitpartei, wenn binnen 18 Monaten seit Einleitung des gerichtlichen Verfahrens gemäß Absatz 2 eine Sachentscheidung des angerufenen Gerichts nicht vorliegt oder wenn eine derartige Entscheidung vorliegt, die Meinungsverschiedenheit zwischen den Streitparteien aber fortbesteht;
>
> wenn beide Streitparteien sich darauf geeinigt haben.“[438]

Wie in *Maffezini* fehlte es jedoch sowohl am Einverständnis Argentiniens als auch am Verfolgen nationalen Rechtsschutzes über 18 Monate.

---

[438] Die verbindliche deutsche Fassung findet sich unter BGBl. 1993 II, 1244 ff.

bb) Vermittlung einer Besserstellung

Um dennoch eine Zuständigkeit des ICSID zu begründen, berief sich Siemens auf die folgenden Meistbegünstigungsklauseln in Art. 3 des Ausgangsvertrages:

> Abs. 1
>
> „Jede Vertragspartei behandelt Kapitalanlagen von Staatsangehörigen oder Gesellschaften der anderen Vertragspartei oder Kapitalanlagen, an denen Staatsangehörige oder Gesellschaften der anderen Vertragspartei beteiligt sind, in ihrem Hoheitsgebiet nicht weniger günstig als Kapitalanlagen der eigenen Staatsangehörigen und Gesellschaften oder Kapitalanlagen von Staatsangehörigen und Gesellschaften dritter Staaten."
>
> Abs. 2:
>
> „Jede Vertragspartei behandelt Staatsangehörige oder Gesellschaften der anderen Vertragspartei hinsichtlich ihrer Betätigung im Zusammenhang mit Kapitalanlagen in ihrem Hoheitsgebiet nicht weniger günstig als ihre eigenen Staatsangehörigen und Gesellschaften oder Staatsangehörige und Gesellschaften dritter Staaten."

Für deren Verständnis musste gleichzeitig die spezielle Meistbegünstigungsklausel des Art. 4 (4) im Auge behalten werden:

> „Hinsichtlich der in diesem Artikel geregelten Angelegenheiten genießen die Staatsangehörigen oder Gesellschaften einer Vertragspartei im Hoheitsgebiet der anderen Vertragspartei Meistbegünstigung."

Siemens sah in den Formulierungen des Art. 3 (1) und (2) umfassende Meistbegünstigungsklauseln, die neben materiellen Schutzstandards auch Fragen der ebenso im BIT normierten Rechtsdurchsetzung betrafen[439]. Nach Siemens waren sie damit geeignet, den günstigeren Rechtsschutz des Art. X (2) im argentinisch-

[439] *Siemens* Par. 60ff.

chilenischen BIT zu vermitteln[440]. Dieser eröffnete nach sechsmonatigen Verhandlungen den Weg zu internationaler Schiedsgerichtsbarkeit unabhängig von einer Einhaltung des nationalen Rechtswegs:

> „Wenn die Meinungsverschiedenheit nicht innerhalb von sechs Monaten ab dem Zeitpunkt ihrer Geltendmachung durch eine der beiden Parteien beigelegt werden konnte, wird sie auf Antrag des Staatsbürgers oder der Gesellschaft:
>
> --entweder der nationalen Gerichtsbarkeit der von der Meinungsverschiedenheit betroffenen Vertragspartei;
>
> --oder internationaler Schiedsgerichtsbarkeit nach den Bedingungen des Absatzes 3 unterbreitet.
>
> Haben Staatsbürger oder Gesellschaft die Meinungsverschiedenheit einmal nationaler Gerichtsbarkeit der betroffenen Vertragspartei oder internationaler Schiedsgerichtsbarkeit unterbreitet, ist die Wahl des jeweiligen Verfahrens endgültig.“[441]

c) Einwendungen Argentiniens

Gegen diese Interpretation der Meistbegünstigungsklausel machte Argentinien Einwände im Bezug auf den Anwendungsbereich der Meistbegünstigung und die Definition einer Besserstellung unter Berücksichtigung der *fork-in-the-road-clause* des Art. X (2) geltend.

---

440 Ebd.

441 “Si la controversia no hubiera podido ser solucionada en el término de seis meses a partir del momento en que hubiera sido planteada por una u otra de las partes, será sometida, a pedido del nacional o sociedad:

--o bien a jurisdicciones nacionales de la Parte Contratante implicada en la controversia;

--o bien al arbitraje internacional en las condiciones descriptas en el párrafo 3.

Una vez que un nacional o sociedad haya sometido la controversia a las jurisdicciones de la Parte Contratante implicada o al arbitraje internacional, la elección de uno u otro de esos procedimientos será definitiva.”

aa) Reichweite der Meistbegünstigung

Gegen prozessuale Wirkungen der Meistbegünstigungsklauseln in Art. 3 (1) und (2) sprachen nach Argentiniens Ansicht mehrere Gründe.

(1) Wortlaut

Eine Anwendung des Abs. 1 sei bereits durch dessen Wortlaut ausgeschlossen. Dieser sehe lediglich für die Behandlung von Kapitalanlagen Meistbegünstigung vor. Fragen der Rechtsdurchsetzung nach Art. 10 des BIT könnten jedoch nicht als Behandlung der Kapitalanlage verstanden werden, da sie ausschließlich dem Investor zuteil würden[442].

Gegen eine Anwendbarkeit des Abs. 2 spreche vom Wortlaut dessen Beschränkung auf „Betätigung[en] im Zusammenhang mit Kapitalanlagen". Diese Betätigung umfasse nämlich primär Tätigkeiten beim Betrieb einer Investition[443]. Ein solches Verständnis decke sich mit den Erläuterungen zu Art. 3 des BIT-Zusatzprotokolls, die den Begriff der Aktivität als „transactions of a commercial and economic nature in relation to exploitation and management of investments"[444] definierten. Diese Begriffsbestimmung finde sich auch in einer Schau der nationalrechtlichen Begrifflichkeiten Italiens[445], Argentiniens und Deutschlands[446]. Diesen Betrieb einer Investition tätigten jedoch nur Investoren, wohingegen sich die Rechtsschutzklausel an alle Verfahrensbeteiligten wendete und deshalb strukturell nicht mit der Meistbegünstigung kompatibel sei[447].

---

442 *Siemens* Par. 36.

443 *Siemens* Par. 38.

444 *Siemens* Par. 37.

445 Welche Bedeutung italienischem Recht für die Auslegung eines Vertrages zwischen Argentinien und Deutschland beizumessen sei, erschließt sich in Kenntnis der konkreten Situation nicht wirklich.

446 *Siemens* Par. 39.

447 *Siemens* Par. 40.

(2) Verbindung mit der Inländerbehandlung

Gegen die Anwendung der Art. 3 (1) und (2) auf Aspekte der Streitbeilegung wurde weiterhin eine Kombination mit der Inländerbehandlung angeführt. So seien ob dieser inhaltlichen Verbindung nur diejenigen Materien „meistbegünstigungsfähig", die auch der Inländerbehandlung offen stünden. Dies zeige das einheitliche Ausnahmesystem der Abs. 3 und 4[448]. An einer solchen Austauschbarkeit fehle es aber gerade für die Streitbeilegung im Verhältnis Investor-Staat, da diese nur Ausländern zustehe. Hätten die Vertragsparteien eine weitere Anwendung angestrebt, wäre diese wie z. B. in Art. 4 (4), der auf eine vergleichbare Einbeziehung der Inländerbehandlung verzichtete, geschehen[449]. Würde man einer weiten Auslegung folgen, bedeutete dies, Art. 4 (4) wäre überflüssig, da bereits die gesamte Meistbegünstigung durch Art. 3 erbracht würde, was gegen die Regeln effektiver Vertragsauslegung verstieße[450].

(3) Inkompatibilität der Rechtsschutzmechanismen

Schließlich bezweifelte Argentinien die Kompatibilität beider Rechtsschutzklauseln. Während der argentinisch-deutsche BIT eine zwingende Befassung nationaler Gerichte vorsah, ersparte der argentinisch-chilenische BIT dem Investor eine vorherige Anrufung nationaler Gerichtsbarkeit. Er stellte diese jedoch als gleichberechtigte Alternative zur Auswahl. Schon deshalb seien die Systeme der BITs nicht kompatibel und deren Besserstellungen nicht kombinierbar[451].

Diesen besonderen Charakter internationaler Schiedsgerichtsbarkeit betonte auch ein weiteres Argument Argentiniens. Selbst wenn die Meistbegünstigungsklausel den gesamten BIT erfasste, sei das in Form des Art. 10 abgegebene Angebot auf Abschluss einer Schiedsvereinbarung unveränderlich abgegeben[452]. Hierfür spreche vor allem dessen Charakter als detailliert ausgehandeltes Rechtsschutzsystem, das deutlich vom deutschen Mustervertrag abweiche[453].

---

448 *Siemens* Par. 41.

449 *Siemens* Par. 43.

450 *Siemens* Par. 45.

451 *Siemens* Par. 56 f.

452 *Siemens* Par. 48.

453 *Siemens* Par. 49.

Solche „matters specifically considered by the contracting parties" seien nach *Tecmed* einer Umgehung durch Meistbegünstigung entzogen[454].

(4) Allgemeine Unzulässigkeit

Neben diesen individuellen Einwänden bestritt Argentinien auch allgemein die Offenheit von Meistbegünstigungsklauseln für prozessuale Privilegien.

Meistbegünstigung ziele regelmäßig auf die Vermittlung materieller Schutzstandards, die von prozessualen Garantien nach Art. 10 zu unterscheiden seien[455]. *Maffezini* bildete insoweit eine Ausnahme, als die betroffene Meistbegünstigungsklausel extrem weit formuliert war[456]. Allgemein sei *ejusdem generis* aber deutlich restriktiver zu verstehen, wie sich aus einer Gesamtschau der Rechtsprechung ergebe[457]. Der IGH hätte in *Anglo-Iranian-Oil* und *US Nationals* die prozessuale Meistbegünstigung ausschließlich abgelehnt. *Ambatielos* hingegen habe auf Grund seiner materiellen Qualität schlicht keine Aussage zur Frage getroffen[458]. Dieses Verständnis untermauere auch die weitere BIT-Praxis[459]. So seien konkrete Verträge zu beobachten, die eine prozessuale Meistbegünstigung ausdrücklich vorsähen[460], was überflüssig würde, wenn das Tribunal Siemens folgte.

Darüber hinaus enthalte die 18-Monats-Frist im Kern eine modifizierte *local-remedies-rule*, die entsprechend *E.L.S.I.* nicht stillschweigend abbedungen sein dürfe[461], weshalb *Maffezini* als Systembruch keinen Bestand haben könnte[462].

---

454 *Siemens* Par. 50.

455 *Siemens* Par. 48

456 Ebd.

457 *Siemens* Par. 47.

458 Ebd.

459 Ebd.

460 Argentinien berief sich neben der bereits erwähnten jüngeren Praxis des Vereinigten Königreichs auch auf den BIT zwischen Argentinien und Korea vom 17. Mai 1994, dessen Art. 8 (2) für Fragen der Investor-Staaten-Streitbeilegung eine eigene Meistbegünstigungsklausel enthält.

461 *E.L.S.I.* ICJ Rep. 1989, 15 (42).

462 *Siemens* Par. 52.

bb) Fork-in-the-road-clause

Zwar konzentrierte sich Argentinien darauf, Siemens Argumentation bereits dem Grunde nach zu entkräften, nichtsdestotrotz führte man ein ergänzendes Argument für den Fall an, dass sich das Tribunal *Maffezini* anschloss. Argentinien forderte dann die Anwendung der *fork-in-the-road-clause* aus Art. X (2) des argentinisch-chilenischen BIT. Da SITS gegen die Kündigung des Projektvertrages drei administrative Rechtsbehelfe eingelegt hatte, müssten diese als endgültige Wahl des nationalen Rechtsweges i. S. der *fork-in-the-road-clause* behandelt werden[463].

2. Position des Tribunals

In seiner Zuständigkeitsentscheidung vom 3. August 2004 erklärte sich das Tribunal gegen Argentiniens Einwände zuständig.

a) Anerkennung prozessualer Meistbegünstigung

aa) Rahmen der Auslegung

Den Rahmen der Auslegung des Art. 3 (1) und (2) erkannte das Tribunal in Art. 31 (1) VCT, den auch beide Verfahrensparteien als maßgeblich angeführt hatten. Dieser statuiere grundsätzlich weder eine strenge noch eine liberale Auslegung, sondern gebe vielmehr mit dem Vertragszweck eine klar umrissene Vorgabe, unter welchen Gesichtspunkten der Wortlaut auszulegen sei[464]. Ausschlaggebend wäre hier, dass es sich um einen Vertrag zum Schutz und der Förderung von Investitionen handelte. Dieser sollte durch die Schaffung günstiger Investitionsbedingungen private wirtschaftliche Initiative und das Wohlergehen beider Völker fördern[465].

---

463 *Siemens* Par. 112 ff.

464 *Siemens* Par. 81.

465 Ebd.

bb) Systematik der Meistbegünstigungsklauseln

Nach Auffassung des Tribunals konnte Art. 3 (2) nicht restriktiv mit ausschließlich materieller Wirkung interpretiert werden. Zwar sei zuzugeben, dass Argentinien zutreffend die Regelbeispiele der Erläuterungen zu Art. 3 unter lit. a) wiedergegeben habe, es müsse aber bedacht werden, dass die Aufzählung keine abschließende sei. Deshalb verbiete sich der Rückschluss, ausschließlich die aufgezählten Aktivitäten seien als „Aktivität im Zusammenhang mit einer Kapitalanlage" anzusehen[466]. Der Begriff der Aktivität könne daher nicht als bloßer Betrieb einer Investition mit Blick auf Wettbewerbshandlungen verstanden werden. Er sei vielmehr genereller Natur und umfasse alle mit der Investition zusammenhängenden Tätigkeiten[467].

Auch aus Art. 4 (4) ergebe sich keine einschränkende Auslegung der Meistbegünstigung nach Art. 3. Zwar wäre eine Deutung, die zur inhaltlichen Bedeutungslosigkeit des Art. 4 (4) führte, nicht mit den Grundsätzen effektiver Vertragsauslegung zu vereinen[468]; dieses Problem stelle sich jedoch nicht, da Art. 4 (4) entgegen der Meistbegünstigung nach Art. 3 (1) und (2) für den speziellen Anknüpfungsgegenstand des Art. 4 (Enteignungsschutz sowie die Einhaltung rechtsstaatlicher Grundsätze) eine weitere Meistbegünstigung gewähre, die nicht durch die Ausnahmen in Art. 3 (3) und (4) eingeschränkt werde. Eine solche Spezialität führe trotz möglicher Überschneidungen der Schutzbereiche, die sich im Zweifel aus übermäßiger Vorsicht (*ex abundante cautela*) erklärten[469], nicht zur Bedeutungslosigkeit einer der beiden Regelungen. Schließlich verbleibe beiden ein eigener Anwendungsbereich[470]. Diesen Unterschied dokumentiere auch die fehlende Gewährung von Inländerbehandlung in Art. 4 (4). Diese bliebe rein dem Art. 3 überlassen und damit den Einschränkungen der allgemeinen Nichtdiskriminierungsstandards in Art. 3 (3) und (4) unterworfen[471].

---

466 *Siemens* Par. 83.

467 *Siemens* Par. 85.

468 *Siemens* Par. 87.

469 *Siemens* Par. 90.

470 Ebd.

471 Auch eine alternative – wenn auch im Ergebnis nicht wirklich überzeugende – Auslegung, die explizite Meistbegünstigung in Art. 4 könnte als bewusste Auslassung der Inländerbehandlung eine Grenze letzterer darstellen, würde nichts an der hinreichend effektiven Anwendung des Meistbegünstigungsstandards ändern.

cc) Schutz der Investition oder des Investors

Auch die Argumentation, Streitbeilegung müsste als Behandlung des Investors und nicht der Investition verstanden und der Meistbegünstigung nach Art. 3 (1) entzogen werden, machte sich das Tribunal nicht zu eigen. Zwar wäre es wegen der Wortlautdifferenzen zwischen Art. 3 (1) und seinen Ausnahmen möglich, dass deren unterschiedliche Referenz zur Investition in Abs. 1 und Investoren in den Abs. 3 und 4 nur das eine oder andere vom Schutz der Meistbegünstigung erfasst sein könnte, während die gegenseitige Bezugnahme der „in diesem Artikel geregelten Angelegenheiten" des Art. 4 (4) zu (1) ein kumulatives Nebeneinander von Investor und Investition im Schutzbereich der Meistbegünstigung des Art. 4 (4) ermöglichte[472]. Nach dem Zweck des Vertrages, als Investitionsschutzinstrument ein günstiges Investitionsklima zu schaffen, spreche jedoch nichts für eine derart formale Auslegung[473]. Strikte Trennung führte sogar zum unzweckmäßigen Ergebnis, dass *fair-and-equitable-treatment* Investitionen vorbehalten und ein *denial of justice* (als dessen essentieller Bestandteil[474]) gegenüber dem Investor ausgeschlossen wäre. Konsistenter scheine vielmehr die Auslegung, dass jede Behandlung der Investition auch den Investor betreffe und damit Art. 3 (1) im Anwendungsbereich deckungsgleich zu seinen Ausnahmen sei[475]. Ebenso verhalte es sich mit dem sachlichen Anwendungsbereich des Art. 4, der keinen Unterschied zwischen Abs. 1 und 4 sondern lediglich unterschiedliche Betonungen des gleichen Gegenstandes zum Ausdruck bringe. Der Meistbegünstigungsschutz nach Art. 3 erstrecke sich deshalb gleichermaßen auf Investitionen und Investoren[476].

dd) Verhältnis zur Inländerbehandlung

Ebenso widersprach das Tribunal Argentiniens Behauptung, die Standards in Art. 3 (1) und (2) hingen voneinander ab, weshalb nur im Schnittbereich beider die Besserstellungsvermittlung möglich wäre[477]. Meistbegünstigung und Inlän-

---

472 *Siemens* Par. 92.

473 Ebd.

474 *Sornarajah* Foreign Investment S. 340.

475 Ebd.

476 Ebd.

477 *Siemens* Par. 41.

derbehandlung seien vielmehr nebeneinander anwendbar, ohne dass eine inhaltliche Verbindung bestünde. Beide gewährten jeweils ein *minimum level of treatment*, das nicht die Grenze des anderen Standards betreffe[478]. Dies meinte das Tribunal mit dem zirkulären Argument zu untermauern, eine Begrenzung auf den jeweils geringeren Standard würde automatisch den weiterreichenden verletzen[479].

ee) Früheres Fallrecht

Auf eine allgemeine völkerrechtliche Vermutung gegen die Zulässigkeit prozessualer Meistbegünstigung erkannte das Tribunal ebenfalls nicht.

In *Anglo-Iranian-Oil* sei explizit keine Stellung zu Bedeutung und Reichweite der einschlägigen Meistbegünstigungsklausel genommen worden[480], während *US Nationals* einen Erwerb konsularischer Gerichtsbarkeit der USA als Bedingung einer weiteren Prüfung annahm. Die tatsächliche Ablehnung resultierte aber einzig aus dem früheren Widerruf der Privilegien[481]. Ebenso sei *Ambatielos* eine Vermutung zugunsten prozessualer Meistbegünstigung eigen. So hätte auch Griechenland argumentiert, die Durchsetzung eines Rechtes sei nicht mehr als „im Zusammenhang mit Handel und Schifffahrt" stehende Materie erfasst, die Schiedskommission habe dies jedoch abgelehnt. Im Gegenteil wurde deutlich betont, dass die Gewährung materiellen Schutzes ohne die Verbindung mit prozessualen Durchsetzungsstandards wenig nützlich sei[482]. Der Zugang zu angemessenen Rechtsdurchsetzungsmechanismen müsse daher im Zusammenhang mit der Gewährung substantiellen Schutzes gesehen und erfasst werden, solange keine in einem engen Wortlaut dokumentierten Anhaltspunkte gegenteiliger Parteiintention erkennbar würden[483]. Gleiches gelte für die in *Maffezini* aufge-

---

478 *Siemens* Par. 93.

479 Ebd. Die als Argument angeführte Verletzung des weiteren Standards würde gerade bei der von Argentinien vorgeschlagenen restriktiven Auslegung gar nicht erst vorliegen, da nur ein von beiden Standards gedecktes geringeres Schutzniveau Anwendung fände; *Vesel* YJIL 32 (2007), 125 (166).

480 *Siemens* Par. 96.

481 *Siemens* Par. 99.

482 *Ambatielos* ILR 23, 306 (319).

483 *Siemens* Par. 102.

tretene Konstellation. Diese betone die Bedeutung des Rechtsschutzes, ohne dessen Gewähr materieller Schutz unterlaufen werden könnte. Die Meistbegünstigungsklausel im argentinisch-spanischen BIT sei ebenso hinreichend weit formuliert und schließe prozessuale Wirkungen nicht aus. Da es somit an Ansatzpunkten zur Einschränkung fehlte, kam das Tribunal zum Ergebnis, dass auch der in Art. 10 geregelte Rechtsschutz des Investors gegen den Gaststaat der Meistbegünstigung zugänglich war[484].

ff) Local-remedies-rule

Schließlich widersprach das Tribunal auch dem Vorliegen einer moderaten *local-remedies-rule* i. S. des Ausnahmesystems nach *Maffezini*. Die notwendige Befassung nationaler Gerichte sei zwar durchaus eine Sicherungsmaßnahme gegen die vorzeitige Einleitung eines Schiedsverfahrens, die wie auch eine *local-remedies-rule*[485] dem Zweck einer nationalrechtlichen Korrekturmöglichkeit und der Souveränitätswahrung diene[486]. Trotzdem korreliere die zeitliche Begrenzung unabhängig von tatsächlicher Erschöpfung des Rechtsweges und dem erreichten Resultat in ihrer Regelungsintensität nicht dem völkergewohnheitsrechtlich anerkannten Institut. Eine solche Bewertung finde sich auch in der weiteren Vertragspraxis. Argentinien habe die Regel nie wirklich als eine unumstößliche Sicherung zur Wahrung nationaler Souveränität gesehen wie z. B. dessen BIT mit den USA aus dem gleichen Jahr, der auf eine solche Regelung verzichtete, zeige. Ebenso verhalte es sich mit dem argentinisch-chilenischen BIT, der selbst gerade keine notwendige Befassung nationaler Gerichtsbarkeit vorsehe[487].

gg) Spezialität der Rechtsschutzmechanismen

Dass die konkrete Rechtsschutzklausel von der Formulierung des deutschen Modell-BIT abwich, spielte nach Ansicht des Tribunals keine gesonderte Rolle. Jede Vertragsklausel, ob mit einer Modellklausel übereinstimmend oder nicht,

---

484 *Siemens* Par. 103.

485 *Doehring*, Local Remedies, Exhaustion of EPIL III, 238 (240).

486 *Siemens* Par. 104.

487 *Siemens* Par. 105.

verkörpere eine individuell ausgehandelte Lösung. Diese seien inhaltlich nicht gegeneinander zu gewichten oder nach ihrer Bedeutung in eine Rangfolge zu bringen[488].

hh) Ergebnis

Damit stand nach Ansicht des Tribunals einem Rückgriff auf prozessuale Regelungen eines Drittvertrages über die Meistbegünstigung grundsätzlich nichts entgegen[489].

b) Berücksichtigung der Rechtswegwahl

Nach dieser Eröffnung des argentinisch-chilenischen BIT ging das Tribunal darauf ein, ob der Investor bei Berufung auf dessen Rechtsschutzsystem auch an die Einschränkung der *fork-in-the-road-clause* gebunden war[490]. Siemens hatte dem unter Berufung auf die ILC[491] entgegen gehalten, dass der Meistbegünstigte frei auf jede Behandlung oder Kombination zurückgreifen könne[492]. Ein zweites, stärker wortlautorientiertes Argument war der Einwand, dessen endgültige Rechtswahl sei durch die bloße administrative Überprüfung nicht ausgelöst worden. Dies leiste lediglich gerichtlicher Rechtsschutz. Es bedürfe insoweit eines freien und ungebundenen Spruchkörpers, um nicht unangemessen Investorrechte zu beschneiden[493].

Das Tribunal fragte zuerst, ob die *fork-in-the-road-clause* tatsächlich anwendbar war[494] und sprach hierbei von einer Übertragung des gesamten Vertragsregimes[495]. Eine solche sei dem Investor jedoch schon wegen der Funktion einer

---

488 *Siemens* Par. 106.

489 *Siemens* Par. 109 f.

490 *Siemens* Par. 114 f.

491 *ILC* YBILC 1978 II, 27 (30).

492 *Siemens* Par. 116.

493 *Siemens* Par. 117.

494 *Siemens* Par. 118.

495 *Siemens* Par. 120.

Meistbegünstigungsklausel nicht zuzumuten. So spreche das Wort Meistbegünstigung selbst ausschließlich von Vergünstigungen, nicht aber verbundenen Einschränkungen. Außerdem müsste der Investor im gegenteiligen Fall die Mühe auf sich nehmen, vor einer Berufung auf die Besserstellung das komplette Drittvertragsregime zu prüfen, um nicht Gefahr zu laufen, an anderer Stelle einen Nachteil einzubringen[496]. Daher könnte bereits dem ersten Einwand nicht gefolgt werden und es bedürfte keiner weiteren Auseinandersetzung mit der Frage, ob ein administratives Überprüfungsverfahrens bereits ausreichte, die *fork-in-the-road-clause* auszulösen.

c) Ergebnis

Als Konsequenz der dargelegten Erwägungen ging das Tribunal in *Siemens* davon aus, die Meistbegünstigung erfasse auch verfahrensrechtliche Besserstellungen im argentinisch-chilenischen BIT. Einer nachfolgenden Einschränkung durch die Anerkennung und Berücksichtigung drittvertraglich vereinbarter Restriktionen bedürfe es hingegen nicht.

3. Eigene Einschätzung

In der Argumentation des Tribunals nahm die Wortlautauslegung den größten Raum ein. Zur allgemeinen Zulässigkeit der verfahrensrechtlichen Wirkung und der Einbeziehung drittvertraglicher Schranken hielt sich das Tribunal hingegen relativ kurz. Diese Gewichtung soll in der anschließenden Bewertung aufgegeben werden. Gerade die Bestimmung der relevanten Besserstellung und die Kompatibilität der betroffenen Rechtsschutzsysteme verdienen hier besondere Aufmerksamkeit.

a) Konkrete Auslegung

Den Rahmen der Auslegung stellte nach zutreffender Ansicht des Tribunals Art. 31 VCT. Auffällig ist jedoch, dass es bereits zu Beginn betonte, innerhalb der Norm sei vorrangig auf den Zweck des Schutzes und der Förderung von In-

---

[496] Ebd.

vestitionen abzustellen. Eine Erwähnung der weiteren Auslegungsgrundsätze wie Zusammenhang und Systematik des Vertrages sucht man indes vergebens. Schon hier stellte das Tribunal damit die Weichen in Richtung eines weitgehenden Schutzes von Investition und Investor, wie die Feststellung, dass Adressat der Meistbegünstigung nach Art. 3 (2) Investition und Investor waren, dokumentierte. Dieses Ergebnis gründete gegen Argentiniens vertretbare Alternativkonzeption in einer teleologischen Herangehensweise[497]. Zwar unterfütterte das Tribunal seine Schlussfolgerung mit der Feststellung, dass das Ergebnis einer strikt am Wortlaut orientierten Auslegung absurd sei[498]; auch dies fußte jedoch auf Zweckmäßigkeitserwägungen.

Gleichwohl überzeugt die Auslegung im Ergebnis, da sie nicht gegen den das System der VCT verstößt. Art. 31 (1) VCT wird sie aber nicht ohne weiteres gerecht, da dieser keine abstrakte Gewichtung zwischen systematischer und telelogischer Auslegung vornimmt[499]. Zum gleichen Ergebnis führt jedoch auch ein stärker auf die Vertragssystematik bezogener Ansatz. Die inhaltlich synonyme Verwendung der Begriffe *Investor* und *Investition* vermeidet nicht nur das problematische Resultat, dass die Verletzung rechtsstaatlicher Mindeststandards aus *fair-and-equitable-treatment* zwar gegenüber der Investition jedoch nicht gegenüber dem Investor beachtlich sei. Sie macht auch die schwierige Unterscheidung, ob eine Behandlung der Investition oder dem Investor geschieht, obsolet. Schließlich betrifft jede Maßnahme, die die Nutzung einer Investition einschränkt, notgedrungen den Investor. Im Ergebnis ist die Auslegung des Tribunals damit durchaus überzeugend; einem abstrakten Primat zweckorientierter Auslegung muss gleichwohl widersprochen werden.

Sowohl inhaltlich als auch systematisch überzeugend ist hingegen die Auslegung der Anwendungsbereiche im Verhältnis zur spezielleren Meistbegünstigungsklausel des Art.4 (4). Das Tribunal widersprach zu Recht einer inhaltlichen Abhängigkeit von Inländerbehandlung und Meistbegünstigung. Selbige Behauptung lässt sich mitnichten anhand Art. 4 (4) untermauern und verkennt den unabhängigen Charakter[500] der beiden Schutzstandards. Die Funktion der speziellen Klausel in Art. 4 (4) lag systematisch vielmehr darin, für die abschließend in Art. 4 (4) erfassten Fälle den Schutz der Meistbegünstigung ohne

497 *Siemens* Par. 92.

498 Ebd.

499 *Stein/von Buttlar* Völkerrecht § 4 Rn. 82 f.

500 *Dolzer/Stevens* BITs S. 66.

die Einschränkungen der Art. 3 (3) und (4) zu gewähren. Bei unvermeidlichen Fällen der Überschneidung, die jedoch nicht zur vollständigen Überflüssigkeit einer Regelung führen, musste schlicht auf den spezielleren Tatbestand des Art. 4 (4) zurückgegriffen werden.

b) Allgemeine Erwägungen

Eine allgemeine Zulässigkeit prozessualer Meistbegünstigung deduzierte das Tribunal in kurzen Abschnitten aus den dargestellten allgemeinen Fällen.

Es begann mit der zutreffenden Ablehnung einer Aussage in *Anglo-Iranian-Oil*. Darüber hinaus deutete das Tribunal die tatsächliche Aussage des IGH in *US Nationals* zutreffend, deren materielle Qualifikation wurde jedoch verkannt, weshalb es in der schlichten Übertragung der IGH-Entscheidung auf seinen eigenen Fall zu einer unzutreffenden Bewertung gelangte. Der gleiche Einschätzungsfehler zeigte sich in *Ambatielos*. Auch dessen materielle Meistbegünstigung wurde nicht erkannt, weshalb es ebenso zu einer schlichten Übernahme der Aussagen kam[501]. Da aber die Erwägungen aus *Ambatielos* trotz ihrer materiellen Ausgestaltung über die Ausstrahlung ins nationale Prozessrecht ausreichen, als Indiz einer völkerrechtlich parallelen und übertragbaren Grundaussage zu dienen[502], entbehren die Schlussfolgerungen des *Siemens*-Tribunals nicht ihrer Grundlage und können zumindest im Ergebnis überzeugen. Insoweit zutreffend stellte das Tribunal deshalb heraus, dass es aus Gründen der Effektivität zugestandenen Schutzes entscheidend darauf ankomme, dem Träger oder Begünstigten eines materiellen Rechts auch die Möglichkeiten zu dessen Geltendmachung an die Hand zu geben. Es unterstrich damit im Investitionsschutz eine für den Menschenrechtsschutz[503] längst als *common sense* akzeptierte Abhängigkeit[504]. Folglich kam das Tribunal zu einer Bestätigung des *Maffezini*-Schiedsspruches, der wesentlich auf diesem Verhältnis beruhte.

---

501 *Siemens* Par. 99.

502 D. III. 4. c) Weitergehende Schlussfolgerungen.

503 *Grabenwarther* EMRK § 9 Rn. 1.

504 Ipsen/*Epping* Völkerrecht § 7 Rn. 5.

c) Moderate Local-Remedies-Rule

Zum Charakter der Frist aus Art. X (3), wurde lediglich auf eine Qualifikation nach der bisherigen Parteipraxis eingegangen, das Grundgerüst der in *Maffezini* aufgestellten Ausnahme zu prozessualer Meistbegünstigung jedoch nicht berührt[505]. Damit fußte auch die in *Siemens* getroffene Auseinandersetzung mit der Ausnahmenkonzeption auf einer unzutreffenden Berücksichtigung des aus *E.L.S.I.* bekannten Prinzips[506], weshalb das dogmatisch kritisierte Ausnahmekonzept auch in *Siemens* keine Stütze fand.

d) Ausschließliche Vermittlung der Besserstellung („Rosinentheorie")

Den interessantesten Unterschied zu *Maffezini* offenbarte der mögliche Import einer nach Art. 10 (2) des argentinisch-chilenischen BIT endgültigen Rechtswegfestsetzung. Das Problem stellte sich trotz vergleichbarer Rechtsschutzklauseln dort allerdings nicht, weil kein nationaler Rechtsschutz verfolgt wurde.

In *Siemens* verwarf das Tribunal eine Beachtlichkeit der *fork-in-the-road-clause* bereits grundsätzlich. Sicherlich hat es dabei mit der Konfusion bei Anwendung des gesamten Drittvertragsregimes ein starkes Argument für sich. Gleichwohl wird die Entscheidung als sehr weitgehend[507] und von Ihren Kritikern schlicht als unhaltbares Chaos bezeichnet[508].

aa) Problem

Die Reichweite der gewährten Besserstellung erscheint vor allem mit Blick auf den eigentlichen Zweck der Meistbegünstigung problematisch. Ihr Ziel ist es entgegen des irreführenden Wortlauts nicht, dem Begünstigten die bestmögliche

---

505 *Siemens* Par. 105.

506 *E.L.S.I.* ICJ Rep. 1989, 15 (42).

507 *Newmark/Poulton* SchiedsVZ 2005, 30 (33); *Happ/Rubins* GYIL 47 (2004), 878 (911 f.).

508 Auf die hier im Vorgriff angesprochene Bewertung durch das *Plama*-Tribunal (Vgl. *Plama* Par. 219) wird im Rahmen der Besprechung des Schiedsspruches noch deutlicher eingegangen.

Stellung einzuräumen[509]. Sie findet ihren Grund vielmehr in der Nichtdiskriminierung[510] und soll keine tatsächliche Besserstellung des Meistbegünstigten bewirken, sondern lediglich dessen Benachteiligung ausgleichen. Diese Funktion wird durch die seitens Siemens angeführte und vom Tribunal bemühte Formulierung der ILC[511] verwischt. Hiernach klingt es, als stünde dem Begünstigten ein Recht auf Herauspicken derjenigen Elemente zu, deren jeweiliger Regelungsgehalt ihn am besten stellt. Dieser Eindruck entstand, weil die Aussage keinen Blick auf eventuell mit einem Privileg verbundene Einschränkungen warf. Diese limitieren jedoch auch Drittländer als relevante Vergleichsgruppe. Gestattete man dem Meistbegünstigten, sich von solchen Schranken zu lösen, wäre der Begünstigte nicht mehr nur nach dem Standard des Drittländers gehalten, sondern stünde besser als dieser. Ergebnis einer konsequenten Fortführung dieser Tribunalinterpretation wäre ein Wandel der Meistbegünstigung weg von der Nichtdiskriminierung hin zu einem tatsächlichen Besserstellungsstandard. Das Reflexrecht würde eine absolute Stellung einnehmen, die es jedoch gerade nicht hat. Schließlich wäre ein ausufernder Kreislauf zu befürchten, der zur finalen Erosion jeglicher Schutzmechanismen führte. Wegen der absoluten Besserstellung des deutschen Investors könnte sich nämlich nun ein chilenischer Investor auf diese berufen und so seinerseits über Meistbegünstigung die *fork-in-the-road-clause* umgehen. Das nahezu unvermeidliche Ergebnis wäre die Annullierung jeglicher prozessualer Schutzstandards und eine Verselbständigung der Meistbegünstigung im Zusammenspiel mit weiteren Investitionsschutzinstrumenten hin zu einem einheitlichen BIT.

In der grenzenunabhängigen Übertragung des Tribunals offenbart sich damit eine ungerechtfertigte fundamentale Veränderung des Charakters der Meistbegünstigung.

bb) Lösung

Die Lösung des aufgeworfenen Problems findet sich im Spannungsfeld zwischen notwendiger Wahlmöglichkeit des Investors und einer Berücksichtigung des grundlegenden Wirkprinzips der Meistbegünstigung.

---

509 *Vesel* YJIL 32 (2007), 125 (168 f.)

510 *Weiler* NAFTA S. 28 f.

511 *ILC* YBILC 1978 II, 27 (30).

Eine vollständige Übertragung des Drittvertragsystems schafft in der Tat eine für den Investor kaum zu überblickende Konstellation[512]. Warum allerdings überhaupt der gesamte Vertrag vermittelt werden müsste, führte das Tribunal nicht weiter aus. Diese Aussage überrascht umso mehr, blickt man erneut auf die anerkannte Funktion der Meistbegünstigung. Diese zielt darauf ab, dem Begünstigten Privilegien zu gewähren, ohne jedoch dessen Besserstellungen andernorts zu verkürzen, was beim Import eines kompletten Drittvertrags ausgeschlossen wäre. Anknüpfungspunkt ist damit nicht das gesamte Vertragsregime, sondern einzelne in dessen Rahmen gewährte Privilegien. Folglich konnte es bei der Bestimmung einer möglichen Anwendbarkeit der *fork-in-the-road-clause* niemals darum gehen, Siemens an den gesamten argentinisch-chilenischen BIT zu binden. Es sollte lediglich überprüft werden, ob der chilenische Drittlandinvestor nach dem System des drittvertraglichen Art. X unter günstigeren Bedingungen ein Schiedsverfahren einleiten konnte. Nur die Rechtsdurchsetzung im Verhältnis Staat-Investor war Gegenstand der Meistbegünstigungswirkung, nicht jedoch der vollständige Drittvertrag. Legt man dieses identitätswahrende Konzept zugrunde, entfällt das Problem einer unübersichtlichen Rechtslage. Die Einschätzung, ob der Rechtsschutz gegen den Gaststaat im Drittvertrag vorteilhafter geregelt ist, kann Siemens zugemutet werden. Bei einer derartigen systematischen Beschränkung lassen sich Einwände gegen eine Berücksichtigung drittvertraglich festgeschriebener Restriktionen desselben Standards folglich nicht aufrechterhalten.

Auch eine zweckwidrige Versagung unabhängigen internationalen Rechtsschutzes kann der Berücksichtigung standardspezifischer Restriktionen nicht entgegengehalten werden. Selbst wenn diese Berücksichtigung zur Unzulässigkeit eines Klagebegehrens führte, blieb dem Investor die Einleitung eines Verfahrens nach seinem ursprünglichen BIT unbenommen, weshalb keine Rechtsschutzverkürzung zu besorgen war. Hatte Siemens einmal den Weg nationaler Gerichtsbarkeit eingeschlagen war das System des Drittvertrages wegen seiner *fork-in-the-road-clause* nachteiliger und es bedurfte keiner Meistbegünstigung, da die ausgangsvertragliche Regelung vorteilhafter war. Siemens stand damit weiterhin der Schutz nach dem Ausgangsvertrag zu, weil dieser mit der Möglichkeit, nach Ablauf der 18 Monate ein Schiedsverfahren durchzuführen, günstiger war. Die Meistbegünstigung gibt nämlich gerade keine Garantie der Zulässigkeit des Schiedsverfahrens; auf eine solche liefe Siemens Argumentation im Ergebnis aber hinaus. Sie sorgt nur für die Gewährung des höchsten Schutzstandards, ohne zum tatsächlichen Erfolg einer solchen Vermittlung Stellung zu nehmen.

---

512 So wohl das *Siemens*-Tribunal Par. 120.

Die argentinische Argumentation, nach der die *fork-in-the-road-clause* des Drittvertrages zu berücksichtigen war, ist damit überzeugend. Ob sie auch tatsächlich ausgelöst wurde, kann hier vernachlässigt werden, da es für die dogmatische Bewertung drittvertraglicher Sicherungsmechanismen innerhalb eines Schutzstandards keine grundlegende Bedeutung hat. Im Ergebnis bedeutet dies, dass die Bestimmung einschlägiger Privilegien mit Blick auf Einschränkungen des Schutzstandards zu erfolgen hat. Diesem Erfordernis wurde der Schiedsspruch jedoch nicht gerecht.

III. Salini Costruttori S.p.A. and Italstrade S.p.A. v. The Hashemite Kingdom of Jordan

Eine erste Entgegnung fand das in *Maffezini* und *Siemens* vorgestellte System prozessualer Meistbegünstigung im Schiedsspruch *Salini* vom 29. November 2004.

1.Fallgestaltung

Die Klägerinnen hatten an einer im Jahr 1992 von Jordanien veranstalteten Ausschreibung für den Bau des „Karameh Dam Project“ teilgenommen. Dabei erhielt ihr Angebot vom Mai 1993 den Zuschlag, worauf am 4. November desselben Jahres der Projektvertrag zwischen einem Joint Venture beider Unternehmen sowie der „Jordan Valley Authority“ (JVA) unterzeichnet wurde. Die Bauarbeiten endeten im Oktober 1997[513].

Danach stellten Salini und Italstrade ihrem Auftraggeber am 22. April 1999 die Abschlussrechnung über rund 28 Mio. US$. Hierauf teilte der bestellte jordanische Bauingenieur mit, nach seinen Berechnungen sei lediglich ein Restbetrag von 49.140 US$ offen[514]. Wegen dieser Divergenzen kam es zu mehreren Treffen, teilweise unter Beteiligung italienischer und jordanischer Regierungsmitglieder, um zu einer einvernehmlichen Lösung zu gelangen. Auf einem Treffen am 20. Februar 2000 in Amman, an dem der italienische Premier- und Außenhandelsminister sowie der jordanische Premierminister und der Minister für

---

[513] *Salini* Par. 14.

[514] *Salini* Par. 15.

Wasser und Bewässerung teilnahmen, soll der jordanische Premierminister ausdrücklich das Bemühen um eine Einigung über die Höhe der ausstehenden Summe sowie für das Scheitern einer gütlichen Einigung die Zustimmung zur Einleitung eines Schiedsverfahrens nach Klausel 67.3 des Projektvertrages versichert haben[515].

Entgegen dieser vermeintlichen Zusicherung erhielten die Klägerinnen jedoch am 12. September 2000 ein Schreiben des Generalsekretärs im Ministerium für Wasser und Bewässerung, das u. a. klarstellte, es gebe auf jordanischer Seite keine Bereitschaft, mehr als 49.140 US$ zu zahlen[516]. Salini und Italstrade informierten Jordanien daraufhin über eine mögliche Verletzung des einschlägigen Investitionsschutzvertrages und leiteten am 12. August 2002 das ICSID-Schiedsverfahren ein.

a) Zuständigkeit des ICSID

Im Verfahren rügte Jordanien u. a. die seiner Ansicht nach fehlende ICSID-Zuständigkeit. Nach Art. 9 (1) und (3) b) des italienisch-jordanischen BIT war diese an den vorherigen Ablauf einer Verhandlungsphase von sechs Monaten geknüpft. Diesem Erfordernis hatten die Klägerinnen entsprochen. Umstritten war jedoch, ob nicht wegen der Subsidiaritätsklausel in Abs. 2 einzig die Schiedsgerichtsbarkeit des Projektvertrages gegeben war[517].

> „Art. 9:
>
> 1- Any disputes which may arise between one of the Contracting Parties and the investors of the other Contracting Party on investments, including disputes relating to the amount of compensation, shall be settled amicably, as far as possible.
>
> 2- In case the investor and an entity of the Contracting Parties have stipulated an investment Agreement, the procedure foreseen in such investment Agreement shall apply.

---

515 *Salini* Par. 16.

516 *Salini* Par. 17.

517 *Salini* Par. 72.

3- In the event that such dispute cannot be settled amicably within six months from the date of the written application for settlement, the investor in question may submit at his choice the dispute for settlement to:

a) the Contracting Party's court having territorial -jurisdiction:

b) To The International Center For The Settlement of Investment Disputes (the Center)."

Für den Fall, dass tatsächlich die Gerichtsbarkeit des ICSID auf Grund von Art. 9 (2) verschlossen bliebe, beriefen sich die Klägerinnen darauf, dass es US-amerikanischen Investoren nach dem amerikanisch-jordanischen BIT möglich gewesen wäre, das ICSID anzurufen. Hierin sei eine Besserstellung der Drittlandinvestoren zu sehen, die es nach der Meistbegünstigungsklausel in Art. 3 des italienisch-jordanischen BIT zu beseitigen gelte.

b) Einschlägigkeit des Art. 9 (2)

Der Rückgriff auf die Meistbegünstigung war jedoch nur notwendig, wenn eine originäre ICSID-Zuständigkeit tatsächlich an Art. 9 (2) scheiterte.

Bei dessen Auslegung waren zwei Fragen zu klären. Strukturell wurde seitens der Klägerinnen behauptet, Art. 9 (2) sei als Alternative zu Abs. 1 konzipiert und schließe nicht den Rekurs zu internationaler Schiedsgerichtsbarkeit aus. Sollte dies doch so sein, gelte dies einzig für *contract claims* nicht aber *treaty claims*[518]. Selbst wenn das Tribunal dieser Auslegung nicht folgte, sei die Ausnahme gleichwohl nicht einschlägig, da es sich beim Vertragspartner nicht um eine mit selbständiger Rechtspersönlichkeit ausgestatte juristische Person sondern das Königreich Jordanien selbst handelte[519].

Das Tribunal verwarf beide Argumente der Klägerinnen. Zwar spreche die Position der Klausel zwischen beiden Verfahrensschritten für eine inhaltliche Beschränkung auf die Verhandlungslösung nach Art. 9 (1)[520], dieser Aspekt müsse aber hinter dem eindeutigen Wortlaut zurücktreten, weshalb auch von einer Sub-

518 *Salini* Par. 73.

519 Ebd.

520 *Salini* Par. 76.

sidiarität des Verfahrens nach Art. 9 (3) auszugehen sei. Auch die Unterscheidung nach einer bloßen Anwendbarkeit des Art. 9 (2) auf *contract claims* überzeugte das Tribunal nicht[521]. Ebenso teilte es die Einschätzung, der Projektvertrag sei mit dem Königreich Jordanien selbst zustande gekommen, nicht. Es sah nicht das Ministerium für Wasser und Bewässerung sondern die JVA als Vertragspartner an[522]. Diese habe eine selbständige Rechtspersönlichkeit mit eigenem Aufgabenbereich und könne trotz gewisser Weisungsgebundenheit nicht mehr direkt dem Staat Jordanien zugeordnet werden[523].

2. *Auslegung der Meistbegünstigungsklausel*

Als Konsequenz der Tribunal-Auslegung mussten die Klägerinnen sich auf die Meistbegünstigungsklausel dcs Art. 3 i. V. m. den Rechtsschutzklauseln des Art. IX im US-amerikanisch-jordanischen und Art. 6 des britisch-jordanischen BIT berufen, um eine ICSID-Zuständigkeit zu eröffnen.

a) Argumentation der Parteien

Art. 3 enthielt in Abs. 1 und Abs. 2 als auch in Abs. 4 Meistbegünstigungsklauseln:

> "ARTICLE 3 National Treatment and Most Favoured Nation Clause
>
> 1- Both Contracting Parties, within the bounds of their own territory, shall grant investments effected by, and the income accruing to, investors of the other Contracting Party no less favourable treatment than that accorded to investments effected by, and income accruing to, its own nationals or investors of Third States.

---

521 *Salini* Par. 77 ff.

522 *Salini* Par. 80.

523 *Salini* Par. 91.

2- In case, from the legislation of one of the Contracting Parties, or from the international obligations in force or that may come into force for the future for one of the Contracting Parties, should come out a legal framework according to which the investors of the other Contracting Party would be granted a more favourable treatment than the one foreseen in this Agreement, the treatment granted to the investors of such other Parties will apply also for outstanding relationships.

[...]

4- All the activities relating to the procurement, sale and transport of raw and processed materials, energy, fuels and production means shall be accorded, in the territory of each Contracting Party, no less favourable treatment than the one accorded to similar activities taken by investors of the host Contracting Party or investors of Third States.

The provisions of this article shall also apply to the activities connected with an investment."

Gerade die Klausel des Abs. 2 dürfte nach Ansicht Salinis und Italstrades die vorteilhafteren Rechtsschutzregime des Art. IX im BIT Jordanien-USA:

"SETTLEMENT OF DISPUTES BETWEEN ONE CONTRACTING PARTY AND A NATIONAL OR COMPANY OF THE OTHER CONTRACTING PARTY

1. For the purpose of this Treaty, an investment dispute is a dispute between a Contracting Party and a national or company of the other Contracting Party arising out of or relating to an investment authorization, an investment agreement or an alleged breach of any right conferred, created or recognized by this Treaty with respect to a covered investment. In the event of an investment dispute, the parties to the dispute should initially seek a resolution through consultation and negotiation.

2. A national or company that is a party to an investment dispute may submit the dispute for resolution under one of the following alternatives:

(a) to the courts or administrative tribunals of the Party that is a party to the dispute; or

(b) in accordance with any applicable, previously agreed dispute-settlement procedures; or

(c) in accordance with the terms of paragraph 3.

3. (a) Provided that the national or company concerned has not submitted the dispute for resolution under paragraph 2 (a) or (b), and that three months have elapsed from the date on which the dispute arose, the national or company concerned may submit the dispute for settlement by binding arbitration:

(i) to the Centre, if the Centre is available; or

(ii) to the Additional Facility of the Centre, if the Centre is not available; or

(iii) in accordance with the UNCITRAL Arbitration Rules; or

(iv) if agreed by both parties to the dispute, to any other arbitration institution or in accordance with any other arbitration rules.

(b) [...]

4. Each Contracting Party hereby consents to the submission of any investment dispute for settlement by binding arbitration in accordance with the choice of the national or company under paragraph 3 (a) (i), (ii), and (iii)or the mutual agreement of both parties under paragraph 3 (a) (iv). [...]"

und des Art. 6 im BIT zwischen Vereinigtem Königreich sowie dem Königreich Jordanien:

„Reference to International Centre for Settlement of Investment Disputes

Each Contracting Party hereby consents to submit to the International Centre for the Settlement of Investment Disputes for settlement by conciliation or arbitration under the Convention on the Settlement of Investment Disputes between States and Nationals of Other States opened for signature at Washington 18 March 1965[...] any legal dispute arising between that Contracting Party and a national or company of the other Contracting Party concerning an investment of the latter in the territory of the former. A company which is incorporated or constituted under the law in force in the territory of one Contracting Party and in which before such a dispute arises the majority of shares are owned by nationals or companies of the other Contracting Party shall in accordance with Article 25 (2) (*b*) of the Convention be treated for the purposes of the Convention only as a company of the other Contracting Party."

vermittelt haben. Nach beiden Rechtsschutzklauseln konnte der Investor ein ICSID-Verfahren einleiten, ohne beim Kontrahieren mit einer selbstständigen Untereinheit Jordaniens Rücksicht auf Schiedsmechanismen des Projektvertrages nehmen zu müssen. Selbiges Privileg sei über Meistbegünstigung, ebenso auf italienische Investoren zu erstrecken[524].

Gegen diese grundsätzliche Konstruktion führte auch Jordanien an, dass einer Meistbegünstigungsklausel keine prozessuale Wirkung eigen sei[525] und selbst wenn man diese zuließe, müsste eine Ausnahme nach dem System der *public policy considerations* gemäß *Maffezini* vorliegen[526].

b) Auslegung des Tribunals

Das Tribunal beschränkte sich vornehmlich auf eine Auswertung des vorhandenen Fallmaterials und nahm nur wenig Bezug zum tatsächlichen Vertragswortlaut.

aa) Generelle Unzulässigkeit

Trotz der mittlerweile in *Maffezini* und *Siemens* vorhandenen investitionsschutzrechtlichen Rechtsprechung begann auch das Tribunal in *Salini* seine Analyse mit einer Untersuchung der früheren allgemeinen Entscheidungen. Danach sei festzustellen, dass weder *Anglo-Iranian Oil*, *US-Nationals* noch das IGH-Urteil in *Ambatielos* eine Aussage zu prozessualer Meistbegünstigung enthielten. Bei *Ambatielos* steche jedoch bereits hervor, dass mehrere Richter in einer *Dissen-*

---

524 *Salini* Par. 102.

525 *Salini* Par. 103.

526 Ebd.

ting Opinion Bedenken gegen die Zulässigkeit prozessualer Meistbegünstigungswirkungen vorgebracht hätten[527].

Eine detaillierte Auseinandersetzung fand dann ausschließlich mit dem *Ambatielos*-Schiedsspruch statt. Dabei unterstrich das Tribunal, dass die Schiedskommission bei reiner Wortlautauslegung zu dem Ergebnis gekommen wäre, die von Griechenland behauptete Meistbegünstigungswirkung würde nicht erfasst[528]. Erst ein Rückgriff auf die weite Formulierung „**all matters**[529] relating to commerce and navigation"[530] im Lichte des Vertragszwecks habe die weite Auslegung des Begriffes getragen. Deshalb könnten die Gedanken des Schiedsspruches nur bei einem derart weiten Anknüpfungspunkt bestehen[531]. Allerdings sei die rein materielle Wirkung in *Ambatielos* ohnehin ungeeignet, bzgl. prozessualer Meistbegünstigung beachtet zu werden[532].

bb) Grenzen Meistbegünstigung

Auf *Maffezini* ging das *Salini*-Tribunal erst bei der Grenzziehung ein, ohne dessen Konzeption der allgemeinen Zulässigkeit prozessualer Meistbegünstigung zu berücksichtigen[533]. So sei gerade das Spannungsverhältnis zwischen einer „legitmate extension of rights"[534] und „disruptive treaty shopping"[535] von Kläger und Tribunal als Gefahr erkannt und einem Ausnahmesystem unterworfen worden, was das *Salini*-Tribunal als im Ergebnis zutreffend ansah[536].

---

527 *Salini* Par. 106.

528 *Salini* Par. 111.

529 Hervorhebung durch den Verfasser.

530 *Salini* Par. 110.

531 *Salini* Par. 111.

532 *Salini* Par. 112.

533 *Salini* Par. 113.

534 *Salini* Par. 114.

535 Ebd.

536 *Salini* Par. 115.

cc) Wortlaut der Meistbegünstigungsklausel

Nach der Klärung dieses allgemeinen Rahmens ging das Tribunal konkreter auf einen weiten Wortlaut der Klausel als Voraussetzung prozessualer Meistbegünstigung ein. Diese sei in zwei Wortlautkonstellationen anerkannt. Dabei handele es sich um die in der Praxis des Vereinigten Königreichs vorgefundene explizite Einbeziehung der Rechtschutzklauseln[537] und weit gefasste Meistbegünstigungsklauseln wie die aus *Ambatielos* und *Maffezini* bekannten. Deren Funktion sei durch konkreten Vortrag anhand weiterer BIT-Praxis als grundsätzliche Intention der Vertragsparteien untermauert worden[538].

dd) Konsequenz

Gerade den dargelegten Erfordernissen werde die konkrete Klausel nicht gerecht. Ihr fehlten sowohl die explizite Einbeziehung des Rechtsschutzes wie auch eine weite Formulierung.

Die Vertragsparteien hätten damit eben nicht zum Ausdruck gebracht, dass ihrem Verständnis nach grundsätzlich eine prozessuale Dimension der Meistbegünstigung eröffnet sei. Das Gegenteil komme in Art. 9 (2) zum Ausdruck, der die Möglichkeit schiedsgerichtlichen Rechtsschutzes nach dem BIT dann einschränkte, wenn bereits der Projektvertrag selbst eine Schiedsklausel enthielt. Im Ergebnis müsse deshalb Art. 9 (2) auch als Grenze der Meistbegünstigung angewandt werden, was die Begründung einer ICSID-Zuständigkeit über Art. 3 i. V. m. Drittverträgen konkret ausschließe[539].

3. Eigene Einschätzung

In seiner Argumentation verfolgte das Tribunal drei Stränge, die gegen eine Zulässigkeit prozessualer Meistbegünstigung angeführt wurden.

---

[537] *Salini* Par. 116.

[538] *Salini* Par. 117 f.

[539] *Salini* Par. 119.

Ausschlaggebend war nach seiner Ansicht der eingeschränkte Wortlaut von Art. 3 (1) und (2) im Kontext der Subsidiaritätsklausel des Art. 9 (2). Die Aussagen zur generellen Zulässigkeit und inhärenten Grenzen prozessualer Meistbegünstigung dienten demgegenüber vor allem zur Unterfütterung einer allgemein skeptischen Position.

a) Grundsätzliche Ablehnung prozessualer Meistbegünstigung

Die Auseinandersetzung mit den allgemeinen völkerrechtlichen Fällen ließ bereits erkennen, dass das Tribunal der Idee einer prozessualen Meistbegünstigungswirkung eher skeptisch gegenüberstand. Es erkannte zwar an, dass der bisherigen Praxis des IGH als auch dem Schiedsspruch in *Ambatielos* keine direkten Aussagen hierzu abgeleitet werden können, gleichzeitig betonte es jedoch die ablehnende *Dissenting Opinion* zum IGH-Urteil in *Ambatielos*[540]. Inhaltlich ist dem Tribunal in der Ablehnung absoluter Aussagen zu folgen. Die Konsequenz einer nationalrechtlichen Gestaltungsaufgabe des *Ambatielos*-Schiedsspruches, zog es jedoch nicht und ignorierte außerdem die herausgearbeitete Abhängigkeit zwischen materiellem und Prozessrecht.

b) Art. 9 (2) als Grenze der Meistbegünstigung

Zu *Maffezini* betonte das *Salini*-Tribunal, eine Gefahr für die Integrität völkervertraglich beschränkter Rechtsschutzmechanismen bestünde, wenn es dem Investor gestattet würde, sich grenzenlos aus jedem BIT zu bedienen[541]. Dass dieses von den Vertragsparteien nicht gewollt sein könne, zeige die Existenz des Art. 9 (2). Die Subsidiaritätsklausel wurde damit über ihren grundsätzlichen Anwendungsbereich im Rechtsschutz auch als direkte Grenze der Meistbegünstigung angewandt. Diese Konstruktion begegnet jedoch systematischen Bedenken. So fanden sich die Grenzen der Meistbegünstigung explizit in Art. 3 (3):

> "3- The provisions under points 1 and 2 of this Article do not refer to the advantages and privileges which one Contracting Party may grant to investors of Third States by

540 *Ambatielos (Merits)* ICJ Rep. 1953 S. 35.

541 Vgl. den Problemaufriss in *Maffezini* Par. 62.

> virtue of their membership of a Customs or Economic Union, of a Common Market, of a Free Trade Area, of a regional or sub regional Agreement, of an international multilateral economic Agreement or under Agreements signed in order to prevent double taxation, or to facilitate cross border trade."

Eine Einbeziehung des Art. 9 (2) enthielt dieser jedoch nicht. Das Argument des Tribunals, man müsse den darin zum Ausdruck gebrachten Willen der Vertragsparteien bei der Auslegung beachten[542], scheint die Berücksichtigung als *public policy consideration* und damit eine Berufung auf Spezialität nahe zu legen. In Betracht käme hier systematisch jedoch auch die aus *Pope & Talbot* bekannte Übertragung der Grenzen eines Schutzstandards auf sein durch Meistbegünstigung vermitteltes Pendant, um dessen völliger Funktionslosigkeit entgegenzuwirken[543]. Die Verbindung beider Ansätze findet sich in der allgemeinen Begründung des Ausnahmesystems inhärenter Meistbegünstigungsgrenzen[544].

Isoliert kann der Tribunalvortrag jedoch gemessen an der Bedeutungslosigkeit des gesamten Standards nicht überzeugen. Maßgebliches Kriterium einer Besserstellung ist nämlich der gesamte Rechtsschutzmechanismus nach Art. 9 und nicht bloß die Besonderheit in Abs. 2. Dass eine gegen effektive Vertragsauslegung verstoßende völlige Aushöhlung dessen tatsächlich nicht vorläge, zeigt ein Vergleich mit Art. IX des jordanisch-US-amerikanischen BIT. Dieser enthielt in Abs. 3 (a) eine *fork-in-the-road-clause*, die im italienisch-jordanischen BIT fehlte. Somit erwies sich das System des Art. 9 für Fälle, die nicht von Abs. 2 erfasst wurden, vorteilhafter als der bei Beteiligung einer selbstständigen staatlichen Einheit vorteilhaftere Art. IX. Nach dieser globalen Betrachtung des Rechtsschutzes ergibt sich eine einzelfallbezogene Vorteilhaftigkeit, die in unterschiedlichen Situationen zu einer unterschiedlichen Berücksichtigung beider Klauseln führen kann. Selbst wenn die Klausel hinreichende Spezialität aufweist, kann eine Übertragung des Art. 9 (2) deshalb nicht aus dessen bloßem Vorhandensein und der Behauptung, es handele sich um eine *public policy consideration* begründet werden. Soweit das Tribunal hiervon schlicht ausging, muss dieser Argumentation bzgl. Art. IX des jordanisch-US-amerikanischen BIT widersprochen werden. Anders könnte sich die Situation zwar für den deutlich weiteren Art. 6 im britisch-jordanischen BIT darstellen, der Art. 9 wohl be-

---

542 *Salini* Par. 119.

543 *Pope & Talbot* Par. 117 f.

544 C. II. 2. c) cc) Zusammenfassung.

deutungslos zurückließe und dann einer Grenzziehung bedürfte; zumindest aber der BIT mit den USA hätte angewandt werden müssen.

c) Abgrenzung zu *Maffezini* und *Ambatielos*

Auch die Abgrenzung des Wortlauts zu *Maffezini* und *Ambatielos* überzeugt nicht, da sie auf der Annahme, deren Meistbegünstigungsklauseln seien begrifflich weit[545], fußte und außerdem eine Untermauerung mit weiterer BIT-Praxis forderte.

Der Wortlaut mag praktisch häufig den Anwendungsbereich der Meistbegünstigung einschränken, systematisch bleibt aber zu beachten, dass es einer expliziten Einschränkung bedarf. Fehlt es daran, gilt die Grundregel *ejusdem generis*, nach welcher jegliche vom Grundvertrag erfasste Materie auch der Meistbegünstigung zugänglich ist. Den Wortlaut entgegen dieser Funktion zum Träger eines ausnahmsweise besonders weiten Anwendungsbereiches zu erheben, widerspricht dieser systematischen Konzeption. Die Abgrenzung zu *Ambatielos* und *Maffezini* kann deshalb nicht über den Wortlaut vorgenommen werden, solange es an einem expliziten Ausschluss prozessualer Meistbegünstigung fehlte.

IV. Plama Consortium Limited v. Republic of Bulgaria

Eine ähnliche Gestaltung fand sich in *Plama* vom 8. Februar 2005. Auch hier berief sich der Kläger auf den Import einer ICSID-Gerichtsbarkeit mittels Meistbegünstigung. Zwar handelte es sich vorrangig um ein Schiedsverfahren unter Art. 26 ECT; es wurde jedoch ein Alternativargument auf Basis der Meistbegünstigungsklausel des bulgarisch-zypriotischen BIT vorgetragen[546].

1. Streitfrage

Die Klägerin hatte unter einer früheren Firma mit Vertrag vom 18. September 1998 – vollzogen am 18. Dezember 1998 – eine bulgarische Gesellschaft er-

---

545 *Salini* Par. 117.

546 *Essig* SchiedsVZ 2006, 311 (313 f.).

worben, deren wichtigstes Anlagevermögen eine Raffinerie darstellte[547]. Dieser wiederum war eine Schmiermittelproduktion mit eigener Energieversorgung angeschlossen, die jedoch mehr als die selbst benötigte Energiemenge produzierte und deshalb ihren Überschuss in das lokale Stromnetz einspeiste[548].

Die Klägerin fühlte sich durch Maßnahmen von Regierung, öffentlicher Verwaltung, Gesetzgeber und Rechtsprechung an der Sanierung ihrer Gesellschaft gehindert. Weigerungen und Verzögerungen führten angeblich zu materiellen Einbußen, Marktwertverlust und Rufschädigung, für die die Klägerin nun Schadenersatz unter ECT und BIT forderte[549]. Sie begehrte deshalb am 24. Dezember 2002 die Einleitung eines ICSID-Schiedsverfahrens.

2. Zuständigkeit aus Meistbegünstigung

Nachdem das Tribunal seine Zuständigkeit nach Art. 26 ECT für Fragen einer Verletzung von dessen Teil III bejaht hatte, untersuchte es, ob auch die materiellen Schutzstandards des bulgarisch-zypriotischen BIT im ICSID-Verfahren überprüfbar waren. Problematisch war jedoch, dass dieser BIT dem Investor nur zur Überprüfung einer gezahlten Entschädigung im Enteignungsfall internationalen Rechtsschutz eröffnete:

> „Article 4
>
> [...]
>
> 4.1. The legality of the expropriation shall be checked at the request of the concerned investor through the regular administrative and legal procedure of the Contracting Party that had taken the expropriation steps. In cases of dispute with regard to the amount of the compensation, which disputes were not settled in an administrative order, the concerned investor and the legal representatives of the other Contracting Party shall hold consultations for fixing this value. If within 3 months after the beginning of the consultations no agreement is reached, the amount of the compensation at

547 *Plama* Par. 19.

548 *Plama* Par. 20. Diese Besonderheit ist vor allem für die Frage einer Zuständigkeit nach dem Energiechartavertrag von Bedeutung.

549 *Plama* Par. 21.

the request of the concerned investor shall be checked either in a legal regular procedure of the Contracting Party which had taken the measure on expropriation or by an international "Ad Hoc" Arbitration Court."

Über diese enge Zuständigkeit hinaus bot sich keine Referenz zur Schiedsgerichtsbarkeit Investor-Staat. Allerdings enthielt der BIT in Art. 3 eine Meistbegünstigungsklausel, mit Hilfe derer die Klägerin dieses Defizit zu neutralisieren suchte:

"1. Each Contracting Party shall apply to the investments in its territory by investors of the other Contracting Party a treatment which is not less favourable than that accorded to investments by investors of third states.

2. This treatment shall not be applied to the privileges which either Contracting Party accords to investors from third countries in virtue of their participation in economic communities and unions, a customs union or a free trade area."

Durch Meistbegünstigung nach Art. 3 (1) wollte Plama die weitere Zuständigkeitsregelung aus Art. 8 des bulgarisch-finnischen BIT importieren:

„1. Any dispute which may arise between an investor of one Contracting Party and the other Contracting Party relating to an investment by an investor of the former Contracting Party in the territory of the latter Contracting Party should be settled amicably.

2. If such a dispute cannot be settled within three months from the date either party to the dispute requested amicable settlement, the investor concerned may submit the dispute to the competent court of the Contracting Party in whose territory the investment was made or alternatively to the International Centre for Settlement of Investment Disputes (ICSID) set up by the "Convention on Settlement of Investment Disputes between States and Nationals of other States", done at Washington, March 18, 1965 in case both Contracting Parties are parties to the Convention or to an ad-hoc arbitral tribunal to be established under the Arbitration Rules of the United Nations Commission on International Trade Law (UNCITRAL)."

Da sowohl Bulgarien[550] als auch Zypern[551] Mitglieder der ICSID-Convention sind und zum entsprechenden Zeitpunkt bereits waren, hätte die Klausel im bulgarisch-zypriotischen BIT dessen Gerichtsbarkeit eröffnet.

3. Schiedsspruch

Bulgarien berief sich hingegen auf eine grundsätzliche Unzulässigkeit prozessualer Meistbegünstigung. Das Tribunal setzte sich mit dieser Frage anhand des Wortlauts, der Systematik und rechtspolitischen Erwägungen unter Einbeziehung vorheriger Entscheidungen auseinander.

a) Verhältnis zwischen Wortlaut und Parteiintention

Es begann seine Analyse am Wortlaut der Meistbegünstigungsklausel, den es wie die Parteien in den Kontext der Art. 31 und 32 VCT stellte[552].

Es sei hervorzuheben, dass deren einzige Ausnahme sich in Abs. 2 finde, der Grenzen definiere aber zu prozessualen Wirkungen schweige. Dies spreche für deren Einbeziehung. Hingegen impliziere die Verwendung des Begriffes „privileges“ als zu begrenzende Auswirkungen der Meistbegünstigung, dass dieser lediglich eine materielle Ausrichtung eigen sein könne[553]. Die weitere Feststellung des Tribunals, dass die Position der Meistbegünstigungsklausel zwischen materiellen („substantive“[554]) Standards die Argumentation *Plamas* systematisch unterstreiche[555], bleibt unklar, da dies eigentlich eher Bulgariens Auffassung eines rein materiellen Begriffs stützen müsste.

Neben diesen mehrdeutigen Charakteristika betonte vor allem der Investor Plama den Zweck des BIT, grundsätzlich vorteilhafte Investitionsbedingungen zu schaffen. Laut Tribunal sei dies allgemein zutreffend und mit Beispielen unter-

---

550 Die ICSID-Konvention trat für Bulgarien am 13. Mai 2001 in Kraft.

551 Zypern ist bereits seit dem 25. Dezember 1966 Mitglied der ICSID-Konvention.

552 *Plama* Par. 187 f.

553 *Plama* Par. 191.

554 *Plama* Par. 192.

555 Ebd.

mauert[556], allerdings dürfe das Verhältnis zwischen Vertragszweck und Parteiintention nicht außer Acht gelassen werden. Dabei verwies das Tribunal vor allem auf die Bedenken *Sir Ian Sinclairs*, eine unangemessene Betonung des Vertragszweckes laufe Gefahr, die telelogische Interpretation übermäßig heranzuziehen. Dies könnte im Extrem den Parteiwillen als Kriterium der Abwägung völlig konterkarieren[557]. Deshalb sah das Tribunal keine Möglichkeit, seine Auslegung auf Art. 31 (2) und (3) VCT zu stützen. Ebenso verhalte es sich mit dessen Abs. 4[558].

b) Vertragspraxis

Einen wesentlichen Gesichtspunkt der Auslegung stellte nach Meinung des Tribunals die weitere Vertragspraxis Bulgariens dar, während der BIT-Praxis des zweiten Vertragspartners Zypern ohne nähere Begründung keine weitere Bedeutung beigemessen wurde.

Bulgarien habe sich nach dem Ende des Kalten Krieges vor allem dadurch hervorgetan, weite Rechtsschutzklauseln in seinen BITs zu vereinbaren. Gleichwohl stütze dies keinesfalls die Forderung nach prozessualer Meistbegünstigung. Vielmehr sei das Gegenteil der Fall, denn bei einer Revision des BIT mit Zypern im Jahre 1998 sei bewusst auf eine Erweiterung der Rechtsschutzklausel verzichtet worden[559]. Es sei zwar nichts aus deren *traveuax préparatoires* vorgetragen, dennoch scheine klar, dass im BIT die Tradition eines restriktiven Individualrechtsschutzes nach kommunistischer Praxis aufrechterhalten wurde[560].

Diese Verhandlungsgeschichte unterstreiche, dass es nicht die Intention der Vertragsparteien gewesen sein könne, prozessuale Besserstellungen in den Anwendungsbereich der Meistbegünstigungsklausel aufzunehmen[561].

556 *Plama* Par. 193.

557 *Sinclair* VCT S. 130.

558 *Plama* Par. 194.

559 *Plama* Par. 195.

560 *Plama* Par. 196.

561 *Plama* Par. 197.

c) Besonderheiten einer Schiedsvereinbarung

Weitere Unterstützung gegen die Zuständigkeitsbegründung über Meistbegünstigung zog das Tribunal aus dem Charakter der notwendigen Schiedsvereinbarung.

So sei dieser zu berücksichtigen, wenn es um prozessuale Meistbegünstigung ginge. Da die Rechtsschutzklausel eines BIT als Angebot auf den Abschluss einer Schiedsvereinbarung, das der Investor mit Einleitung des Schiedsverfahrens annimmt[562], gewertet wird, müssten bestimmte Voraussetzungen gewahrt bleiben. Unverzichtbar für eine Schiedsvereinbarung sei es sowohl nach nationalem wie internationalem Recht, dass sie klar und eindeutig („clear and unambiguous“) formuliert werde. Diesem Erfordernis genüge eine „incorporation by reference“ grundsätzlich nicht. Zur Beurteilung dieses Sonderfalls müsste auf die Kriterien aus Art. 7 (2) des UNCITRAL Model Law on International Commercial Arbitration von 1985 abgestellt werden[563]. Dieser fordert für die Einbeziehung einer Schiedsvereinbarung:

> „The reference in a contract to a document containing an arbitration clause constitutes an arbitration agreement provided that the contract is in writing and *the reference is such as to make that clause part of the contract*.“[564]

Die Formulierung sei schlicht ein anderer Ausdruck dafür, dass die Klausel selbst klar und eindeutig sein müsse. Gerade daran bestünden bei der Meistbegünstigung wegen deren notwendiger Auslegung aber begründete Zweifel[565]. Dies dokumentiere der Vortrag Plamas bereits hinreichend. Die Klägerin grenze Art. 3 (1) des BIT u. a. gegen Art. 1103 NAFTA und den gleichlautenden Entwurf zum Free Trade for the Americas (FTAA) ab, der nach einer erläuternden – nicht dem operativen Text zuzuordnenden – Fußnote enger gefasst worden sei, um zu verhindern, dass eine weite Auslegung wie in *Maffezini* vorgenommen

---

562 *Vinuesa* LBUSRAM 8 (2002), 501 (503).

563 *Plama* Par. 199.

564 Inklusive der Hervorhebung zitiert nach *Plama* Par. 200.

565 Ebd.

werde[566]. Auch könne solches Verhalten der Staaten nicht dahingehend interpretiert werden, dass jede Klausel, die nicht den Einschränkungsgrad der Normen in NAFTA und FTAA aufweise, automatisch prozessuale Meistbegünstigung gewähre. Eine reagierende Einschränkung sei schlicht der unangemessen weiten Auslegung in *Maffezini* geschuldet, die über das hinausging, was die Vertragsstaaten ursprünglich vereinbarten[567]. Es müsse infolge der zu wahrenden Deutlichkeit eine unmissverständliche Anordnung prozessualer Wirkungen wie in den jüngeren Meistbegünstigungsklauseln des Vereinigten Königreichs vorgenommen werden[568]. Die bloße weite Formulierung der Meistbegünstigungsklausel wie in *Siemens* oder *Maffezini* könne solches jedoch nicht leisten[569].

d) Spezialität der Rechtsschutzklauseln

Auch bzgl. tatsächlicher Inkorporation als zweitem Merkmal gem. Art. 7 (2) begegneten prozessualer Meistbegünstigung nach Ansicht des Tribunals erhebliche Bedenken. Es sei nur schwer vorstellbar, dass Meistbegünstigung eine wirkliche Einbindung drittvertraglicher Rechtsschutzklauseln leisten könne. Streitigkeiten entstünden ausschließlich unter dem Regime eines spezifischen BIT, dessen gesamtes Regelungsgeflecht zwischen den Vertragsparteien spezifisch ausgehandelt wurde[570]. Eine grundsätzliche Vereinbarkeit der Klauseln untereinander zu konstruieren, erscheine deshalb mindestens problematisch[571].

Gegen derartige Erwägungen spreche auch die Schwierigkeit, zu bestimmen, welche der betreffenden Regelungen tatsächlich vorteilhafter sei. Zwar könne man Plama konkret zustimmen, dass die Wahl Rechtsschutz besser sei als kein Rechtsschutz, eine Feststellung, ob Schiedsverfahren nach ICSID oder den UNCITRAL-Regeln hingegen vorteilhafter wären, sei nicht ohne weiteres zu treffen[572]. Die Konstruktion prozessualer Meistbegünstigung könnte sogar dazu füh-

566 *Plama* Par. 201 f.

567 *Plama* Par. 203.

568 *Plama* Par. 204.

569 *Plama* Par. 205.

570 *Plama* Par. 207.

571 *Plama* Par. 206.

572 *Plama* Par. 208.

ren, dass vollständige Rechtsschutzsysteme ausgetauscht würden; für eine derartige Intention seien jedoch erst recht keine Anzeichen zu finden[573]. Auch gäbe es in der bisherigen Schiedspraxis keinen Fall in dem selbiges entschieden wurde[574]. Der von Plama angeführte Fall *Ceskoslovenska Obdchodni Banka A. S. v. The Slovak Republic*[575] könne jedenfalls nicht herangezogen werden, da die dort vorgenommene Einbeziehung der Schiedsklausel eines BIT in die Bestimmungen des Projektvertrages ausschließlich anhand der Verhandlungsgeschichte begründet wurde[576]. Dieser Mangel an Präzedenzfällen sei keineswegs verwunderlich, da es eben nicht dem Parteiwillen entspreche, einer vollständigen Ersetzung kompletter Rechtsschutzklauselsysteme freien Lauf zu lassen, soweit nicht das Gegenteil explizit zum Ausdruck gebracht worden sei[577].

e) Allgemeines Fallrecht

Nach diesen Erwägungen ging auch das *Plama*-Tribunal auf die bisherige Rechtsprechung inner- und außerhalb des Investitionsschutzes ein.

Wie allgemein anerkannt, wurde *Anglo-Iranian Oil* keine Bedeutung eingeräumt, da der IGH zu prozessualer Meistbegünstigung nicht entscheiden musste[578]. Auch der materielle Charakter der Konstellation in *Ambatielos* wurde vom Tribunal gesehen, ohne auf anwendungsbedingte Folgefragen einzugehen[579]. Die Entscheidung *US Nationals* deutete das Tribunal so, dass neben fehlender Entscheidungserheblichkeit bereits die vorgenommene Auslegung des Ausgangsvertrages untermauere, eine Einbeziehung i. S. des Art. 7 (2) UNCITRAL Model Law sei wegen der mit ihr verbundenen Unsicherheit grundsätzlich nicht anzunehmen[580]. Da das *Maffezini*-Tribunal wegen der unzutreffenden Annahme prozessualer Meistbegünstigung in *Ambatielos* eine gegenteilige Einschätzung traf, wurde dieser Schiedsspruch in seiner konkreten Gestalt nicht berücksich-

573 *Plama* Par. 209.

574 *Plama* Par. 210.

575 ICSID Case No. ARB/97/4, Decision on Jurisdiction 24. Mai 1999.

576 *Plama* Par. 211.

577 *Plama* Par. 212.

578 *Plama* Par. 214.

579 *Plama* Par. 215.

580 *Plama* Par. 213.

tigt[581]. Auch dessen Ansatz, wonach die Auslassung einer expliziten Feststellung prozessualer Meistbegünstigung absichtlich oder unabsichtlich geschehen sei[582], beruhe auf fehlerhaftem Verständnis der Natur einer Schiedsklausel. Diese müsste wie gezeigt klar und eindeutig sein, was die schlichte Auslassung klarstellender Äußerungen nicht leisten könne[583]. Die gleichen Einwände würden für die auf *Maffezini* aufbauenden Schiedssprüche *Tecmed* und *Siemens*[584] gelten, weshalb im Ergebnis keinem der beiden eine tatsächliche Bedeutung für die Zulässigkeit prozessualer Meistbegünstigung beigemessen werden könne.

f) Treaty shopping

Diese Ablehnung der zeitlich vorherigen Rechtsprechung wurde vom Tribunal lediglich im Bezug auf einen wesentlichen Aspekt *Maffezinis* durchbrochen.

So habe auch dieses Tribunal erkannt, dass der prozessualen Meistbegünstigung in Form des *treaty shopping* eine unkalkulierbare Gefahr innewohne[585]. Die Konstruktion sei auf Grund der schlicht unüberschaubaren Menge an BITs mit unterschiedlich ausgehandelten Rechtsschutzsystemen nicht zur Harmonisierung geeignet. Sie würde lediglich eine chaotische Situation hervorrufen, die so nicht im Interesse der Vertragsstaaten gelegen haben könne[586]. Dem Tribunal sei daher insoweit zuzustimmen, als es durch die Festlegung seines Ausnahmenkatalogs[587] dafür sorgte, die Reichweite der vorherigen Anerkennung prozessualer Meistbegünstigung deutlich einzuschränken[588]. Problematisch bleibe jedoch, dass es den notwendigen Ausnahmen an einer dogmatischen Begründung fehle[589]. Auch deshalb müsse – unabhängig von Nachvollziehbarkeit und Berechti-

---

581 *Plama* Par. 217.

582 *Maffezini* Par. 53.

583 *Plama* Par. 218.

584 *Plama* Par. 226.

585 *Maffezini* Par. 62.

586 *Plama* Par. 219.

587 *Maffezini* Par. 63.

588 *Plama* Par. 221.

589 *Plama* Par. 221 ; 223.

gung des Ergebnisses in *Maffezini*[590] – prozessuale Meistbegünstigung restriktiv ausgestaltet und auf außergewöhnliche Umstände begrenzt werden[591]. Dieses Ergebnis stehe auch im Einklang mit *Salini*[592].

Die andernfalls verursachten Gefahren illustriere der auf *Maffezini* beruhende Schiedsspruch *Siemens* überdeutlich[593].

g) Ergebnis

Das Tribunal folgerte aus den genannten Gründen, Plama könne im konkreten Fall keine Zustimmung Bulgariens zur ICSID-Schiedsgerichtsbarkeit importieren[594].

4. Bewertung

Wie sein Vorgänger in *Salini* gelangte auch das *Plama*-Tribunal zum Ergebnis, dass es nicht möglich sei, zur Begründung der ICSID-Zuständigkeit auf eine Meistbegünstigungsklausel i. V. m. einer drittvertraglich gewährten Zuständigkeit zurückzugreifen. Das Schiedsgericht referierte jedoch nur bedingt auf Wortlaut und Systematik des BIT und verließ bereits nach einer kurzen Auseinandersetzung mit diesen die Auslegung nach VCT, um anhand abstrakter größtenteils rechtspolitischer Erwägungen nachzuweisen, dass ein Wille der Vertragsparteien keinesfalls die Einbeziehung prozessualer Wirkungen in den Schutzstandard der Meistbegünstigung erfassen könne.

---

590 *Plama* Par. 224.

591 Ebd.

592 *Plama* Par. 225.

593 *Plama* Par. 226.

594 *Plama* Par. 227.

a) Ausschluss des Art. 31 VCT

Nach Ansicht des Tribunals fand sich im Auslegungskanon des Art. 31 VCT kein hinreichender Ansatz, um verlässliche Rückschlüsse auf die Parteiintention zu ziehen.

aa) Bedeutung des Vertragszwecks

Diese Annahme begegnet Zweifeln, denn gerade die Bedeutung des Art. 31 (2) wurde schlicht mit dem Hinweis auf die Gefahr einer Verselbständigung des Vertragszweckes in Extremfällen abgelehnt[595]. Diese Annahme brachte eine wesentliche Weichenstellung der Argumentation des Tribunals und steht gleichzeitig im Widerspruch zu Art. 31 VCT.

Nach der Systematik der VCT hat sie nur Bestand, wenn unter Ausschöpfung aller in Art. 31 genannten Quellen keine schlüssige Interpretation gefunden werden konnte. Andernfalls verbietet sich systematisch der Rückgriff auf nachrangige Interpretationshilfen wegen der in Art. 32 VCT verankerten Sperrwirkung[596]. Zwar hat sich das Tribunal mit der Systematik der Meistbegünstigungsklausel befasst und anhand deren Ausnahmen in Abs. 2 je ein Argument für und gegen die Einbeziehung prozessualer Besserstellungen gefunden[597], eine abschließende Heranziehung der Grundsätze des Art. 31 VCT dokumentiert dies jedoch nicht. Um einen wesentlichen Teil der dogmatisch nachrangigen Argumente des Tribunals für beachtlich zu erklären, muss vielmehr bestätigt werden, dass auch die Auslegung nach Sinn und Zweck ergebnislos bliebe, statt sie mit einer möglichen Gefahr abzutun, die nach der zitierten Quelle ohnehin ausschließlich in Extremfällen bestünde[598]. An einer dogmatisch notwendigen Auseinandersetzung mit dem Vertragszweck fehlte es deshalb gänzlich. Aber auch dieser dient nach Art. 31 VCT dem Ziel, Anhaltspunkte der Parteiintention bei Vertragsschluss zu finden, weshalb dessen pauschale Ablehnung systemwidrig ist und das weitere Vorgehen des Tribunals pauschal nicht trägt.

---

595 *Plama* Par. 193; *Sinclair* VCT S. 130.

596 Vgl. oben C. I. 2. Zusammenfassung.

597 *Plama* Par. 189 ff.

598 *Sinclair* VCT S. 130.

bb) Auslegung des Art. 3 (1)

Es muss damit grundsätzlich geklärt werden, ob die vom Tribunal angeführte Mehrdeutigkeit des Wortlauts auch unter teleologischen Gesichtspunkten nicht ausgeräumt werden konnte.

Art. 3 (1) gewährte jedem erfassten Investor eine Behandlung, nicht weniger vorteilhaft als die Behandlung vergleichbarer Drittlandinvestoren. Da die Rechtsschutzklausel – wie vom Tribunal betont – als Angebot zum Abschluss einer Schiedsvereinbarung gesehen wird[599], scheint sie grundsätzlich dem Begriff der Behandlung zugänglich. Dieser scheint auch staatliches Verhalten gegenüber dem betroffenen Investor einzuschließen. Da der Wortlaut einer Meistbegünstigungsklausel höchstens deutliche Einschränkungen enthalten kann und im Übrigen *ejusdem generis* als dogmatische Grundlage der Meistbegünstigung anzuwenden ist, stand einer prozessualen Meistbegünstigung unter Wortlautgesichtspunkten damit nichts im Wege.

Der Vertragszweck legte darüber hinaus nahe, dass eine Erstreckung des Anwendungsbereiches auf prozessuale Besserstellungen überzeugend und geboten war. In diesem Zusammenhang ist auf die bereits in *Ambatielos*[600], *Maffezini*[601], *Siemens*[602] und ebenso im Menschenrechtsschutz[603] erarbeiteten Grundsätze zu verweisen. Jeder materielle Standard erhält einen Großteil seiner Bedeutung erst durch die Einräumung einer Durchsetzungsmöglichkeit. Die Behauptung, grundsätzlich sei zwar die Ausrichtung auf verbesserten Investitionsschutz als Bestandteil eines günstigen Investitionsklimas in der Zielstellung eines BIT zu finden, diese aber für die konkrete Auslegung zu vage[604], kann deshalb nicht überzeugen. Art. 31 (2) VCT selbst stellt wörtlich auf die Präambel als interpretationsrelevante Verkörperung des Vertragszwecks ab. Auf deren Wortlaut haben sich die Vertragsparteien geeinigt und darin ihre Intentionen dokumentiert. Sie ist deshalb näher am Parteiwillen als dies für die hypothetische Gefahr einer Verselbständigung dieses Parteiwillens gilt. Da es sich beim bulgarisch-zypriotischen BIT um ein der Schaffung günstiger Investitionsbedingungen die-

---

599 *Vinuesa* LBUSRAM 8 (2002), 501 (503); *Plama* Par. 198.

600 *Ambatielos Award* ILR 23, 306 (319).

601 *Maffezini* Par. 50.

602 *Siemens* Par. 102.

603 *Ehlers* Grundrechte § 2 Rn. 50.

604 *Plama* Par. 193.

nendes Regelwerk handelte[605], muss der Zweck in einer teleologischen Auslegung auch berücksichtigt werden, damit diese ihren Namen verdient.

Entgegen der Einschätzung des Tribunals sprach damit eine Heranziehung des Vertragszwecks sehr wohl für die Einbeziehung prozessualer Besserstellungen in den Anwendungsbereich der Meistbegünstigung. Als verbleibende Grenze konnte damit einzig eine i. S. von *ejusdem generis* eingeschränkte Vertragsmaterie herangezogen werden. Die vom Tribunal behauptete Mehrdeutigkeit als Grundlage der Heranziehung subsidiärer Auslegungsmethoden, kann hingegen nicht überzeugen und die unter Art. 32 VCT zu fassenden weiteren Ausführungen des Tribunals für beachtlich erklären.

cc) Bestimmung der Vertragsmaterie

Selbst wenn eine Einschätzung nach *ejusdem generis* zu dem Ergebnis gelangte, dass die Rechtsdurchsetzung kein hinreichendes Element der Vertragsmaterie war, um eine Berücksichtigung im Kontext der Meistbegünstigung zu stützen, änderte dies nichts daran, dass die vom Tribunal angeführten subsidiären Auslegungserwägungen in der Interpretation nach VCT unberücksichtigt bleiben mussten. Schließlich beruhte ein über *ejusdem generis* gefundenes Ergebnis direkt auf Wortlaut, Systematik und Zweck des Vertrages, die als Auslegungskriterien nach Art. 31 VCT Vorrang genießen.

Findet sich eine Besserstellung neben dem Drittvertrag auch im Ausgangsvertrag, so ist sie der Meistbegünstigung zugänglich. Hieran bestanden in den bisher betrachteten Fällen keine Zweifel, da jeweils sowohl Grund- als auch Drittvertrag eine eigene Rechtsschutzklausel im Verhältnis Staat-Investor enthielten. Für *Plama* gestaltete sich dies jedoch anders. Hier enthielt einzig der BIT zwischen Bulgarien und Finnland als Drittvertrag in Art. 8 ein solch umfassendes Rechtsschutzsystem. Dem Ausgangsvertrag hingegen war eine derartige Rechtseinräumung fremd, da er grundsätzlich nur ein Streitbeilegungssystem im Verhältnis der Vertragsparteien vorsah (Art. 6). Damit schien die Materie des Ausgangsvertrages in Rechtsschutzfragen auf die Geltendmachung einer Vertragsverletzung nach Art. 6 und damit die staatlichen Vertragsparteien begrenzt.

605 Abs. 3 der Präambel statuiert dies deutlich:

„Having as their objective the creation of favourable conditions for investments by investors of one Contracting Party in the territory of the other Contracting Party."

Eine gegenteilige Bewertung könnte sich jedoch aus Art. 4 (4.1) ergeben. Dessen S. 3 gewährte zypriotischen Investoren zumindest das Recht, in einem internationalen Schiedsverfahren die Höhe gezahlter Entschädigungen überprüfen zu lassen. Diese begrenzte Öffnung des BIT für Elemente eines Individualrechtsschutzes könnte ausreichen, die Rechtsdurchsetzung des Investors gegenüber dem Gaststaat doch als Teil der Vertragsmaterie zu verstehen und folglich auch Besserstellungen in diesem Verhältnis der Meistbegünstigung zugänglich zu machen. Eine solch weite Interpretation würde indes den tatsächlichen Gegebenheiten nicht gerecht. Mitnichten stellte die bloße Möglichkeit einer Überprüfung der Entschädigungshöhe das Äquivalent zur Gewährung umfassenden Individualrechtsschutzes dar. Es wurde lediglich für einen äußerst begrenzten Aspekt des vertraglichen Enteignungsschutzes die Möglichkeit zugestanden, eine Voraussetzung rechtmäßiger Enteignungen[606] überprüfen zu lassen. Schon für die weiteren Bedingungen des legitimen öffentlichen Interesses und der nichtdiskriminierenden Durchführung[607] wurde dieser Individualrechtsschutz nicht mehr gewährt. Sogar in der Entschädigung selbst sind nicht alle Kriterien des *Hull-Standard*[608], sondern ausschließlich deren Höhe einer Überprüfung zugänglich erklärt worden. Dass diese Eröffnung internationaler Schiedsgerichtsbarkeit auf Betreiben des Investors für einen faktisch winzigen Ausschnitt des Enteignungsschutzes dem Grunde nach als Einführung einer Investor-Staat-Schiedsgerichtsbarkeit zu bewerten sein könnte, überzeugt in Anbetracht der tatsächlichen Reichweite des Zugeständnisses nicht. Außerdem muss auch deren Ausrichtung kritisch bewertet werden. Diese ist nicht wie das Schiedsverfahren zwischen Investor und Staat durch eine aktive Verteidigung bei Überprüfung der Enteignung selbst gekennzeichnet. Die bloße Überprüfung einer Entschädigungszahlung mutet eher wie defensive Schadensbegrenzung an. Schiedsgerichtsbarkeit zwischen Investor und Staat stand nach dieser systematischen Betrachtung damit nicht im Regelungszusammenhang des Ausgangsvertrags.

Nach *ejusdem generis* konnte damit nicht die Besserstellung eines finnischen Investors in den bulgarisch-zypriotischen BIT vermittelt werden, da keine Kongruenz der Vertragsmaterien vorlag.

---

606 *Herdegen* Int WirR § 21 Rn. 22 f.

607 *Zampetti/Sauvé* Research S. 225 f.

608 *Lowenfeld* Economic Law S. 397 ff.

b) Subsidiäre Aspekte des Schiedsspruchs

Zwar waren damit die weiteren im Schiedsspruch angeführten Aspekte wegen der vordringlichen Auslegung des Art. 3 (1) nach Systematik und Zweck konkret nicht anwendbar, nichtsdestotrotz sprachen sie allgemein klärungsbedürftige Einwände gegen die Zulässigkeit prozessualer Meistbegünstigung an.

aa) Vertragspraxis

Zur lediglich subsidiären Berücksichtigung weiterer Vertragspraxis der betroffenen Vertragsstaaten soll nicht erneut Stellung genommen werden. Allerdings begegnet auch die Art und Weise der Berücksichtigung Kritik.

Das Tribunal analysierte, ob Bulgarien in seinen übrigen BITs enge oder weite Rechtsschutzklauseln vereinbarte. Diese mögen zwar Auskunft darüber geben, wie sich Bulgarien praktisch positioniert, sie sind jedoch von der Meistbegünstigungsklausel zu trennen, um deren Anwendungsbereich konkret gestritten wird, da sie schlicht keinen Eingang in den Vertrag selbst gefunden haben. Auch warum für die Auslegung der Meistbegünstigung eine inhaltlich unverbundene Rechtsschutzklausel Aussagen enthalten sollte, bedarf eines höheren Begründungsaufwandes als des geleisteten. Dies musste bereits gegen die Wertung der Vertragspraxis in *Maffezini*[609] und auch als Problem des Art. 9 (2) in *Salini*[610] eingewandt werden. Es mag sein, dass die Parteien bewusst auf eine Erweiterung des Rechtsschutzes verzichteten und dies auch für die Meistbegünstigungsklausel wollten. Es lässt sich aber ebenso argumentieren, dass es den Vertragsparteien in Kenntnis ihrer eigenen Politik ein Leichtes gewesen wäre, den materiellen Anwendungsbereich des Art. 3 (1) bei den Neuverhandlungen klar herauszustellen. Diese Argumente können jedoch für sich genommen ebenso wenig überzeugen wie der Schluss aus der Rechtsschutzklauselpraxis auf den Anwendungsbereich der Meistbegünstigung.

Da das Kriterium damit bestenfalls mehrdeutig scheint, kann es allgemein nicht zu einer bestimmten Auslegung führen. Es hätte lediglich über den auch für *Salini* diskutierten Ansatz aus Spezialität und Effektivität[611] als generelles Prinzip

---

609 E. I. 3. a) bb) Vertragspraxis.

610 E. III. 3. Eigene Einschätzung.

611 Ebd.

einer effektiven Interpretation Eingang in die Auslegung der Meistbegünstigungsklausel finden können. Da es sich hier allerdings nicht einmal um eine kodifizierte Grenze wie in *Salini* handelte, können einem solchen Ansatz in der Konsequenz nur geringe Chancen eingeräumt werden.

bb) Besonderheiten von Schiedsvereinbarung und Rechtsschutzklausel

Daneben berief sich das Tribunal auf mehrere Besonderheiten des Rechtsschutzsystems unter BITs, die jede für sich genommen rechtfertigen sollten, prozessuale Meistbegünstigung abzulehnen.

(1) Klare und eindeutige Schiedsvereinbarung

Als allgemein verbindlicher Grundsatz müsse eine Schiedsklausel immer klar und eindeutig gefasst sein[612]. Schon diese Ausgangsthese scheint in ihrer Allgemeinverbindlichkeit problematisch, denn wenn jede Schiedsklausel zu ihrer Wirksamkeit klar und eindeutig sein müsste, ließen sich Streitigkeiten über deren Inhalt schwer erklären. Vor diesem Hintergrund hätte z. B. die IGH-Entscheidung in *Ambatielos* mit ihrer komplizierten Begründung der Schiedsgerichtsbarkeit[613] keinen Bestand haben dürfen. Das Tribunal modifizierte jedoch seinen Ausgangspunkt durch den zitierten Art. 7 (2), der für die Vereinbarung einer Schiedsklausel mittels Verweisung ein Sonderregime effektiver Inkorporation forderte[614]. Für eine schwerer zu fassende „Schiedsklausel durch Verweisung" macht ein solch strengeres Kriterium in der Tat Sinn. Fraglich ist jedoch, ob nicht die Voraussetzungen einer wirksamen Schiedsvereinbarung entgegen der Tribunalaussage gleichwohl gegeben waren. Grundsätzlich muss nämlich beachtet werden, dass der BIT selbst gerade nicht die Schiedsvereinbarung darstellt. Er bot gegenüber dem Investor – wie vom Tribunal anerkannt[615] – in der Rechtsschutzklausel lediglich das Angebot auf Abschluss einer Schiedsvereinbarung, das der Investor durch Einleitung des Verfahrens annahm[616]. Auch bei

612 *Plama* Par. 198.

613 *Ambatielos (Merits)* ICJ Rep. 1953 S. 10 (23).

614 *Plama* Par. 200.

615 *Plama* Par. 198.

616 *Vinuesa* LBUSRAM 8 (2002), 501 (503)

prozessualer Meistbegünstigung unter einem BIT stellt die vermittelte Rechtschutzklausel des Drittvertrages damit erst das Angebot auf Abschluss einer Schiedsvereinbarung dar. Deshalb muss nur diese Klausel als Grundlage der Schiedsvereinbarung einem Eindeutigkeitstest standhalten, woran keine begründeten Zweifel bestehen. Die Meistbegünstigungsklausel selbst wird hingegen gerade nicht Teil der Schiedsvereinbarung[617].

Deshalb traf auch der Einwand, die Besonderheiten der Fassung von Art. 1103 NAFTA bzw. des FTAA[618] sowie die in *US Nationals* festgestellte Auslegungsbedürftigkeit einer Meistbegünstigungsklausel[619] begründeten *per se* unzureichende Eindeutigkeit, nicht zu, da nicht die Meistbegünstigungsklausel sondern die Schiedsvereinbarung deutlich sein muss.

(2) Spezialität der Rechtsschutzklausel

Dem zweiten auf dem Charakter einer Rechtsschutzklausel basierenden Einwand des Tribunals kann grundsätzlich nicht widersprochen werden. Die Rechtsschutzklausel stelle einen sensiblen explizit zwischen den Vertragsparteien ausgehandelten Kompromiss dar, der im Gesamtbild des Vertrages zu sehen sei[620]. Er muss jedoch in den zutreffenden Kontext gestellt werden.

Wie in *Siemens* geschehen und im Anschluss kritisiert, neigt die Vermischung einzelner Vergünstigungen ohne angemessene Berücksichtigung einhergehender Restriktionen dazu, statt der Nichtdiskriminierung eine echte Besserstellung hervorzurufen[621]. Dieses *cherry picking* ist in der Tat einem Vernachlässigen des individuellen Charakters der Rechtsschutzklauseln geschuldet. Was die Unvereinbarkeit einzelner Abschnitte angeht, ist damit dem Tribunal beizupflichten, da auf kurz oder lang der Meistbegünstigungscharakter als Nichtdiskriminierungsstandard unterlaufen würde. Mit dem gegen *Siemens* vorgeschlagenen System einer Gesamtbetrachtung des gesamten Rechtsschutzmechanismus als in sich geschlossenes Regime tritt dieses Problem indes nicht auf, da Unvereinbar-

---

617 Vgl. die grundlegenden Ausführungen des IGH zur Funktion der Meistbegünstigung in *Anglo-Iranian Oil* ICJ Rep. 1952 S. 109.

618 *Plama* Par. 202 f.

619 *Plama* Par. 202 f.

620 *Plama* Par. 206.

621 *Vesel* YJIL 31 (2007), 125 (169).

keit begründendes *cherry picking* durch die Wahl eines Standards inklusive seiner Grenzen ausgeschlossen bleibt[622].

An einer solchen Handhabe setzte die zweite aus Spezialität herrührende Kritik an. Gerade die vollständige Ersetzung müsse als inhärente Gefahr prozessualer Meistbegünstigung unterbunden werden, um das vertragliche Gleichgewicht zu erhalten[623]. Andernfalls würde das sensible Geflecht ausgehandelter Parteiinteressen gestört. Auch dieses Problem beruhte jedoch auf zwei Einschränkungen, die sich nicht aufrechterhalten lassen. Betonte Sensibilität und Spezialität erstrecken sich nicht nur auf den vertraglich gewährten Rechtsschutz, sondern erfassen jeden Standard des betreffenden BIT ebenso innerhalb des materiellen Schutzes. Auch substantielle Zugeständnisse geben Staaten nur, wenn ihren Anliegen an anderer Stelle Rechnung getragen wird. Diese Eigenheit einer Vertragsverhandlung manifestiert sich schließlich im spezifischen BIT-Text, der regelmäßig keinem Mustervertrag entspricht[624]. Dass eine Meistbegünstigungsklausel jedoch durch ihre Anwendung in diesem ebenfalls fein austarierten materiellen System für Erschütterungen sorgt, ist ihrer Funktionsweise schlicht konstitutiv. Wäre es anders, hätte die Klausel weder Nutzen noch Existenzberechtigung, da sie in ihrer Anwendung *per se* eine Beeinträchtigung staatlicher Souveränität darstellt[625]. Jeder Meistbegünstigung gewährende Staat muss sich darüber im Klaren sein, dass genau die vom Tribunal als inakzeptabel angeführten Effekte notwendig auftreten. Warum diese materiell unbestrittene Wirkung auf prozessualer Ebene wegen desselben Effekts einer gesonderten Prüfung zu unterfallen hätte, erschließt sich allerdings nicht. Ein bloßes Verweisen auf bisher fehlende Präzedenzfälle[626] kann schon deshalb nicht genügen, weil das Völkerrecht kein Prinzip des *stare decisis* wie im anglo-amerikanischen Recht kennt (vgl. Art. 53 ICSID-Convention; Art. 59 IGH-Statut) und Fallrecht deshalb lediglich als Grundlage einer zukünftigen Rechtsentwicklung dienen kann, ohne aber absolute Bindungswirkung zu erlangen[627].

Die Gefahr prozessualer Meistbegünstigung ist bei genauerer Betrachtung damit die natürliche Folge jeder Meistbegünstigung, ohne die sie schlicht bedeutungs-

---

622 *Vesel* YJIL 31 (2007), 125 (187).

623 *Plama* Par. 209.

624 *Semler* SchiedsVZ 2003, 97 (99).

625 *Vesel* YJIL 31 (2007), 125 (156).

626 *Plama* Par. 210.

627 *Meessen* Grundsätze S. 72 ff.

los wäre. Diese gegen prozessuale Meistbegünstigung anzuführen, hieße, auch deren materielle Wirkungen mit dem gleichen Argument abzulehnen, was widersinnig erscheint.

(3) Fehlende Wägbarkeit

Ebenso aus Spezialität begründete sich der finale dem Wesen des Rechtsschutzes geltende Einwand. Das Tribunal kritisierte, dass sich wegen der verschiedenen Rechtsschutzsysteme unterschiedlicher BITs eine abstrakte Abwägung, unter welchem Regime der Investor besser steht, nicht immer treffen lasse. Zwar sei Rechtsschutz vorteilhafter als kein Rechtsschutz, bei der Wahl zwischen ICSID- und UNCITRAL-Verfahren falle diese jedoch bereits deutlich schwerer[628]. Abstrakt vermag der Einwand zu überzeugen, er verliert in der konkreten Perspektive der Geltendmachung aber einen Großteil seines Schreckens. Im Verfahren ist für den Investor schlicht das System vorteilhafter nach dem seine Klage zulässig ist[629]. Sind sowohl ICSID- als auch UNCITRAL-Verfahren möglich, trifft er mit Einleitung des einen oder anderen selbst die Günstigkeitsentscheidung.

Das Tribunal sah damit ein Problem wo tatsächlich keines existiert, weshalb der Einwand nicht zum Ausschluss prozessualer Meistbegünstigung führen kann.

cc) Gefahren prozessualer Meistbegünstigung

Als abschließenden Aspekt gegen prozessuale Meistbegünstigung verwies das *Plama*-Tribunal auf *Maffezinis* Ausnahmesystem der *public policy considerations*[630]. In der Tat entbehren die aufgezählten Ausnahmen einer einheitlichen dogmatischen Begründung[631]. Es sei deshalb nötig wie auch in *Salini*, die Be-

---

628 *Plama* Par. 208.

629 Interessanterweise ist ein vergleichbarer Grundsatz im nationalen deutschen Zivilprozessrecht bzgl. dier Einlegung eines eigentlich unzulässigen Rechtsbehelfs als Meistbegünstigungsprinzip bekannt. Vgl. *Deubner* JuS 2004, 774 (777 f.)

630 Vgl. *Maffezini* Par. 62 f.

631 Es wird sogar der Satz zitiert „They just made it up.“ *Plama* Par. 221.

weislast zu verschieben, um der Gefahr des *treaty shopping* angemessen zu begegnen.

Wegen des bereits betonten Charakters der Meistbegünstigung als „Souveränitätsstörer“ bestimmt die genannte Gefahr allerdings das Wesen der Meistbegünstigung[632]. Die einzige beachtliche Gefahr stellt deshalb völlige Bedeutungslosigkeit der Rechtsschutzklausel dar. Dieser kann aber durch die Wahrung einer effektiven Interpretation unter Beachtung der Spezialität adäquat Rechnung getragen werden[633]. Auch hier versuchte das Tribunal, seine Unterscheidung zwischen prozessualer und materieller Meistbegünstigung rein mit allgemein anerkannter Meistbegünstigungswirkung zu untermauern. Dieser Ansatz würde aber jede Meistbegünstigung ausschließen und kann deshalb in seiner Pauschalität nicht überzeugen.

c) Zusammenfassung

Plama zeichnete sich dadurch aus, dass das Tribunal die Notwendigkeit sah, umfassend gegen prozessuale Meistbegünstigung Stellung zu beziehen. Hierzu konzentrierte es sich darauf, anhand allgemeiner – für die Vertragsauslegung nachrangiger – Kriterien darzulegen, wo Gefahren und systematische Unstimmigkeiten gesehen wurden, die jedoch ausgeräumt werden konnten.

Dass die Entscheidung gleichwohl im Ergebnis zutraf, ist ausschließlich *ejusdem generis* geschuldet, das neben dem Wortlaut als zweite Grenze jeder Meistbegünstigungswirkung hervortritt. Zur Grundlage einer generellen Ablehnung prozessualer Meistbegünstigung ist ein solches vertragssystematisches Argument wegen der atypischen Struktur des bulgarisch-zypriotischen BIT jedoch nicht geeignet.

V. Weitere Fälle

Nach den grundlegenden Schiedssprüchen zu prozessualer Meistbegünstigung soll kurz auf nachfolgende Investitionsschutzverfahren eingegangen werden. Diese Darstellung dient aber einzig dem Überblick, da keine der folgenden Ent-

---

632 *Vesel* YJIL 31 (2007), 125 (156).

633 Vgl. das Ausnahmesystem unter C. II. 2. c) bb) Inhärente Grenzen.

scheidungen eigene Akzente setzte und lediglich jeweils einen der beiden ursprünglichen Entwürfe bestätigte. Hierbei blieben sogar die Parallelen verkürzter Wartefristen und importierter Zuständigkeiten gewahrt.

1. Camuzzi International S.A. v. The Argentine Republic

Der erste anschließende Fall, in dem die Frage prozessualer Meistbegünstigung aufgeworfen wurde, ist die Zuständigkeitsentscheidung in *Camuzzi* vom 11. Mai 2005[634].

Die italienische Camuzzi hatte sich bereits 1989 in zwei privatisierte argentinische Gasversorger eingekauft[635]. Nachdem Argentinien in eine wirtschaftliche Krise stürzte und wegen dieses Staatsnotstandes mit der Pesifizierung im Jahr 2001 den Transfer von Peso in Dollar untersagte, sah sich Camuzzi in materiellen Rechten unter dem argentinisch-italienischen BIT verletzt. Außerdem rügte sie Ungleichbehandlungen in Steuerfragen und staatlicher Subventionsvergabe[636].

Die Klägerin berief sich ebenso auf eine Verkürzung der Wartefrist nach Art. 8[637] des argentinisch-italienischen BIT durch den via Meistbegünstigung

---

634 Case No. ARB/03//02.

635 *Camuzzi* Par. 8 f.

636 *Camuzzi* Par. 10.

637 „5. In caso di ricorso all'arbitrato internazionale, la controversia sarà sottoposta, a scelta dell'investitore, a uno degli organismi di arbitrato qui di seguito indicati:

a. al Centro Internazionale per la Risoluzione delle Controversie relative ad Investimenti (I.C.S.I.D.), istituito dalla Convenzione sul "Regolamento delle Controversie relative agli investimenti tra Stati e cittadini di altri Stati", aperta alla firma in Washington il 18 marzo 1965, qualora ognuno dei Paesi parte nel presente Accordo vi avesse aderito. Ove questa condizione non sussista, ciascuna delle Parti Contraenti conferisce il proprio consenso affinché la controversia sia sottoposta ad arbitrato, in conformità alla regolamentazione sui "meccanismi" aggiuntivi per la conciliazione e l'arbitrato del Centro Internazionale per il Regolamento delle Controversie relative ad Investimenti.

b. Ad un Tribunale arbitrale "ad hoc" istituito caso per caso. L'arbitrato si effettuerà secondo il Regolamento Arbitrale della Commissione delle Nazioni Unite sul Diritto Commerciale Internazionale (UNCITRAL), di cui alla Risoluzione dell'Assemblea Generale delle Nazioni Unite 31/98 del 15 dicembre

nach Art. 3 (1)[638] zu vermittelnden Art. 7 (3) i. V. m. (2)[639] des argentinisch-US-amerikanischen BIT. Das Argument wurde jedoch nicht weiter beachtet, da nach Ansicht des Tribunals die Verfolgung der Streitigkeit vor nationalen Gerichten zur Wahrung der notwendigen 18 Monate genügte[640]. Nach dessen Ansicht war

---

1976: Gli arbitri saranno in numero di tre e, se non cittadini delle Parti Contraenti, dovranno essere cittadini di Paesi che abbiano relazioni diplomatiche con le Parti Contraenti."

638 "1. Ciascuna Parte Contraente, nel proprio territorio, accorderà agli investimenti realizzati da investitori dell'altra Parte Contraente, ai redditi ed alle attività connesse con gli investimenti stessi nonché a tutte le altre questioni regolate dal presente Accordo un trattamento non meno favorevole di quello riservato ai propri investitori od a investitori di Paesi terzi."

639 "2. In the event of an investment dispute, the parties to the dispute should initially seek a resolution through consultation and negotiation. If the dispute cannot be settled amicably, the national or company concerned may choose to submit the dispute for resolution:

(a) to the courts or administrative tribunals of the Party that is a party to the dispute; or

(b) in accordance with any applicable, previously agreed dispute-settlement procedures; or

(c) in accordance with the terms of paragraph 3.

3. (a) Provided that the national or company concerned has not submitted the dispute for resolution under paragraph 2 (a) or (b) and that six months have elapsed from the date on which the dispute arose, the national or company concerned may choose to consent in writing to the submission of the dispute for settlement by binding arbitration:

(i) to the International Centre for the Settlement of Investment Disputes ("Centre") established by the Convention on the Settlement of Investment Disputes between States and Nationals of other States, done at Washington, March 18, 1965 ("ICSID Convention"), provided that the Party is a party to such convention: or

(ii) to the Additional Facility of the Centre, if the Centre is not available; or

(iii) in accordance with the Arbitration Rules of the United Nations Commission on International Trade Law (UNICTRAL): or

(iv) to any other arbitration institution, or in accordance with any other arbitration rules, as may be mutually agreed between the parties to the dispute.

(b) Once the national or company concerned has so consented, either party to the dispute may initiate arbitration in accordance with the choice so specified in the consent."

640 *Camuzzi* Par. 121.

unter Zulässigkeitsgesichtspunkten nicht prozessuale Meistbegünstigung sondern die Wirkung einer *forum-selection-clause* das tatsächliche Problem. Argentinien hatte vorgetragen, diese Klausel entwickele eine Sperrwirkung, die die Anrufung eines ICSID-Tribunals unter dem BIT ausschließe[641]. Nach Ansicht des Tribunals verkannte diese Interpretation die in ständiger Spruchpraxis getroffene Unterscheidung nach *contract claims* und *treaty claims*, von denen nur erstere der Wirkung einer *forum-selction-clause* unterlägen[642].

Nimmt man das Tribunal allerdings beim Wort, wurden somit lediglich die nicht dem BIT unterliegenden *contract claims*[643] Gegenstand des nationalen Verfahrens. Art. 8 forderte jedoch, über eine Streitigkeit unter dem BIT (*treaty claim*) 18 Monate zu prozessieren, weshalb die Voraussetzung gerade nicht erfüllt wurde. Das Tribunal hätte damit sehr wohl in seiner Zulässigkeitsentscheidung über prozessuale Meistbegünstigung entscheiden müssen. In Anbetracht der *Maffezini* und *Siemens* vergleichbaren Konstellation und unter Berücksichtigung seiner Wertung des Klägervorbringens kann aber vermutet werden, dass es eine prozessuale Wirkung des Art. 3 (1) schlicht für zulässig erachtet hätte.

2. Gas Natural SDG S.A. v. The Argentine Republic

Die Zuständigkeitsentscheidung in *Gas Natural*[644] vom 17. Juni 2005 kann als Spiegelbild *Maffezinis* gesehen werden.

Auch die spanische Gas Natural SDG S.A. hatte sich 1992 innerhalb eines Privatisierungsprogramms an einem ehemals staatlichen Gasversorger beteiligt[645]. Ebenso an die Pesifizierung anknüpfend sah sie u. a. wegen des Wegbruchs ihrer in Dollar vorgenommenen Kalkulation den argentinisch-spanischen BIT in mehren Standards verletzt[646]. Um möglichst schnell an ihr Geld zu kommen, hielt Gas Natural sich nicht an das aus Art. X des BIT bekannte Verfahren. Unter

641 *Camuzzi* Par. 105.

642 *Camuzzi* Par. 109 ff.

643 *Vinuesa* FS Ress S. 339 ff.

644 Case No. ARB/03/10, Decision on Jurisdiction.

645 *Gas Natural* Par. 9 f.

646 *Gas Natural* Par. 17.

Verweis auf Art. VII (3) i. V. m. (2) des argentinisch-US-amerikanischen BIT[647] begehrte sie deshalb die sofortige Einleitung des Schiedsverfahrens. Hiergegen verwahrte sich Argentinien, da der Meistbegünstigungsklausel des Art. IV (2) keine prozessualen Wirkungen eigen seien[648].

Das Tribunal bestätigte die in Siemens gefundene Entscheidung aus Gründen objektiv gewollter Investitionsförderung. Auch der auf Tribunalseite angesprochene weite Wortlaut sei gegeben[649]. Gleiches gelte für die Bewertung der *Maffezini*-Entscheidung, die sogar denselben Vertrag interpretierte. Das Tribunal schloss sich damit dem Schiedsspruch vollumfänglich an[650] und betonte, Streitbeilegung verkörpere vielleicht das wichtigste Element des Investitionsschutzes[651]. Die in *Salini* geäußerte Kritik nahm man zwar zur Kenntnis, lehnte sie jedoch wegen fehlender Vergleichbarkeit ab[652].

3. Continental Casualty Company v. The Argentine Republic

Eine ähnliche Konstellation betraf auch die Zuständigkeitsentscheidung in *Continental Casualty Company v. The Argentine Republic* vom 22. Februar 2006[653].

Die vom US-amerikanischen Investor geltend gemachte Verletzung des argentinisch-US-amerikanischen BIT lag in einer Beschränkung des Gewinntransfers. Der Standard fand sich nicht explizit im betreffenden BITs, wurde nach Ansicht Continentals aber im argentinisch-chilenischen BIT gewährt[654]. Man trug daher vor, dies sei eine Besserstellung chilenischer Investoren, die über die Meistbegünstigungsklausel nach Art. II (1)[655] des argentinisch-US-amerikanischen BIT

---

647 Vgl. Den Wortlaut in *Camuzzi* E. V. 1. Camuzzi.

648 *Gas Natural* Par. 27.

649 *Gas Natural* Par. 41 ff.

650 *Gas Natural* Par. 45 ff.

651 *Gas Natural* Par. 49, siehe auch Par. 29.

652 *Gas Natural* Par. 48.

653 Case No. ARB/03/9.

654 *Continental* Par. 56.

655 „1. Each Party shall permit and treat investment, and activities associated therewith, on a basis no less favorable than that accorded in like situations to investment or associated activities of its own nationals or companies, or of nationals or

vermittelt werde. Folglich liege wegen Verletzung der Meistbegünstigungsklausel eine Streitigkeit nach diesem vor, was für die Zuständigkeit des ICSID-Tribunals nach Art. VII (1) c)[656] Voraussetzung war. Die Meistbegünstigungsklausel fungierte damit nach argentinischer Auffassung als prozessuale Zuständigkeitsbegründung in einer Linie mit Maffezini und den Folgeentscheidungen[657]. Nach Ansicht des Tribunals wurde die Meistbegünstigungsklausel prozessual jedoch bloß zur Behauptung materieller Rechtsinhaberschaft angeführt, ohne eigene prozessuale Wirkung zu entfalten[658] Deshalb bedurfte es keiner Auseinandersetzung mit prozessualer Meistbegünstigung.

4. National Grid PLC v. The Argentine Republic

Anders als in den früheren ICSID-Verfahren handelte es sich bei der Zuständigkeitsentscheidung in *National Grid*[659] um ein Verfahren nach UNCITRAL-Regeln. Auch die britische National Grid sah sich durch Maßnahmen der argentinischen Notstandsgesetzgebung von 2001/02 in Betrieb und Nutzung ihrer

---

companies of any third country, whichever is the more favorable, subject to the right of each Party to make or maintain exceptions falling within one of the sectors or matters listed in the Protocol to this Treaty. Each Party agrees to notify the other Party before or on the date of entry into force of this Treaty of all such laws and regulations of which it is aware concerning the sectors or matters listed in the Protocol. Moreover, each Party agrees to notify the other of any future exception with respect to the sectors or matters listed in the Protocol, and to limit such exceptions to a minimum. Any future exception by either Party shall not apply to investment existing in that sector or matter at the time the exception becomes effective. The treatment accorded pursuant to any exceptions shall, unless specified otherwise in the Protocol, be not less favorable than that accorded in like situations to investments and associated activities of nationals or companies of any third country."

656 „1. For purposes of this Article, an investment dispute is a dispute between a Party and a national or company of the other Party arising out of or relating to (a) an investment agreement between that Party and such national or company; (b) an investment authorization granted by that Party's foreign investment authority (if any such authorization exists) to such national or company; or (c) an alleged breach of any right conferred or created by this Treaty with respect to an investment."

657 *Continental* Par. 55.

658 *Continental* Par. 94.

659 UNCITRAL Arbitration, Decision on Jurisdiction, 20. Juni 2006.

1992 erworbenen Elektrizitätsversorger gehindert sowie in BIT-Rechten verletzt[660].

Ebenso war die Beachtung einer Wartefrist vor Einleitung des Schiedsverfahrens relevant. So wollte die britische Klägerin ohne Einhaltung der Wartefrist in Art. 8 (2) (i) des argentinisch-britischen BIT[661] unter Berufung auf dessen Meistbegünstigungsklausel aus Art. 3[662] i. V. m. Art. VII (3); (2) des argentinisch-US-amerikanischen BIT[663] nach Ablauf der sechsmonatigen Verhandlungsperiode direkt das internationale Schiedsverfahren einleiten. Während Argentinien sich grundsätzlich auf *Salini* und *Plama* berief[664], um zu dokumentieren, dass es keine prozessuale Meistbegünstigung geben dürfe, betonte die Klägerin *Maffezini*, *Siemens* und *Gas Natural*[665]. Gleichzeitig versuchte sie, den Fall gegen die ablehnenden Schiedssprüche abzugrenzen[666].

---

660 *National Grid* Par. 32 ff.

661 „(2) The aforementioned disputes shall bs submitted to international arbitration in the following cases:

(a) if one of the Parties so requests, in any of the following circumstances:

(i) where, after a period of eighteen months has elapsed from the moment when the dispute was submitted to the competent tribunal of the Contracting Party in whose territory the investment was made, the said tribunal has not given its final decision;

(ii) where the final decision of the aforementioned tribunal has been made but the Parties are still in dispute;

(b) where the Contracting Party and the investor of the other Contracting Party have so agreed."

662 „(1) Neither Contracting Party shall in its territory subject investments or returns of investors of the other Contracting Party to treatment less favourable than that which it accords to investments or returns of its own investors or to investments or returns of investors of any third State.

(2) Neither Contracting Party shall in its territory subject investors of the other Contracting Party, as regards their management, maintenance, use, enjoyment or disposal of their investments, to treatment less favourable than that which it accords to its own investors or to investors of any third State."

663 Siehe oben unter *Camuzzi*.

664 *National Grid* Par. 58 ff.

665 *National Grid* Par. 69 f.

666 *National Grid* Par. 71; 77.

Das Tribunal folgte wesentlich dem Vortrag National Grids und akzeptierte die Verfahrenseinleitung auf Grund der Verweisung[667]. Zwar sei der Wortlaut grundsätzlich weniger deutlich als in *Maffezini* und *Gas Natural*[668]; in Anbetracht der nach *Ambatielos* und den weiteren Fällen herausgearbeiteten Erwägungen zum Wert eines prozessualen Durchsetzungsmechanismus müsse er aber so verstanden werden, dass das Führen von Rechtsstreitigkeiten unverzichtbarer Bestandteil der Behandlung einer Investition sei[669]. Auch in der BIT-Praxis Argentiniens finde sich eine Abkehr von der Wartefristvereinbarung, weshalb diese nicht mehr als *public policy consideration*[670] zu qualifizieren seien[671]. Ebenso spreche die Abgrenzung zu *Salini* und *Plama*, die sich durch tatsächliche Besonderheiten wie die Subsidiaritätsklausel bzw. das allgemeine Fehlen einer Schiedsklausel im Verhältnis Investor-Staat auszeichneten, gegen die Ablehnung des ausgewogenen *Maffezini*-Systems[672].

5. Suez, Sociedad General de Aguas de Barcelona S.A., and Vivendi Universal S.A. v. The Argentine Republic/AWG Group Ltd. V. The Argentine Republic

Suez AGBAR und Vivendi klagten in einem ICSID-Verfahren, während das Verfahren AWGs nach UNCITRAL-Regeln ablief[673]. Die Zuständigkeitsentscheidung vom 3. August 2006 erging aus prozessökonomischen Gründen jedoch gleichzeitig für alle Beteiligten[674].

Auch hier hatten sich die Gesellschaften 1992 in einem Joint Venture mit weiteren Partnern an einem privatisierten Wasser- und Abwasserversorger beteiligt und machten nun Schäden durch die argentinische Notstandsgesetzgebung gel-

---

667 *National Grid* Par. 93.

668 *National Grid* Par. 82 f.

669 *National Grid* Par. 86 ff.

670 Vgl. die Ausnahmen in *Maffezini* Par. 62 f.

671 *National Grid* Par. 85.

672 *National Grid* Par. 91 f.

673 Auf die prozessualen Besonderheiten der Zusammenlegung soll hier nicht näher eingegangen werden, da diese für die prozessuale Meistbegünstigung keine Auswirkung haben.

674 *Suez/Vivendi* Case No. ARB/03/19 ; Par. 26 .

tend[675]. Sie brachten entsprechend ihrer Nationalität Klagen unter folgenden BITs:

- argentinisch-französischer BIT bzgl. Suez und Vivendi
- argentinisch-spanischer BIT bzgl. AGBAR
- argentinisch-britischer BIT bzgl. AWG.

Entgegen dem argentinisch-französischen BIT in Art. 8 (2)[676] sahen die Verträge Spaniens in Art. X[677] und des Vereinigten Königreichs in Art. 8 (2)[678] nach einer Verhandlungsphase von sechs Monaten die Befassung nationaler Gerichte für weitere 18 Monate vor. Argentinien rügte eine Verletzung dieses Erfordernisses. Deshalb versuchten beide Gesellschaften, sich über die Meistbegünstigungsklausel ihres BIT[679] i. V. m. dem argentinisch-französischen BIT auf günstigeren Zugang zu internationaler Schiedsgerichtsbarkeit zu berufen[680].

---

675 *Suez/Vivendi* Par. 20 ff.

676 „(2) Si le différend n'a pu être réglé dans un délai de six mois à partir du moment où il a été soulevé par l'une ou l'autre des Parties concernées, il est soumis, à la demande de l'investisseur :

soit aux juridictions nationales de la Partie contractante impliquée dans le différend ;

soit à l'arbitrage international, dans les conditions décrites au paragraphe 3 cidessous.

Une fois qu'un investisseur a soumis le différend soit aux juridictions de la Partie contractante concernée, soit à l'arbitrage international, le choix de l'une ou de l'autre de ces procédures reste définitif."

677 Siehe den Wortlaut der Klausel in *Maffezini* E. I. 1. a) Zulässigkeit.

678 Die entsprechende Rechtsschutzklausel wurde bereits in *National Grid* (E. V. 4. National Grid) zitiert.

679 Siehe für Art. IV des argentinisch-spanischen BIT bei *Maffezini* (E. I. 1. a) Zulässigkeit). Art. 3 des argentinisch-britischen BIT:

„(1) Neither Contracting Party shall in its territory subject investments or returns of investors of the other Contracting Party to treatment less favourable than that

Vergleichbar zu *Gas Natural* stellte das Tribunal schlicht fest, die einschlägige Meistbegünstigungsklausel umfasse mit der weiten Formulierung „all matters" den gesamten Vertragsgegenstand inklusive des Rechtsschutzes. Deshalb sei der französische Investor durch den leichteren Zugang zu internationaler Schiedsgerichtsbarkeit besser gestellt, was als meistbegünstigungsfähiges Privileg nach Art. IV (2) auch dem spanischen Investor gewährt werden müsse[681]. Schwieriger gestalte sich die Einschätzung des Art. 3 (1) für die britische AWG. Allerdings erfasste dessen Absatz 2 „the management, maintenance, use, enjoyment, or disposal of investments", was auch den prozessualen Schutz einer Investition einschließe[682]. In seiner Entscheidung betonte das Tribunal, dass die Meistbegünstigungsklauseln in ihren Ausnahmen die Rechtsdurchsetzung nicht erwähnten und folgerte *inclusio unius, exclusio alterius*, dass diese damit der Meistbegünstigung zugänglich waren[683]. Die argentinischen Einwände, Meistbegünstigungsklauseln seien aus Gründen von *ejusdem generis*[684] und *res inter alios acta*[685] eng auszulegen, verwarf das Tribunal mit seines Erachtens klarer Wortlautauslegung[686]. Hierfür ließen sich in *Maffezini*[687], *Siemens*[688] und auch *MTD* mit einer zweckmäßig weiten Auslegung[689] gewichtige Gründe finden. Die Einschränkung in *Plama* hingegen müsse aus dem viel restriktiveren Rechtsschutz des bulgarisch-zypriotischen BIT und ebensolcher Vertragspraxis Bulgariens

which it accords to investments or returns of its own investors or to investments or returns of investors of any third state.

(2) Neither Contracting Party shall in its territory subject investors of the other Contracting Party, as regards their management, maintenance, use, enjoyment or disposal of their investments, to treatment less favourable than that which it accords to its own investors or to investors of any third state. "

680 *Suez/Vivendi* Par. 52.

681 *Suez/Vivendi* Par. 55.

682 *Suez/Vivendi* Par. 57.

683 *Suez/Vivendi* Par. 55; 58.

684 *Suez/Vivendi* Par. 59.

685 *Suez/Vivendi* Par. 60.

686 *Suez/Vivendi* Par. 61.

687 *Suez/Vivendi* Par. 62.

688 *Suez/Vivendi* Par. 63.

689 Ebd.

erklärt werden. Der Fall sei deshalb nicht vergleichbar[690]. Außerdem läge ohnehin die in *Plama*[691] anerkannte „non-sense exception", dass jedes andere Ergebnis abwegig sei, vor[692]. Das Tribunal bejahte damit die Zulässigkeit prozessualer Meistbegünstigung und erklärte sich zuständig[693].

6. Telenor Mobile Communications A.S. v. Republic of Hungary

Eine *Plama* und *Salini* ähnliche Konstellation fand sich hingegen in *Telenor* vom 13. September 2006[694], wobei sich die Struktur des norwegisch-ungarischen BIT unter Rechtsschutzgesichtspunkten klar von diesen unterschied.

a) Schiedsspruch

Die norwegische Telenor hatte sich während der Liberalisierung des ungarischen Telefonmarktes an einem Mobilfunkkonsortium mit marktbeherrschender Stellung beteiligt[695]. Durch die spätere Einrichtung eines Ausgleichfonds für benachteiligte Marktteilnehmer mit zwingender Beteiligung fühlte sie sich in Rechten aus dem norwegisch-ungarischen BIT verletzt[696]. Nach dessen Rechtsschutzklausel in Art. XI[697] war die Einleitung eines internationalen Schiedsver-

---

690 *Suez/Vivendi* Par. 64 f.

691 *Plama* Par. 224.

692 *Suez/Vivendi* Par. 66.

693 *Suez/Vivendi* Par. 68.

694 Case No. ARB/04/15.

695 *Telenor* Par. 16.

696 *Telenor* Par. 22 f.

697 „1. This article shall apply to any legal disputes between an investor of one Contracting Party and the other Contracting Party in relation to an investment of the former either concerning the amount or payment of compensation under Article V and VI of the Present Agreement, or concerning any other matter consequential upon an act of expropriation in accordance with Article VI of the Present Agreement or concerning the consequences of the non-implementation or of the incorrect implementation of Article VII of the Present Agreement.

fahrens auf Enteignungen und nachfolgende Fragen i. S. der Art. V und VI sowie die Rückführung von Gewinnen nach Art. VII beschränkt. Da Telenor über die genannten Aspekte hinaus eine Verletzung des *fair-and-equitable-treatment* nach dem nicht genannten Art. III geltend machen wollte, bedurfte es hierzu einer weiteren Gerichtsbarkeit. Diese sollte über die Meistbegünstigung nach Art. IV[698] aus weiteren ungarischen BITs importiert werden[699]. Um welche BITs es sich hierbei handelte, legte Telenor jedoch nicht dar[700].

Im Vortrag stütze man sich hauptsächlich auf *Maffezini* und *Siemens*. Das Tribunal sah vorrangig *Siemens* wie auch *Suez/Vivendi* als unterstützend an, da beide im Gegensatz zu *Maffezini* eine Meistbegünstigungsklausel engeren Wortlauts aufwiesen, die gleichwohl prozessuale Wirkungen erfasste[701]. Dagegen sprächen jedoch die in *Plama* und *Salini* vorgebrachten Bedenken[702]. Diese sah das Tribunal im Ergebnis als überwiegend an. Demnach müsse der Gefahr eines *disruptive treaty shopping* und einer Ersetzung ganzer Rechtsschutzklauseln be-

---

2. Any such disputes which have not been amicably settled within a period of three months from written notification of a claim, shall if either Party to the dispute so wishes, be submitted for conciliation or arbitration under the Convention of 18 March 1965 on the Settlement of Investment Disputes between States and Nationals of Other States (The Washington Convention)."

698 „1. Investments made by Investors of one Contracting Party in the territory of the other Contracting Party, as also the returns therefrom, shall be accorded treatment no less favourable than that accorded to investments made by Investors of any third State.

2. The treatment granted under paragraph 1 of this Article shall not apply to:

- any advantage accorded to Investors of a third State by the Contracting Party based on any existing or future customs or economic union, or similar international agreement, or free trade agreement to which either of the Contracting Parties is or becomes a Party.

- any advantage accorded to Investors of a third State by the Contracting Party by virtue of a double taxation agreement or other agreements regarding matters of taxation or any domestic legislation relating to taxation."

699 *Telenor* Par. 83.

700 Ebd. „It is unfortunate that Telenor did not consider it necessary to identify the wider clauses in question, nor indeed was it able to do so when asked about this by the Tribunal at the jurisdiction hearing."

701 *Telenor* Par. 88.

702 *Telenor* Par. 89.

gegnet werden, weil es zu Unsicherheit und Instabilität führe[703]. Dies zeige sich auch in der Anwendung des Art. 31 VCT, der auf den gewöhnlichen Wortlaut einer Norm abstelle. Nicht offensichtlich erfasste Aspekte wie prozessuale Wirkungen müssten deshalb explizit vom Wortlaut indiziert sein[704]. Auch die Staatenpraxis bestärke dieses Ergebnis. Vor allem müsse das Augenmerk für die Intentionen der Vertragsparteien gewahrt werden, ohne diese mit der Perspektive eines Investors zu vermischen, der selbst nicht einmal Vertragspartei des BIT wurde[705]. Seine Sicht unterwandere eine Auslegung i. S. der Vertragsparteien und entwerte spezifisch vereinbarte *public policy considerations*. Norwegen habe z. B. in den anderen 14 seiner 15 verfügbaren BITs eine deutlich weitere Rechtsschutzklausel vereinbart, während die meisten ungarischen Verträge eine ICSID-Zuständigkeit restriktiver handhabten[706]. Es spreche daher alles für eine spezifisch gewählte Klausel, die für beide Parteien nicht zur Disposition stehe[707].

Das Tribunal wies deshalb Telenors Vortrag zurück und begrenzte die Wirkung der Meistbegünstigungsklausel auf substantielle Besserstellungen[708], da die BIT-Praxis einen bewusst restriktiven Rechtsschutz dokumentiere und die Klausel in ihrem engen Wortlaut *Plama* vergleichbar sei. Legte man den BIT anders aus, ermöglichte dies eine vollständige Ersetzung der Rechtsschutzklausel, was der Intention des Vertragswerks widerspräche[709].

b) Bewertung

Entgegen einem in *Gas Natural*, *National Grid* und *Suez/Vivendi* einsetzenden Trend sprach sich das *Telenor*-Tribunal gegen prozessuale Meistbegünstigung aus.

---

703 *Telenor* Par. 93 f.

704 *Telenor* Par. 92.

705 *Telenor* Par. 95.

706 *Telenor* Par. 96.

707 *Telenor* Par. 97.

708 *Telenor* Par. 98.

709 *Telenor* Par. 100 f.

Wie in *Plama* ging es nur knapp auf den Wortlaut der Meistbegünstigungsklausel ein, um danach sofort nachrangige Auslegungsaspekte heranzuziehen. Es stellte einzig auf eine ursprüngliche Bedeutung des Wortlauts ab, indem es betonte, „treatment“ könne einzig die substantielle Behandlung einer Investition meinen[710]. Neben grundsätzlichen Bedenken gegen eine isolierte Eindeutigkeit des Wortlauts[711] ignorierte dieses Verständnis Art. 31 (1) VCT, der gerade auch auf Kontext und Vertragszweck abstellt[712]. Gerade das letzte Argument, der Forderung nach einer expliziten Anordnung prozessualer Wirkungen wie in den mehrfach zitierten Verträgen des Vereinigten Königreichs, kann deshalb nicht überzeugen. Zur Berücksichtigung der Gefahren – nicht nur prozessualer – Meistbegünstigung als Grundlage inhärenter Schranke wurde bereits Stellung bezogen. Gleiches gilt für eine vermeintlich deutliche BIT-Praxis der Vertragsstaaten generell und in spezifisch-strukturellen Fragen[713]. Gerade auch diese Argumentation des Tribunals begegnet Bedenken, denn die angeführte Praxis ist bestenfalls mehrdeutig. Dies zeigt schon, dass eine investorfreundliche Praxis Norwegens und Ungarns restriktives Pendant zu einer übereinstimmenden *public policy* führen sollten[714]. Zwar ist zuzustimmen, dass bei der konkreten Rechtsschutzklausel von einer Vereinbarung spezifischen Charakters auszugehen ist, diese Spezialität zu beweisen ist jedoch nicht ausreichend. Sie wurde nie in Frage gestellt und kann nicht schon aus sich heraus die originäre Meistbegünstigungswirkung beschränken. Da *Telenor* damit auf ähnlichen Erwägungen wie *Plama* beruhte, muss dem Ergebnis aus den gleichen Gründen widersprochen werden.

c) Alternative Lösung

Wenn auch Zweck und Wortlaut keine Einschränkung tragen, muss auch hier der zweiten für die Auslegung einer Meistbegünstigungsklausel bedeutsamen Grenze *ejusdem generis* Aufmerksamkeit gewidmet werden.

---

710 *Telenor* Par. 92.

711 *Stein/von Buttlar* Völkerrecht § 4 Rn. 82.

712 „A treaty shall be interpreted in good faith in accordance with the ordinary meaning to be given to the terms of the treaty **in their context and in the light of its object and purpose**.“ – Hervorhebung durch den Verfasser.

713 Vgl. zu beidem die Berücksichtigung der Subsidiaritätsklausel in *Salini*.

714 *Telenor* Par. 96.

Der norwegisch-ungarische BIT wies gegenüber dem bulgarisch-zypriotischen BIT mit begrenzter Schiedsgerichtsbarkeit strukturelle Parallelen aber auch inhaltliche Unterschiede in deren Reichweite auf, die es rechtfertigten, im konkreten Fall zu einem anderen Ergebnis als in *Plama* zu kommen. Schon die Vertragstruktur zeugte von einem höheren Status der Gerichtsbarkeit zwischen Investor und Gaststaat unter dem norwegisch-ungarischen BIT. Diesem wurde hier ein eigener Artikel gewidmet, der einen deutlich weiteren Kreis von Rechten erfasste. Neben der Entschädigung für Verluste durch Krieg oder Revolution (Art. V) und bei Enteignungen (Art. VI) waren auch nachgelagerte Fragen umfasst, was einen weiteren Anwendungsbereich als im bulgarisch-zypriotischen Art. 4 (4.1) eröffnete. So machte Art. XI auch Rückführungsfragen i. S. des Art. VII zum möglichen Gegenstand eines ICSID-Verfahrens. Das System des Art. XI verdiente damit die Einstufung als selbständiges Element der Streitbeilegung innerhalb der Vertragsmaterie und stellte somit ein Gegenstück zur engen Materie des bulgarisch-zypriotischen BIT dar. Dem Erfordernis korrespondierender Vertragsmaterien unter *ejusdem generis* wäre damit Genüge getan und die Meistbegünstigungswirkung nicht auf materielle Standards begrenzt.

Die verbleibende Grenze der Meistbegünstigungswirkung offenbarte sich damit in einer vollständigen Funktionslosigkeit des Art. XI durch die Anwendung einer Drittvertragsklausel. Diese Frage konnte wegen Telenors Säumnis bei der Nennung eines vorteilhafteren BIT für den konkreten Fall nicht abschließend beantwortet werden. Sie dürfte aber unter den bereits in *Plama* diskutierten Gesichtspunkten für eine Blankoklausel wie den Art. 6 des britisch-bulgarischen BIT[715] gelten. Den Art. 8 des kroatisch-ungarischen BIT[716] würde sie hingegen

---

[715] Der Wortlaut findet sich unter E. IV. 2. Zuständigkeit aus Meistbegünstigung.

[716] "1. Any dispute which may arise between an investor of one Contracting Party and the other Contracting Party in connection with an investment on the territory of that other Contracting Party shall be settled peacefully by consultation and negotiation either directly or through diplomatic channels.

2. If such dispute between an investor of one Contracting Party and the other Contracting Party can not be thus settled within a period of six months, the investor shall be entitled to submit the case either to:

a) the International Centre for Settlement of investment Disputes (ACCEDE) having regard to the applicable provisions of the Convention on the Settlement of investment Disputes between States and Nationals of other States opened for signature at Washington DC on 18 March 1965, in the event both Contracting Parties shall have become a party to this Convention; or

nicht erfassen, da dieser in der Festlegung eines sechsmonatigen Verhandlungszeitraumes an anderer Stelle restriktiver als Art. XI wirkte, der lediglich eine dreimonatige Verhandlungsfrist vorsah.

---

b) an arbitrator or international ad hoc arbitral tribunal established under the Arbitration Rules of the United Nations Commission on International Trade Law (UNCITRAL). The parties to the dispute may agree in writing to modify these Rules.

3. The arbitration award shall be base on,

- the provisions of this Agreement,

-the rules and the universally accepted principles of international law.

4. The arbitration decisions shall be final and binding for the parties in conflict. Each Contracting Party undertakes to execute the decisions in accordance with its national law."

F. Auswertung

Innerhalb der investitionsschutzrechtlichen Fälle lässt sich kein einheitliches System prozessualer Meistbegünstigung ausmachen.

Vielmehr finden sich zwei unterschiedliche Ansätze, deren jeweilige Grundaussagen in den ersten vier Schiedssprüchen herausgearbeitet und von den übrigen Tribunalen ausschließlich wiederholt wurden. Jeder der beiden Ansätze hat sich ausschließlich an einer konkreten prozessualen Meistbegünstigungswirkung herausgebildet. Für die Verkürzung prozessualer Wartefristen sprachen sich ursprünglich die Tribunale in *Maffezini* und *Siemens* sowie die späteren Schiedssprüche *Gas Natural*, *National Grid* und *Suez/Vivendi* aus. Abgelehnt wurde eine Zuständigkeitseröffnung über Meistbegünstigung von *Salini*, *Plama* und *Telenor*.

In Anbetracht der grundlegend unterschiedlichen Herangehensweise beider Ansätze und der teils vehementen Ablehnung des anderen Konzeptes scheint es unwahrscheinlich, dass sie zu einem einheitlichen System kombiniert werden können. Wollte man dies erreichen, bliebe kaum mehr, als nach Fallgruppen zu differenzieren und für mögliche weitere Konstellationen schlicht abzuwarten. Um entgegen einer solch punktuellen rein fallrechtlich geprägten Herangehensweise zu einer dogmatisch einheitlichen Lösung zu gelangen, sollen nun die wesentlichen Determinanten der Systeme herausgestellt und analysiert werden. Dabei wird der Blick weniger auf dem konkreten BIT geschuldete Besonderheiten des Wortlauts als auf prägende Konstellationen der aufgeworfenen Probleme gerichtet.

I. Gegenüberstellung der investitionsschutzrechtlichen Ansätze

1. Gestattung prozessualer Meistbegünstigung

Die wesentlichen Aspekte der Zulässigkeit einer prozessualen Meistbegünstigungswirkung wurden in *Maffezini* herausgearbeitet und in den anschließenden Schiedssprüchen regelmäßig zur Argumentationsgrundlage gemacht[717].

---

[717] *Siemens* Par. 103 ; *Gas Natural* Par. 45; *Suez/Vivendi* Par. 69.

Das Tribunal betonte einen weiten Wortlaut der Meistbegünstigungsklausel. Dieser wurde als Beleg grundsätzlicher Offenheit der Norm für prozessuale Gestaltungen gewertet[718]. Neben weiterer Vertragspraxis stellte es vor allem auf eine teleologische Begriffsbestimmung ab, die den Wert prozessualer Durchsetzung für den Nutzen materieller Schutzstandards betonte. Als Grundlage dienten hier vor allem die im *Ambatielos*-Schiedsspruch herausgestellten Erwägungen. Wie auch seine Nachfolger kam das *Maffezini*-Tribunal mit der genannten Argumentation zu einer grundsätzlich weit intendierten Meistbegünstigung, die sich gerade auch auf prozessual wirkende Privilegien erstrecke. Das Konzept wurde mit der „engeren" Meistbegünstigungsklausel in *Siemens* außerdem auf Fälle erweitert, in denen es an einer umfassend formulierten Meistbegünstigungsklausel fehlte. Daneben griffen die Tribunale in den Folgekonstellationen auch auf weitere Vertragspraxis zurück, sie beriefen sich jedoch vor allem auf die Zweckdienlichkeitserwägungen[719], die investitionsschutzrechtlich zuerst in *Maffezini* angestellt wurden.

Gleichzeitig identifizierte dessen Tribunal *public policy considerations* als inhärente Grenze prozessualer Meistbegünstigung[720], die in keinem der folgenden Schiedssprüche von *Siemens* bis *Suez/Vivendi* kritisiert und auch auf materielle Konstellationen übertragen wurden[721]. Deren überwiegend subjektive Begründung knüpfte an Erwägungen, die den Argumenten der Kritiker prozessualer Meistbegünstigung ähnlich sind und ihren Grund vor allem in der Verhinderung eines als schädlich herausgestellten *disruptive treaty shopping* finden. Es dürfe dem Investor durch die Berufung auf Meistbegünstigung nicht gestattet werden, *public policy consideration* als spezifische Elemente eines Vertragswerks zu umgehen, solange die Vertragsparteien diesen besonderes Gewicht beim Abschluss des BIT beigemessen hätten[722]. Die nicht abschließende Aufzählung der vier Regelbeispiele fand dabei sowohl bei Befürwortern wie Gegnern – von diesen wurde jedoch die dogmatische Begründung kritisiert[723] – prozessualer Meistbegünstigung Zuspruch.

---

[718] *Maffezini* Par. 69.

[719] *Siemens* Par. 103; *Gas Natural* Par. 49, 29; *National Grid* Par. 86; *Suez/Vivendi* Par. 63.

[720] *Maffezini* Par. 62 f.

[721] *Tecmed* Par. 69 f.

[722] *Maffezini* Par. 62 f

[723] *Plama* Par. 221.

Neben seiner vermeintlich restriktiveren Meistbegünstigungsklausel fiel *Siemens* vor allem durch das gestattete *cherry picking*[724] auf, das in seiner konkreten Weite und Gestalt nicht nur von Gegnern prozessualer Meistbegünstigung kritisiert wurde und deshalb kaum zum engeren Kern der befürwortenden Systematik gerechnet werden kann.

Nach der grundsätzlich anerkennenden Konstruktion, die bisher allein auf die Verkürzung von Warte- und Verhandlungsfristen vor der Einleitung eines Schiedsverfahrens Anwendung fand, ist jeder Meistbegünstigungsklausel, aus deren Anwendungsbereich prozessuale Besserstellungen nicht explizit ausgenommen sind, eine weite zweckgebundene Wirkung inne. Die Regel steht jedoch unter dem Vorbehalt spezifischer Ausnahmen, die von der Bedeutung spezieller Regelungen für die Vertragsparteien des BIT abhängen.

2. Ablehnung prozessualer Wirkungen

In den ablehnenden Fällen nehmen *Salini* durch die im BIT niedergelegte Subsidiaritätsklausel – als spezielle Begrenzung – und *Plama* auf Grund seiner ausführlichen Kritik am *Maffezini*-Konzept – als allgemeine Einschränkung – prozessualer Meistbegünstigung die wesentlichen Positionen ein. Gegenstand beider Schiedssprüche war wie in deren Bestätigung *Telenor* der Versuch einer Zuständigkeitseröffnung über Meistbegünstigung.

Die Tribunale in *Plama* und *Telenor* bezogen sich als Grundlage ihrer allgemeinen Ablehnung auf von prozessualer Meistbegünstigung verursachte Auflösungserscheinungen, die zur Ersetzung kompletter Rechtsschutzregime führen könnten. Mit Unbestimmbarkeit und fehlender Eindeutigkeit der über Meistbegünstigung begründeten Schiedsvereinbarung wurde darüber hinaus ein inhaltlich verwandtes Argument angebracht, dass auf Besonderheiten „dynamischer Schiedsvereinbarungen" einging. Die aus *Salini* bekannte Subsidiaritätsklausel reflektierte den spezielleren Kern dieser Argumentation, der auf die Spezialität der streitgegenständlichen Klausel abstellte und dieser deswegen den Vorrang gegenüber unspezifisch allgemeiner Meistbegünstigung einräumte. Tragendes Element der ablehnenden Spruchkörper war damit die unter Berücksichtigung eines hypothetischen Parteiwillens abgelehnte Umgehung spezifischer Rechtsschutzsysteme, die zu einer Entwertung essentieller Vertragsbestandteile führe. Diese könne weder im Lichte der speziellen Vertragsvereinbarungen noch aus

724 *Siemens* Par. 117.

allgemeiner Perspektive überzeugen, da sie auf Grund ihrer Unbestimmtheit den Erfordernissen wirksamer Schiedsvereinbarungen nicht gerecht werde. Gegenteilige Intentionen der Vertragsparteien könnten aus den genannten Gründen keiner Meistbegünstigungsklausel beigemessen werden, solange es am direkten Nachweis eines solchen Willens fehle.

Systematisch stellt prozessuale Meistbegünstigung nach dieser ablehnenden und dogmatisch vorrangig in *Plama* anzusiedelnden Konzeption den seltenen Ausnahmefall dar, während eine rein materielle Meistbegünstigungswirkung den intendierten und deshalb nicht nachweisbedürftigen Regelfall bildet. Wegen dieser grundlegend unterschiedlichen Weichenstellung bedarf die prozessuale Meistbegünstigung hier keines gesonderten Schrankenregimes, da sie ohnehin nur selten vorkommt.

3. Vergleich

Beide Konzepte werden nun nach der bisherigen vorrangig rechtlichen Untersuchung und Bewertung auf ihre tatsächlichen Konsequenzen untersucht.

a) Weiter Anwendungsbereich der inhärenten Grenzen

Dass es nach *Plama* nur selten zur Einbeziehung prozessualer Privilegien in den Meistbegünstigungsstandard kommen wird, steht außer Frage. Unklar ist jedoch, in welchem Ausmaß die durch *Maffezini* definierten Ausnahmen prozessuale Wirkungen unterbinden.

Es scheint insoweit, dass die Grenzen der *public policy considerations* bereits in den vier explizit benannten Fällen einen äußerst weiten Kreis des zuvor eröffneten prozessualen Anwendungsbereiches abdecken und folglich wieder ausschließen. Zwar mag der Anwendungsbereich einer echten *local-remedies-rule* im Investitionsschutz gering sein[725], dies gilt jedoch nicht für eine *fork-in-the-road-clause*, die Vereinbarung spezifischer ICSID-Gerichtsbarkeit oder anderer institutionalisierter Streitschlichtungsmechanismen[726]. Vergleicht man diese nicht einmal abschließende Aufzählung mit der Rechtsschutzklausel des deut-

---

[725] *Schreuer* ICSID-Commentary Art. 26 Rn. 95.

[726] Siehe die Darstellung bei *Dolzer/Stevens* BITs S. 144 ff.

schen Mustervertrages, wird deutlich, dass sie nahezu alle innerhalb der Norm genannten Aspekte umfasst. Die einzigen Ausnahmen bilden aus *Maffezini* bekannte Wartefristen, für die eine Umgehung im Wege prozessualer Meistbegünstigung sogar nach *Plama* zumindest als *common sense-exception* akzeptiert wurde[727]. Der Versuch einer Zuständigkeitseröffnung nach *Salini*, *Plama* und *Telenor* dürfte umgekehrt von der Ausnahme eines verbindlich vereinbarten Schiedsforums erfasst sein und wäre damit auch nach dem *Maffezini*-System im Ergebnis kaum zugelassen worden.

Tatsächlich offenbart diese umfassende Wirkung der inhärenten Grenzen prozessualer Meistbegünstigung, dass die Ergebnisse wohl einzig bei der Bestimmung der konkreten Besserstellung in *Siemens* auseinander gehen würden. Ob diese allerdings überhaupt in *Maffezini* mitgetragen worden wäre, darf bezweifelt werden. Weitere tatsächliche Differenzen erscheinen bereits in Anbetracht der inhaltlichen Tragweite der nach *Maffezini* formulierten Ausnahmetatbestände unwahrscheinlich. Auch die grundsätzliche Offenheit der *public policy considerations* für bis jetzt nicht bedachte wesentliche Vertragselemente[728] untermauert, dass sich beide Ansätze bei reiner Ergebnisbetrachtung näher sind, als die rechtstechnische Bewertung vermuten ließ und gerade die Sonderstellung *Siemens* legt nahe, dass bei den Ansätzen aus Maffezini und Plama regelmäßig identische Ergebnisse erzielt werden, die nur vordergründig auf unterschiedliche Grundkonstruktionen gründen. Tatsächlich führen die *public policy considerations* exakt zum von den Gegnern prozessualer Meistbegünstigung explizit favorisierten Ergebnis.

b) Ergebnis

Damit greifen beide Rechtsprechungslinien auf eine dogmatisch gegenteilige Beurteilung prozessualer Meistbegünstigung im Verhältnis von Regel und Ausnahme zurück, tatsächlich sind die Ergebnisse jedoch trotz dieser technischen Gegensätze nahezu identisch.

---

727 *Plama* Par. 224.

728 Vgl. insoweit auch die Rezeption in *Tecmed* Par. 69.

II. Zusammenfassende Bewertung und systematische Einordnung

Für und Wider prozessualer Meistbegünstigung werden nun anhand der in den Ausgangsfällen als wesentlich identifizierten Aspekte zusammenfassend untersucht. Die Schwerpunkte liegen hierbei auf der Bestimmung eines Verhältnisses von Regel und Ausnahme sowie der adäquaten Definition vermittelbarer Besserstellungen.

1. Zulässigkeit prozessualer Meistbegünstigung

a) Wortlautgrenze

Eindeutigkeit im Sinne einer *ordinary meaning rule* kann dem Wortlaut meist nicht zugesprochen werden. Er fungiert daher vorrangig als absolute Grenze der Auslegung und steckt somit der Interpretation einen Rahmen ab, in dessen Reichweite die tatsächliche Begrifflichkeit unter Berücksichtigung von Vertragssystematik und Zweck zu bestimmen ist.

Der Schiedspraxis ist damit zwar zuzugeben, dass einer Meistbegünstigungsklausel des Wortlauts „**all matters** subject to this agreement" wie in *Maffezini* eine gewisse Weite eigen ist, die explizite Anerkennung prozessualer Meistbegünstigung bedeutet sie jedoch nicht, da weder ein deutlicher Ein- noch Ausschluss prozessualer Wirkungen vorliegt. Die vermeintlich „weite" Meistbegünstigungsklausel dient damit vor allem als Ausschluss einer andernfalls zu beachtenden Wortlautgrenze. Diese Funktion ist jedoch auch in einer eventuell enger gefassten Klausel angelegt, die z. B. nur an das „**treatment** of an investment"[729] anknüpft. Solange jedoch auch die engere Klausel keinen eindeutigen Ausschluss prozessualer Meistbegünstigung enthält, muss auch sie ausgelegt werden.

Ein weiter Wortlaut wird damit nicht *per se* Voraussetzung prozessualer Meistbegünstigung; vielmehr bleibt er dogmatisch als Ausschluss einer andernfalls zu beachtenden Wortlautgrenze und damit funktional als negatives Abgrenzungskriterium beachtlich. Eine prozessuale Meistbegünstigung begründende Funktion kommt ihm hingegen nur im Falle expliziter Regelungen wie Art. 3 (3) des albanisch-britischen BIT zu. Fehlt es hieran, ist im Kontext der meistbegünsti-

[729] So die Klausel in *Salini* Par. 104.

gungspezifischen Interpretationsregel *ejusdem generis* unter systematischen Gesichtspunkten zu untersuchen, ob die Vertragsparteien prozessuale Meistbegünstigung zulassen wollten.

b) Ejusdem generis

Das deutliche Beispiel einer mehrdeutigen und damit auslegungsbedürftigen Klausel bot der argentinisch-deutsche BIT in Art. 3 (1) und (2). Beide Absätze sprachen lediglich davon, dass die Vertragsparteien Meistbegünstigung gewähren. Zu deren tatsächlichem Umfang oder Anknüpfungspunkt sagten sie jedoch nichts. Für die Auslegung einer solchen Klausel ist folglich auf *ejusdem generis* zurückzugreifen. Nichts anderes kann für jede andere mehrdeutige Meistbegünstigungsklausel gelten, egal ob „offen“ oder „restriktiv“ formuliert.

Nach *ejusdem generis* bestimmt sich anhand der vertraglich geregelten Materie implizit der Anwendungsbereich der Meistbegünstigung[730]. Sind im einschlägigen Vertrag Regelungen zum betroffenen Schutzstandard zu finden, begründet diese systematische Parallele die Anwendung der Meistbegünstigungsklausel auf alle Materien im überschneidenden Bereich von Ausgangsvertrag – und damit der Meistbegünstigungsklausel – sowie der Drittvertragsmaterie.

Die Auslegung nach der Vertragsmaterie kann damit vergleichbar dem Wortlaut als Meistbegünstigungsgrenze aufgefasst werden, da sie zu deren Ausschluss führt, wenn keine ausreichende Überschneidung der *subject matter* gegeben ist. Gleichzeitig kommt ihr jedoch auch eine begründende Funktion zu, soweit der in Rede stehende Regelungsgegenstand Bestandteil eines Vertrages ist. Bezogen auf prozessuale Wirkungen in Schiedsverfahren zwischen Investor und Gaststaat dürfte wegen der BIT-Besonderheit, weit reichende Schiedsklauseln anzubieten[731], das Ergebnis der Auslegung *ejusdem generis* als funktionale Begründung prozessualer Meistbegünstigung überwiegen.

---

730 *Dolzer* FS Ress S. 47; *Ustor* Most-Favoured-Nation-Clause EPIL III, 468 (471 f.); *Sacerdoti* RdC 1997 (269), 251 (345 ff.); *Dolzer/Stevens* BITs S. 66.

731 *Füracker* SchiedsVZ 2006, 236 (238 f.).

c) Auslegung nach dem Vertragszweck

Das nach *ejusdem generis* zu erwartende systematische Ergebnis regelmäßiger prozessualer Wirkungen wird bei zweckorientierter Auslegung untermauert und macht die Zulassung prozessualer Meistbegünstigung umso wahrscheinlicher.

Die in *Ambatielos* entwickelte Argumentation gründete auf den grundlegenden Zweck eines BIT, gegenseitige Investitionsaktivität durch privates Handeln zu fördern. Gerade die intensive Bindung materieller Schutzstandards an Mechanismen zu ihrer Durchsetzung[732] trägt dem Zweck vorteilhafter Investitionsbedingungen als Motivation ausländischer Investoren[733] Rechnung. So erkannte auch das *Plama*-Tribunal an, dass es aus der Sicht des Investors durchaus vorteilhafter ist, überhaupt ein Schiedsverfahren einleiten zu können, als hierauf zu verzichten[734]. Gleiches muss gelten, wenn ihm dieser Schritt durch den Vergünstigungsimport erleichtert wird. Dieser Konsequenz traten jedoch vor allem *Plama* und *Telenor* mit dem pauschalen Einwand, eine solche Herangehensweise übervorteile Investoren oder unterlaufe durch eine zu starke Objektivierung den wirklichen Parteiwillen[735], entgegen. Man ignoriere die Perspektive der Vertragsstaaten und ersetze sie mit den Ansichten des Investors, der selbst ja nicht einmal Partei des BIT geworden sei[736]. Solche auch in anderem Zusammenhang vorgebrachten allgemeinen Einwände[737] können vor Art. 31 und 32 VCT jedoch nicht überzeugen, da diese den Vertragszweck gleichrangig zu weiteren Auslegungskriterien anerkennen und nur restriktiv die Berücksichtigung allgemeiner subsidiärer Erwägungen gestatten. Diese Erkenntnis ist weder für materielle Meistbegünstigung[738] noch in anderen investitionsschutzrechtlichen Zusammenhängen neu[739].

---

732 *Ambatielos* ILR 23, 306 (319).

733 *Wegen/Raible* SchiedsVZ 2006, 225 (229 f.).

734 *Plama* Par. 208.

735 *Plama* Par. 193; *Sinclair* VCT S. 130.

736 *Telenor* Par. 95.

737 *Noble Ventures, Inc. v. Romania*, Case No. ARB/01/11 Award 12. Oktober 2005, Par. 52.

738 *MTD* Rn. 103 f.

739 *Noble Ventures* Par. 52.

Auch bei zweckorientierter Interpretation kann damit im Regelfall davon ausgegangen werden, dass prozessuale Wirkungen nicht dem Anwendungsbereich der Meistbegünstigung entzogen sind, sondern gerade wegen ihrer Zweckdienlichkeit regelmäßig erfasst werden.

d) Ergebnis

In der Auslegung einer Meistbegünstigungsklausel auf ihre prozessualen Wirkungen sind damit folgende Kriterien zu beachten:

Der Auslegung bedarf es nur in Fällen eines nicht klar und eindeutig bestimmten Wortlauts. Dieser dient andernfalls als Grenze der Meistbegünstigung, kann aber gleichzeitig trotz eventueller Weite nicht zur Begründung prozessualer Wirkungen herangezogen werden. In diesem empirisch häufigsten Fall ist systematisch die Auslegung nach *ejusdem generis* vorzunehmen[740]. Diese wird wegen der strukturellen Besonderheit, dass BITs regelmäßig eigene Rechtsschutzsysteme – auch für den Investor selbst – offerieren[741], meist dazu führen, dass Meistbegünstigungsklauseln auch Anwendung auf diese Elemente finden. Schließlich bildet gerade der besondere Rechtsschutz einen integralen Bestandteil des Investitionsschutzinstruments und ist dem Ziel der Investitionsförderung dienlich, indem er materiellen Standards zur Durchsetzung verhilft[742]. Diese Erwägung gebietet ebenso unter zweckorientiert-objektivierter Auslegung, den Anwendungsbereich der Meistbegünstigung innerhalb der Wortlautgrenzen weit zu verstehen.

Grundsätzlich ergibt damit die notwendige Auslegung der Meistbegünstigungsklausel eines BIT wegen dessen konzeptioneller Gewährleistung und Betonung adäquaten Rechtsschutzes regelmäßig eine Anwendung auf prozessuale Standards vorbehaltlich konkreter Besonderheiten in Wortlaut und Systematik.

---

740 So im Ergebnis auch *Sutton* Arb Int 21 (2005), 113 (125).

741 *Sornarajah* Foreign Investment S. 250; *Dolzer/Stevens* BITs S. .129 ff

742 *Gas Natural* Par. 49, 29.

2. Grenzen der Meistbegünstigungswirkung

Gegen diese in *Maffezini* und der anerkennenden Rechtssprechung herausgearbeitete Grundkonstellation sind vor allem in *Plama* aber auch *Maffezini* selbst subjektiv begründete Einwände als inhärente Grenzen prozessualer Meistbegünstigung vorgebracht worden. Diese Aspekte sollen wegen ihrer Ähnlichkeit und der Parallelen ihrer praktischen Berücksichtigung gemeinsam abgehandelt werden.

a) (Disruptive) treaty shopping

Die Gefahr eines *disruptive treaty shopping* wurde einhellig betont. Das *Maffezini*-Tribunal erblickte in den nicht erschöpfend aufgelisteten Ausnahmen einer *local-remedies-rule*, einer *fork-in-the-road-clause*, eines spezifischen Streitschlichtungsforums und eines *highly institutionalized system*[743] notwendige Sicherungen, während prozessuale Meistbegünstigung nach *Plama* an sich als verunsichernd und damit dem Zweck des Investitionsschutzes abträglich[744] eingestuft wurde. Zwar bliebe gemäß *Maffezini* zumindest technisch prozessuale Meistbegünstigung die Regel unter Ausnahmevorbehalt, während *Plama* diese Relation umkehrte; unter bloßer Ergebnisbetrachtung nehmen sich beide Ansätze aber wie dargestellt nichts.

Zumindest im *Maffezini*-Zusammenhang widerspricht dieses tatsächliche Ergebnis der zuvor aufwändig begründeten Anerkennung prozessualer Meistbegünstigungswirkungen. Dass rein auf Unsicherheit basierende Erwägungen als Beurteilungsgrundlage vor der Auslegung nach VCT nicht überzeugen, hat die bisherige Analyse gezeigt. Gleiches muss gelten, wenn identische Einschränkungen auf nachgelagerter Ebene erneut Eingang in die Beurteilung finden sollen. Selbst wenn sie technisch diesmal als Grenze einer grundsätzlich zulässigen prozessualen Meistbegünstigung behandelt werden, ändert diese rein kosmetische Modifikation nichts daran, dass im Ergebnis weiterhin nahezu alle denkbaren Fälle prozessualer Meistbegünstigung ausgeschlossen bleiben. Von daher sind die Einwände in der angeführten Pauschalität nicht aufrechtzuerhalten. Mit der Rechtsdurchsetzung des Investors würde ein in Anbetracht des Vertragszwecks wesentliches und unerlässliches selbständiges Element investitionsschutzrechtli-

---

743 *Maffezini* Par. 63

744 *Plama* Par. 219.

cher Garantien[745] aus dem Anwendungsbereich der Meistbegünstigung ausgeschlossen, ohne dass hierfür ein systematischer Anhaltspunkt vorliegt. Aus diesem Verständnis ist die Heranziehung subsidiärer Auslegungskriterien über deren rechtspolitische Bewertung hinaus in der tatsächlichen Interpretation abzulehnen. Sie sind systematisch nicht korrekt vorgetragen, solange das Interpretationssystem nach VCT hinreichende Ergebnisse liefert, was für den Fall prozessualer Meistbegünstigung unter BITs regelmäßig eine klare Aussage zu deren Gunsten sein wird.

Wegen der auslegungssystematischen Subsidiarität ihrer Begründungen fehlt es den aufgeführten Ausnahmen folglich an einer belastbaren Begründung, die gerade nicht allein in Spezialitätsgesichtspunkten gesehen werden kann. Jeder völkerrechtliche Vertrag ist das Ergebnis minutiöser Verhandlungen. Dies gilt ebenso für BITs. Jede Regelung ist deshalb speziell ausformuliert und in ihrer konkreten Gestalt Verhandlungstechnik, -gewicht sowie -geschick der Vertragsparteien geschuldet. Eine pauschale Grenzziehung nach der Spezialität schlösse jegliche Meistbegünstigung vollständig aus[746] und beriefe sich dazu schlicht auf deren ursprüngliche Funktion, die nämlich gerade darin besteht, fixe Vertragsgeflechte aufzubrechen und i. S. des Investitionsschutzes „für etwas Unruhe zu sorgen"[747]. Einzig ergänzt um die Gefahr völliger Bedeutungslosigkeit spezifischer Vertragselemente vermag Spezialität unter Wahrung effektiver Vertragsauslegung deshalb, eine Grenzziehung zu rechtfertigen[748]. Auch kann es nicht durchschlagen, dass die Handhabe der Meistbegünstigung in Anbetracht einer mittlerweile schwer überschaubaren Anzahl BITs und anderer Investitionsschutzinstrumente an die Vertragsstaaten zu hohe Anforderungen der Überwachung stellte. Schließlich müssen sie ausschließlich ihre eigenen Verträge überwachen. Des Weiteren wurde das Problem für materielle Meistbegünstigung, die einer identischen Anzahl möglicher Vergleichsstandards unterliegt, ebenso wenig angesprochen[749].

Eine pauschale Berufung auf *disruptive treaty shopping* ist damit im Ergebnis nicht geeignet, als inhärente Grenze prozessualer Meistbegünstigung zu fungieren, da sie Charakteristika der Meistbegünstigung verkennt und ihre konstituie-

---

745 *Wegen/Raible* SchiedsVZ 2006, 225 (231 ff.).

746 *Vesel* YJIL 32 (2007), 125 (169).

747 Vgl. *Vesel* YJIL 32 (2007), 125 (156).

748 C. 2. c) bb) Inhärente Grenzen.

749 *MTD* Par. 103 f.

rende Funktion schlicht unterläuft. Sie kann deshalb lediglich unter Spezialitätsgesichtpunkten i. V. m. effektiver Auslegung im wohl begründeten Einzelfall allgemein intendierte prozessuale Wirkungen limitieren[750].

b) (Hypothetischer) Parteiwille

Ebenso verhält es sich mit einem seitens der Skeptiker prozessualer Meistbegünstigung immer wieder angeführten hypothetischen Parteiwillen[751]. Jene, die sich auf einen solchen berufen setzen regelmäßig eigene Vorbehalte gegen die Zulassung prozessualer Meistbegünstigung mit einem vermeintlich bekannten Parteiwillen gleich. Diesen zogen sie aus rechtspolitisch möglicherweise zutreffend bemängelten Auflösungswirkungen der Meistbegünstigung. So könne es schlicht nicht sein, dass eine unübersichtliche Konstruktion wie prozessuale Meistbegünstigung von den Vertragsparteien gewollt war[752]. Dem Vertragswerk müsse deshalb soweit nötig Geltung verschafft werden, um übermäßige Auflösungserscheinungen zu verhindern.

aa) Bekanntheit des Parteiwillens

Diese Herangehensweise scheint aus mehreren Aspekten kritikwürdig. Sie verkennt nicht nur den Charakter des Meistbegünstigungsstandards als „Störfaktor eines fixen Vertragsgeflechts“, sondern begeht selbst einen systematischen Fehler, den sie Befürworten prozessualer Meistbegünstigung vorwirft. Die Behauptung, eine objektivierte und am – immerhin dokumentierten – Vertragszweck ausgerichtete Interpretation verselbständige sich gegenüber dem tatsächlichen Parteiwillen und relativiere diesen[753], setzt voraus, dass der Wille der Vertragsparteien bekannt ist. Andernfalls kann man kaum eine Entfernung von diesem feststellen. Die bloße Behauptung ist hingegen Anmaßung, denn die Kritiker selbst kennen ja diesen Willen gerade nicht, sonst wäre jegliche Ausle-

---

750 Vgl. C. II. 2. c) cc) Zusammenfassung.

751 *Plama* Par. 219.

752 Interessanterweise bemüht das *Plama*-Tribunal hier eine bloß inhaltlich entgegengesetzte zweckorientierte Auslegung, die es doch beim gegenteiligen *Maffezini*-Ergebnis als unzulässig verwarf!

753 *Sinclair* VCT S. 130; *Plama* Par. 193.

gung überflüssig. Man begeht folglich selbst den Systembruch, eine eigene Auffassung von „richtig und falsch“ über den Vertragszweck zu stellen und zum Maßstab der Auslegung zu machen.

bb) Bedeutung weiterer Vertragspraxis

In diesem Zusammenhang muss erneut auf die bereits als interpretationssystematisch subsidiär eingestufte weitere BIT-Praxis der Vertragsstaaten eingegangen werden. Diese ist wie der tatsächliche Parteiwille keinesfalls so leicht festzustellen, wie dies nach Auffassung einiger Tribunale scheint und damit auch aus diesem Grund nicht als theoretische Grundlage einer Schrankenregelung geeignet.

Zeichnet sich die Praxis eines Vertragsstaats praktisch durch weitgehenden Schutz des Investors aus, während dessen Vertragspartner vorrangig auf die Wahrung eigener Souveränität bedacht ist, kann bereits nicht von Konsens gesprochen werden. Es liegt Dissens vor, der als Fundament eines übereinstimmenden Willens schlicht untauglich ist. Ebenso verhält es sich für die ausbleibende Anpassung eines direkten oder verwandten BIT an aktuelle Entwicklungen. Diese kann unterschiedlich gedeutet werden und z. B. Billigung und Aufnahme oder manifeste Ablehnung der gegenständlichen Entwicklungen bedeuten[754]. Nach einer solchen äußerst bedenklichen Konstruktion könnte man BIT-Staaten in der Pflicht sehen, ihre BITs an die Praxis Dritter anzupassen. Würden zwei Staaten einen Investitionsförderungsvertrag mit expliziter Anordnung oder Ausschluss prozessualer Meistbegünstigung schließen, bedeutete es überspitzt für alle übrigen BITs eine Anpassungspflicht, um nicht über *inclusio unius, exclusio alterius* an das Gegenteil gebunden zu sein. Da ein solches Ergebnis reichlich absurd anmutet und weit reichendes Missbrauchspotential eröffnet, muss der Berücksichtigung jeglicher Eigen- und Drittvertragspraxis über den Aspekt der konkreten Auslegung nach VCT auch aus diesen praktischen Hindernissen widersprochen werden.

Die einzig verlässliche Äußerung des Parteiwillens ist deshalb eine willentliche Anpassung des BIT zwischen den Vertragsparteien, um z. B. einer Entwicklung wie der *Maffezini*-Rechtsprechung Rechnung zu tragen.

---

[754] C. I. 1. Auslegungsgrundsätze.

cc) Zusammenfassung

Grundlage jeder Rechtsnorminterpretation ist und bleibt deren Wortlaut in Anbetracht von Systematik und Zweck (Art. 31 VCT). Erst wenn systematische und wortlautspezifisch-zweckorientierte Quellen ergebnislos ausgeschöpft sind, kann es statthaft sein, sich subsidiärer Interpretationshilfen zu bedienen. Dieses Herangehen versucht ergebnisoffen anhand des vorhandenen Textmaterials als der Verkörperung des Parteiwillens, diesen zu erforschen[755], statt apodiktisch die eigene Rechtsauffassung zu verallgemeinern und als Substitut eines vermeintlich bekannten Parteiwillens zur Grundlage ihrer eigenen Bestätigung zu machen. Der Parteiwille lässt sich im auslegungsbedürftigen Fall am besten anhand des von den Vertragsparteien festgelegten Texts objektiv feststellen.

Als Grenze jeglicher Auslegung – nicht nur der im Rahmen der Zulässigkeit prozessualer Meistbegünstigung – ist ein vermeintlich bekannter oder anhand sekundärer Kriterien deduzierter Parteiwille deshalb abzulehnen und die Annahme inhärenter Grenzen einzig aus dem Gedanken effektiver Auslegung eines speziellen Vertragselementes zu rechtfertigen.

c) Cherry picking

Vergleichbar dem Einwand einer durch prozessuale Meistbegünstigung entstehenden Gemengelage kann auch das aus *Siemens* bekannte *cherry picking*[756] keine grundsätzliche Einschränkung bewirken. Die Untersuchung hat gezeigt, dass dessen kritisches Resultat[757] nicht prozessualer Meistbegünstigung als solcher, sondern einem Missverständnis des Nichtdiskriminierungsstandards geschuldet war. Erst die übermäßig weite Fassung des Vergünstigungsbegriffs durch das Tribunal – indem es in der konkreten Anwendung die standardspezifischen Nachteile ausklammerte – konnte zum überzeugend kritisierten Ergebnis einer tatsächlichen Besserstellung statt bloßer Gleichbehandlung führen[758]. Das Problem ist damit gerade keine Facette prozessualer Meistbegünstigung. Es illustriert schlicht das Extrem einer von deren spezifischen Grundsätzen abwei-

---

[755] *Stein/von Buttlar* Völkerrecht § 4 Rn. 83.

[756] *Siemens* Par. 120.

[757] *Happ* SchiedsVZ 2005, 21 (24).

[758] Ebenso *Vesel* YJIL 32 (2007), 125 (169).

chenden Anwendung und muss deshalb auch unter diesem Aspekt betrachtet werden.

d) Zusammenfassung

Bedenken gegen prozessuale Meistbegünstigung laufen auf eine gemeinsame Begründung hinaus, unabhängig ob sie als *treaty shopping* oder *public policy considerations* vorgetragen werden. Grundsätzlich handelt es sich um rechtspolitische Erwägungen, die in der Auslegung gegen die vorrangigen Kriterien des Art. 31 VCT keine überwiegende Geltung beanspruchen dürfen. Gleichwohl können sie ausnahmsweise geeignet sein, als konkrete Schranke prozessualer Meistbegünstigung zu wirken und damit unter Spezialitätsgesichtpunkten Grenzen zu setzen. Um diesen Ausnahmefall jedoch tatsächlich zu erreichen, genügt es nicht, Meistbegünstigung als Gefahr darzustellen. Es muss vielmehr im konkreten Vertragsverhältnis der Nachweis völliger Entwertung eines Vertragselementes und damit der Verstoß gegen die Regeln effektiver Interpretation geführt werden, um einer regelmäßig speziellen Regelung den Vorrang vor Meistbegünstigung zu gewähren[759].

Die Gefahren prozessualer Meistbegünstigung wurden folglich selbst von ihren Befürworten inhaltlich übertrieben[760], da es sich gerade beim *disruptive treaty shopping* nicht um eine abwegige Konsequenz, sondern die intendierte Wirkung notwendig souveränitätsverkürzender Meistbegünstigung[761], handelt. Den in *Plama* aber auch *Maffezini* inhaltlich vergleichbar vorgetragenen Bedenken uneingeschränkt durch das Ausnahmesystem Rechnung zu tragen, hieße deren Kern über die Erfassung aller wesentlichen Fälle prozessualer Meistbegünstigung auszuhöhlen. Dieses Herangehen kann schon deshalb nicht überzeugen, weil es einer effektiven Interpretation der Meistbegünstigungsklausel selbst zuwiderliefe. Der Platz allgemeiner rechtspolitischer Erwägungen ist deshalb in der politischen Beratung als Grundlage der Verhandlung und Gestaltung neuer BITs, soweit bestimmte Meistbegünstigungswirkungen konkret verhindert werden sollen.

---

759 E. I. 3. b) Ausnahmen zur weiten Auslegung..

760 So auch *Gaillard* NYLJ (Vol. 233) No. 105.

761 *Sornarajah* Foreign Investment S. 308.

3. Begriff der Besserstellung

Zur Ausgestaltung prozessualer Meistbegünstigung kommt *Siemens* eine bedeutende Rolle zu. Dies betrifft nicht bloß die Vermeidung einer „Rosinentheorie", sondern auch *Plamas* Frage, ob denn die abstrakte Definition einer Besserstellung überhaupt möglich sei[762].

a) Globalbetrachtung des einschlägigen Schutzstandards

Das in *Siemens* gestattete *cherry picking* rief deutliche Kritik hervor, da die isolierte Betrachtung jeder Vergünstigung einen Bruch zum System der Meistbegünstigung darstellte[763].

Zwar ist dem Tribunal zuzugeben, dass Meistbegünstigung die Privilegien eines Vertrages in einen anderen überträgt, ohne Rücksicht auf Zugeständnisse andernorts zu nehmen; diese isolierte Betrachtung kann aber nur im Verhältnis der Schutzstandards untereinander gelten. Sie steht nicht im Widerspruch zur im Schiedsspruch zitierten Passage[764] und den weiteren Feststellungen der ILC[765], solange berücksichtigt wird, dass der Besserstellungsbegriff sich systematisch auf einen gesamten Schutzstandard bezieht. Nur dann ist es möglich, effektiv zu vergleichen, ob der Schutz nach dem Drittvertrag weiter reicht als nach dem Ausgangsvertrag. Denn jeder Standard kann Elemente enthalten, die dem anderen gänzlich fremd sind. Man würde sprichwörtlich „Äpfel und Birnen" vergleichen. Schließlich ist auch die Grenze des einschlägigen Schutzstandards eine auf den vergleichbaren Drittlandinvestor anzuwendende Rechtswirkung, die maßgeblich mitbestimmt, ob er tatsächlich besser steht. Wegen der undifferenzierten Übertragung eines bloßen Elements des Schutzstandards der individuellen Rechtsdurchsetzung ohne Berücksichtigung einhergehender Schranken kann die Herangehensweise des *Siemens*-Tribunals deshalb nicht überzeugen. Derartige Meistbegünstigung verkörpert keine Nichtdiskriminierung mehr, sondern überzeichnet durch unsaubere Grenzziehung deren Anwendung.

---

762 *Plama* Par. 208.

763 E. II. 3. d) Ausschließliche Vermittlung der Besserstellung.

764 *Siemens* Par. 116.

765 *ILC* YBILC 1978 II, 27 (30).

Dem *cherry picking* ist deshalb auf anwendungstechnischer Ebene durch eine Vergleichbarkeit gewährleistende Gesamtbetrachtung des einschlägigen Schutzstandard zu begegnen. Diese garantiert, dass Meistbegünstigung wie intendiert nur die Gleichbehandlung und keine Besserstellung eines Investors bewirkt. Sie entschärft damit auch einen Teil des *disruptive treaty shopping*, ohne es als rechtspolitische Erwägung zu instrumentalisieren.

b) (Abstrakte) Definition der Besserstellung

Auf die Besonderheit, dass nicht jeder BIT innerhalb eines Schutzstandard identische oder vergleichbare Elemente enthält, berief sich das *Plama*-Tribunal mit seinem Einwand, die Bestimmung einer Besserstellung sei nicht immer hinreichend klar möglich[766]. Gerade das vom Tribunal herangezogene Beispiel eines Schiedsverfahrens nach ICSID oder UNCITRAL-Regeln offenbart das Dilemma undifferenzierten *cherry pickings*. Zwar stellen beide Verfahrensregeln die schiedsgerichtliche Rechtsdurchsetzung in einem spezifischen Forum zur Verfügung, dennoch sind sie gerade nicht auf ihre Vorteilhaftigkeit vergleichbar, da nicht *per se* festgestellt werden kann, welche Regelung dem Investor besser dient.

aa) Zivilprozessuale Meistbegünstigung

Im deutschen Zivilprozessrecht ist eine ähnliche Konstellation ebenso unter dem Begriff der Meistbegünstigung bekannt[767]. Vereinfacht lässt sich diese so beschreiben, dass im Zweifel die für den Kläger günstigste Situation schlicht die ist, die seinem Begehren am nächsten kommt[768]. Auf den Fall investitionsschutzrechtlicher prozessualer Meistbegünstigung angewandt, wirkt damit die Rechtsschutzklausel am vorteilhaftesten, nach der das angestrebte Schiedsverfahren zulässig ist, da eben die materielle Überprüfung einer Maßnahme das erklärte Ziel des Investors bleibt. Notwendige Bedingung dieser ist die Zulässig-

---

766 *Plama* Par. 208.

767 Neben der vergleichbaren Interessenlage kann auch beim Rückgriff auf dieses System ein am Wettbewerb der Rechtssysteme orientiertes Argument für die Übertragung der Gedanken sprechen. Vgl. erneut *Meessen* Wirtschaftsrecht im Wettbewerb der Systeme, S. 37 ff.

768 *Althammer/Löhnig* NJW 2004, 1567 (1568 f.).

keit des Verfahrens. Günstiger ist damit in der tatsächlichen Situation der zulässige Rechtsschutz.

Ist ein Verfahren jedoch nach beiden Rechtsschutzsystemen zumindest temporär unzulässig, steht der Investor nicht schlechter als ein Drittlandinvestor, wenn ihm der Weg zu internationaler Schiedsgerichtsbarkeit generell eröffnet wurde und dann allein aufgrund konkreter Hindernisse wie z. B. einer *fork-in-the-road-clause* verschlossen blieb. Diese Grenze präkludierte schließlich auch jeden Drittlandinvestor. Siemens konnte z. B. weiterhin das Schiedsverfahren gem. Art. X des argentinisch-deutschen BIT nach Ablauf der weiteren 18-Monats-Frist einleiten. Dieses originäre Recht zu ignorieren und deshalb auf die Übertragung der Grenzen des betroffenen Schutzstandards zu verzichten, bedeutete prozessuale Meistbegünstigung zu einem Garantieinstrument umzuformen. Es kann damit durchaus geschehen, dass sich ein Investor den Weg zu beiden Schiedsverfahren durch die Einhaltung seines eigenen BIT-Regimes zeitweilig verbaut; nichtsdestotrotz bleibt ihm aber weiterhin sein eigener BIT eröffnet, wenn er nach diesem besser steht. Dieses Resultat besteht selbst bei sich gegenseitig neutralisierenden Schutzmechanismen wie *local-remedies-rule* und *fork-in-the-road-clause* fort, da die Befolgung einer der beiden Rechtsschutzklauseln nicht gleichzeitig die andere ausschließt und somit im Ergebnis lediglich eine Wahlmöglichkeit eröffnet. Gerade auch die bisher nicht noch nicht aufgetretene Situation des Wechsels von einer „ausgelösten" *fork-in-the-road-clause* zum Rechtsschutz nach Ablauf bestimmter Rechtsschutzfristen unterstreicht diese technische Alternativität der Meistbegünstigungsoptionen.

bb) Wahlrecht

Mit den nationalrechtlichen Grundsätzen gelingt es, für die meisten Abwägungen in der prozessualen Meistbegünstigung bereits eine abstrakt definierbare Lösung bereitzustellen. Es bleibt damit lediglich zu klären, was gilt, wenn das Klagebegehren nach beiden anwendbaren Rechtsschutzklauseln zulässig ist.

Camuzzi beantwortete die Frage mit einem Vorrang der ausgangsvertraglichen Regelung[769], da man sich so die Prüfung des schwierigeren Meistbegünstigungsarguments der Klägerin ersparte. Dieses Vorgehen wird zumeist mit dem Klägervortrag harmonieren, der regelmäßig die prozessuale Meistbegünstigung in

---

[769] *Camuzzi* Par. 121.

Form eines Hilfsantrages anführt[770]. Solange sich die in den betroffenen Rechtsschutzklauseln gewährten Prüfungsmaßstäbe decken, wovon in *Camuzzi* auszugehen war[771], stellt dieses Vorgehen kein Problem dar. Es wird erst dann zum Problem, wenn die via Meistbegünstigung vermittelte Überprüfung materiell weiter geht als die des Ausgangsvertrages. Dann muss nach der entwickelten Definition auf die weitere Klausel zurückgegriffen werden, um den Investor in der Tat nicht gegenüber einem vergleichbaren Drittstaatler zu benachteiligen und seinem Klagebegehren angemessen Rechnung zu tragen.

Als einziges Problem bleibt damit, dass jede Rechtsschutzklausel einen anderen Überprüfungsmaßstab vorsieht. Dann kann das Schiedsgericht in der Tat nicht feststellen, welche Klausel dem Antrag des Investors besser dient[772]. Zwar könnte ein Vergleich der Ergebnisse beider Klagebegehren mit dem Ziel des Investors Aufschluss geben, dazu müsste das Tribunal allerdings den Schiedsspruch nach beiden Varianten kennen, um die Frage mit Sicherheit zu beantworten. Ein solches Unterfangen ist allerdings weder finanziell noch logistisch sinnvoll, da Schiedsverfahren möglichst effizient ablaufen sollen. Dem Problem kann jedoch durch die Einräumung eines Wahlrechtes, auf welchen Maßstab der Investor sich beruft, begegnet werden.

Die Verantwortlichkeit zur Wahl der vorteilhafteren Lösung darf nur ihm selbst überlassen werden, da er das Verfahren aktiv betreibt. Jedes andere Ergebnis käme einer Entmündigung gleich und würde den Zweck des Individualrechtsschutzes unterlaufen, zumal der Investor selbst die Auswahl des Verfahrensgegenstands in der Hand hat.

c) Würdigung

Zusammenfassend birgt die Bestimmung der Besserstellung weniger Probleme, als *Siemens* und *Plama* vermuten ließen.

Solange diese systemgerecht aus einer Globalbetrachtung des einschlägigen Standards abgeleitet wird, ist eine systemwidrige Übervorteilung nicht zu besorgen. Wird die Methode konsequent angewandt, ermöglicht sie eine Besserstel-

---

770 Vgl. statt vieler *Salini* Par. 72.

771 *Camuzzi* Par. 120 f.

772 So – im Ergebnis jedoch zu weit – auch das *Plama*-Tribunal Par. 208.

lungsdefinition anhand der konkreten Situation, ohne das Schiedsgericht vor große Schwierigkeiten zu stellen. Dem in engen Grenzen möglichen Problem, dass die Günstigkeit in der konkreten Prozesssituation nicht bestimmt werden kann, muss mit einem Wahlrecht des Investors, auf welche der zulässigen Konstruktion er sich schließlich als günstigere beruft, Rechnung getragen werden.

III. Zusammenfassung zu eigenem Konzept

Nachdem die Konzepte prozessualer Meistbegünstigung vor ihren Grundlagen untersucht und gewürdigt wurden, wird nun ein an diesen ausgerichtetes eigenes Konzept für den Investitionsschutz vorgelegt.

1. Prozessuale Meistbegünstigung als investitionsschutzrechtlicher Regelfall

Als Ausgangspunkt ist zu bestimmen, ob prozessuale Meistbegünstigung den Regel- oder Ausnahmefall darstellt und wie den angeführten Bedenken angemessen Rechnung getragen werden kann, ohne diese über zu bewerten oder systemwidrig aufzuladen.

a) Bedeutung des Wortlauts einer Meistbegünstigungsklausel

Der Wortlaut einer Meistbegünstigungsklausel kann nach allgemeinen Begrifflichkeiten offen oder eingeschränkt formuliert sein.

Für dessen Interpretation ist diese Frage jedoch von nachrangiger Bedeutung, solange er nicht eindeutig prozessuale Wirkungen ein- oder ausschließt, wie der bereits zitierte Art. 3 (3) des albanisch-britischen BIT. Fehlt es an dieser Eindeutigkeit (*plain meaning*), ist die Auslegung entsprechend Art. 31 VCT unter Berücksichtigung von Zweck und Systematik vorzunehmen[773]. Diese Situation trifft auf die meisten BITs zu, da nach bisherigem Stand einzig das Vereinigte Königreich eine explizite Regelung des Anwendungsbereiches vornimmt[774]. Der

---

[773] *Dahm/Delbrück/Wolfrum* Völkerrecht I/3 S. 64.

[774] Vgl. die Aufstellung unter E. I. 2. a) aa) (2) Anhaltspunkt in der BIT-Praxis anderer Staaten.

Wortlaut einer Meistbegünstigungsklausel ist damit zwar Ausgangspunkt und vor allem Grenze der Interpretation, nichtsdestotrotz führt seine isolierte Betrachtung nur selten zu klaren Ergebnissen, weshalb die Interpretation unter Berücksichtigung systematischer wie telelogischer Aspekte zu erfolgen hat.

b) Systematik

Die systematische Auslegung einer Meistbegünstigungsklausel wird nach *ejusdem generis* vollzogen. Maßgeblich für ihren Anwendungsbereich ist damit, ob die zu vermittelnde Besserstellung von der Materie des Ausgangsvertrages umfasst und dadurch auch der Meistbegünstigung zugänglich ist [775].

Gerade bei dieser systematischen Auslegung muss auf eine regelungstechnische Besonderheit des BIT-Regimes geachtet werden. Entgegen der grundsätzlich im Völkerrecht vorzufindenden Mediatisierung des Einzelnen durch seinen Heimatstaat, sind neben den Vertragsstaaten auch Investoren selbst Berechtigte der Schutzstandards und befugte Kläger[776]. Die Konstruktion dient dem Zweck, deren Abhängigkeit von diplomatischem Schutz und damit politischem Klima zu verringern[777]. Gerade diese Besonderheit begründet regelmäßig eine systematische Einbeziehung prozessualer Wirkungen in den Anwendungsbereich der Meistbegünstigung, da der Individualrechtsschutz meist einen integralen Bestandteil des BIT darstellt. Anders verhält sich die Situation dann, wenn der meistbegünstigende BIT entgegen dieses allgemeinen Trends keinen oder wie der bulgarisch-zypriotische nur stark eingeschränkten Individualrechtsschutz gewährt.

Eine allgemeine Aussage zur systematischen Auslegung nach *ejusdem generis* kann wegen struktureller Besonderheiten jedes einzelnen BIT folglich zwar nicht getroffen werden; jedoch tendieren jüngere BITs allgemein dazu, den Individualrechtsschutz zu erfassen und damit als vertraglich geregeltes Schutzelement der Meistbegünstigung zugänglich zu machen.

---

775 *Dolzer/Bloch* Hdb WirtR Abschnitt J Rn. 82.

776 *Wegen/Raible* SchiedsVZ 2006, 225 (231 ff.).

777 *Füracker* SchiedsVZ 2006, 236 (238).

c) Zweckorientierte Auslegung

Anders als die Auslegung *ejusdem generis* sind für die teleologische Interpretation keine allgemeinverbindlichen Regeln definiert. Gleichwohl lassen sich auch hier Erwägungen herausstellen, die BITs gemein sind.

Der Zweck bilateraler Investitionsschutzverträge liegt darin, durch die Förderung und Anziehung ausländischer Direktinvestitionen zur Mehrung von Wachstum und damit Wohlstand beizutragen[778]. Diese Zweckbestimmung findet sich deshalb mit unterschiedlichem Wortlaut in jedem BIT als vertragsübergreifendes und regimedefinierendes Wesensmerkmal[779]. Hierzu zielen BITs darauf ab, ein günstiges Investitionsschutzklima zu schaffen, das Investoren motivieren soll. Wesentlicher Bestandteil eines solchen Klimas ist die Sicherung der Investition gegen Risiken wie willkürliche oder andere ungerechtfertigte substanzverletzende Eingriffe des Gaststaates[780]. Allerdings genügen die Schutzstandards alleine diesem Zweck nicht. Um sicherzustellen, dass substantieller Schutz auch gewahrt bleibt, bedarf es eines wirksamen Sanktionsmechanismus. Andernfalls würden die Zusicherungen kaum mehr als den Status bloßer Lippenbekenntnisse erlangen. Sie benötigen somit zur Werthaltigkeit einen prozessualen Unterbau, auf Grund dessen der Investor die Beachtung substantieller Rechte bzw. bei deren Verletzung eine angemessene Entschädigung erstreiten kann. Hier spiegelt sich eine vor allem aus der EMRK bekannte Entwicklung, die als wesentliches Kriterium ihres Erfolgs angesehen wird[781]. Diese Abhängigkeit materieller Schutzstandards und korrespondierender Durchsetzungsmöglichkeit zeigt sich auch im Investitionsschutz, weshalb der Rechtsdurchsetzung des Investors vor unabhängigen Spruchkörpern besondere Bedeutung innerhalb des angestrebten günstigen Investitionsschutzklimas zukommt. Dieses Verhältnis wurde bereits in *Ambatielos* betont[782] und verliert im Investitionsschutz nichts von seiner Relevanz. Es ist daher nur konsequent, mit der individuellen Rechtsdurchsetzung ein wesentliches Element des BIT-Schutzes auch in der Zweckbestimmung zu be-

---

778 *Sornarajah* Foreign Investment S. 50 ff.

779 *Sornarajah* Foreign Investment S. 218 f.

780 *Zampetti/Sauvé* Research S. 220 ff.

781 *Grabenwarther* EMRK § 9 Rn. 1.

782 *Ambatielos* ILR 23, 306 (319).

rücksichtigen. Hierin ist keine Verselbständigung gegenüber dem Parteiwillen[783] sondern dessen konsequente Anwendung zu sehen.

Auch teleologische Aspekte sprechen somit dafür, den Anwendungsbereich der Meistbegünstigung weit zu fassen und auf prozessuale Effekte zu erstrecken, solange dies dem Wortlaut und *ejusdem generis* nicht widerspricht. So wird dem Zweck eines günstigen Investitionsschutzklimas tatsächlich Rechnung getragen.

d) Restriktive Grenzziehung

Als Grenzen prozessualer Meistbegünstigung sind neben eindeutigem Wortlaut, systematischer Definition der Vertragsmaterie und expliziten Ausnahmen auch inhärente Schranken relevant, deren Definition jedoch vorsichtig zu erfolgen hat.

Diese inhärenten Schranken finden ihre Ausgangsbegründung in der Spezialität einer individuell ausgehandelten Regelung gegenüber der undifferenziert gewährten allgemeinen Meistbegünstigung. Diese Spezialität reicht jedoch entgegen dem Ansatz des *Maffezini*-Tribunals alleine nicht aus. Andernfalls könnte jede Meistbegünstigung durch die Berufung auf eine spezielle Vertragsklausel ausgehebelt werden. Das würde, statt Meistbegünstigung einzuschränken, diese vollumfänglich ausschließen. Damit kann eine Berücksichtigung von Spezialität nur dann erfolgen, wenn ein zweites Kriterium hinzutritt. So muss die völlige Entwertung eines Standards zu befürchten sein, um dessen spezielle Schranken in die Meistbegünstigung einzubeziehen. Diese Definition der Ausnahmeregelung sichert vertragliche Schutzstandards gegen vollständige Zersetzung ab und eine umfassende Zersplitterung detaillierter Rechtsschutzklauseln[784] stellt kein konstruktionsbedingtes systematisches Problem prozessualer Meistbegünstigung (mehr) dar.

2. Globalbetrachtung der Privilegien

Einen Beitrag zur Eingrenzung der beschriebenen Zersetzungsgefahr leistet auch die Bestimmung der relevanten Besserstellung über eine globale Betrachtung

---

783 *Plama* Par. 193; *Sinclair* VCT S. 130.

784 *Plama* Par. 209.

des einschlägigen Schutzstandards. Wird die Besserstellung standardspezifisch bestimmt, unterbindet diese Auslegung ein zu Recht kritisiertes *cherry pikking*[785], das in letzter Konsequenz ebenso zu ungerechtfertigter Zerstückelung der einschlägigen Rechtsschutzsysteme führen würde.

Gestattete man dem Investor, sich einzig aus den Vorteilen drittvertraglicher Schutzstandards zu bedienen, ohne an deren Restriktionen gebunden zu sein, wäre schlussendlich die Vereinbarung dieser Grenzen überflüssig und der Ursprungsvertrag verlöre seinen Anwendungsbereich. Bei Beachtung der Globalbetrachtung des jeweiligen Schutzstandards kann diese Wirkung hingegen nicht im befürchteten Extrem der vollständigen Entwertung ganzer Rechtsschutzsysteme auftreten. Gleichzeitig vermeidet die standardspezifische Globalbetrachtung eine systemfremde Besserstellung des meistbegünstigten Investors, die über das tatsächlich von der Meistbegünstigung geleistete Herstellen gleicher Wettbewerbsbedingungen hinausginge.

Die Definition des Vorteils hat daher auf gesamte Standards abzustellen und darf nicht bloß einzelne Elemente herausgreifen. Abstrakt schwer gegeneinander abwägbare Garantien stellen dabei unter tatsächlichen Gesichtspunkten kein Problem dar. Es ist schlicht danach zu differenzieren, nach welchem der berufenen Rechtsschutzsysteme das vom Investor angestrengte Verfahren zulässig ist[786].

3. *Zusammenfassung*

Die Zulässigkeit prozessualer Meistbegünstigung im völkerrechtlichen Investitionsschutz ist auf Grund der regelungstechnischen Besonderheit des BIT-Regimes, für einen Streitschlichtungsmechanismus im Verhältnis Investor-Staat zu sorgen[787], nach *ejusdem generis* regelmäßig gegeben. Das Gleiche ergibt eine teleologische Betrachtung.

Folglich unterliegen prozessuale Meistbegünstigungswirkungen bis auf ihre expliziten Grenzen und Ausnahmen einem weiten Anknüpfungsmoment, das lediglich mittels restriktiv zu handhabender inhärenter Grenzen eingeschränkt

---

785 *Newmark/Poulton* SchiedsVZ 2005, 30 (33).

786 Siehe F. II. 13. a) Vorzunehmende Globalbetrachtung.

787 *Loewenfeld* Economic Law S. 84 f.

wird. Jede weitergehende Einschränkung widerspräche dem Charakter der Meistbegünstigung, die definitionsgemäß stark souveränitätsmindernd und das Vertragsregime lockernd wirkt. Auch auslegungssystematisch lassen sich derartige Einschränkungen weder aus allgemeinen rechtspolitischen Erwägungen noch anhand subsidiärer Interpretationsansätze begründen, da es der anerkannten Auslegung völkerrechtlicher Verträge widerspräche. Auch im Hinblick auf die Gefahr eines ungehinderten *cherry picking* findet sich in der Globalbetrachtung gewährter Standards i. V. m. einer konkreten Günstigkeitsbetrachtung das angemessene Konzept.

IV. Allgemeine Ausblicke

Die speziellen Ergebnisse zu prozessualer Meistbegünstigung im Investitionsschutz sollen als abschließender Ausblick in einen grundsätzlichen Zusammenhang gebracht und in das weitere Wirtschaftsvölkerrecht eingeordnet werden.

1. Notwendigkeit einer Unterscheidung in materielle und prozessuale Wirkungen

Das dargelegte Konzept offenbart keine wesentlichen Unterschiede zwischen prozessualer und materieller Meistbegünstigung, die einen restriktiveren prozessualen Ansatz begründen könnten[788]. Beide unterliegen systematisch – insbesondere durch *ejusdem generis* – wie auch teleologisch[789] dem gleichen Regelungsregime, dessen konkrete Anwendung in beiden Konstellationen zu inhalt-

---

788 Genau in Anbetracht prozessualer Vergünstigungen scheinen investitionsschutzrechtliche Schiedsgerichte allerdings allgemein zu einer eher restriktiven Behandlung der Eröffnung, des vereinfachten Zuganges oder einer Erweiterung des Prüfungsumfanges in den einschlägigen Verfahren zu tendieren. Das Problem illustriert auch die Zurückhaltung in der Anerkennung einer *umbrella clause* deutlich. Vgl. hierzu die *Gaillard* Leading Cases S. 325 (338 ff.) oder auch die grundsätzliche Skepsis des Tribunals in *Noble Ventures* Par. 52:

> „While it is not *permissible, as is* too often done regarding BITs, to interpret clauses exclusively in favour of investors…"

Eine umfassende Darstellung des Problems und der bisher ergangenen Schiedssprüche findet sich bei *Schramke* SchiedsVZ 2006, 2006, 249 ff.

789 Vgl. *MTD* Par. 103 f.

lich überzeugenden Ergebnissen führt. Insbesondere beschworene Auflösungseffekte prozessualer Meistbegünstigung decken sich in dieser inhärenten Gefahr mit akzeptierten materiellen Meistbegünstigungseffekten, ohne für „systemfremde“ Verwerfungen zu sorgen. Gerade *treaty shopping* ist keine Neuerung der prozessualen Meistbegünstigung, sondern bildet auch ihren materiellen Kern.

Diese Erkenntnis korrespondiert neben den technischen und systematischen Gemeinsamkeiten auch mit einer in der Definition prozessualer Meistbegünstigung herausgestellten Ambivalenz desselben Sachverhalts abhängig vom Forum seiner Beurteilung[790]. Der identische Sachverhalt kann je nach verfahrensbedingter Konstellation und Rechtsträgerschaft einmal materiell und ein anderes Mal prozessual ausgestaltet sein[791]. Ein solcher Dualismus nach der rechtssubjektiven Wirkung identischer Ansprüche in unterschiedlichen Situationen existiert speziell unter dem BIT-Regime, das ein und denselben Anspruch meist sowohl für den Investor wie dessen Heimatstaat klagbar macht[792]. Es überzeugt nicht, diese identischen Sachverhalte in ihrer materiellen Ausgestaltung – z. B. mediatisiert durch den Heimatstaat – einem anderen Regime zu unterwerfen als ihre prozessuale Einordnung, was sogar zu unterschiedlichen Ergebnissen bei ein und demselben Sachverhalt führen könnte.

Die Notwendigkeit einer Modifikation des allgemeinen Meistbegünstigungsstandards für Sachverhalte mit prozessualen Bezügen findet folglich keine Stütze und ist bereits dem Grunde nach abzulehnen. Die adäquate Berücksichtigung von bereits aus materieller Meistbegünstigung bekannten Grundsätzen führt zu stimmigen Ergebnissen, so dass keine Notwendigkeit besteht, ein gesondertes restriktiveres System prozessualer Meistbegünstigung aus der Taufe zu heben. Bei Beachtung der bekannten Grundsätze stellt prozessuale Meistbegünstigung den Rechtsanwender vor weniger Probleme, als sich dies ursprünglich vermuten ließ, während subjektiv motivierte Einwände dogmatische Meistbegünstigungsgrundlagen und die mit diesen einhergehende Intention eines notwendigen Souveränitätsverzichts verkennen.

Folglich unterliegt Meistbegünstigung unabhängig vom prozessualen oder materiellen Gegenstand ihrer Anknüpfung einem einheitlichen Regime. Die Notwendigkeit, zwischen zwei unterschiedlichen Aspekten der Meistbegünstigung zu

---

790 B. II. 2. c) ee) Völkerrechtliche Mehrpersonenverhältnisse.

791 D. III. 4. Aussage.

792 *Dolzer/Stevens* BITs S. 122 ff.; 129 ff.

unterscheiden, besteht deshalb nicht und diente in der Anwendung durch die Tribunale einzig dem Zweck, ein Sonderregime inhärenter Grenzziehung einzuführen, das der Meistbegünstigung in seiner Tragweite fremd ist und einer einheitlichen dogmatischen Begründung entbehrt.

2. Weite Auslegung liberalisierender Verträge im Wirtschaftsvölkerrecht

Das dargestellte System (nicht nur) prozessualer Meistbegünstigung im völkerrechtlichen Investitionsschutz deckt sich mit den allgemeinen wirtschaftsvölkerrechtlichen Aussagen zur Interpretation von Meistbegünstigungsklauseln in liberalisierenden Verträgen.

Ungeachtet der Frage, ob weit reichender Investitionsschutz tatsächlich zu einer Wohlstandsmehrung oder aber dem Ausbluten einer Volkswirtschaft führt[793], offenbart das inhaltlich vermittelnde Sonderregime des ECT eine grundsätzlich liberalisierende Intention des Investitionsschutzes nach BITs und NAFTA. Allgemeine investitionsschutzrechtliche Standards werden mit klassischem Schutz des Warenhandelsrechts nach den Regeln des GATT unter der gemeinsamen Zweckbestimmung des Art. 2 ECT[794] gewährleistet. Diese Verbindung beider Regime in einem einheitlichen Vertrag unter einer Zielstellung dokumentiert, dass dem Investitionsschutz rechtstechnisch ebenso ein liberalisierender Charakter eigen ist, wie dies auf das GATT zutrifft. Diese Parallele findet ihre Fortsetzung in der korrespondierend weiten Auslegung der Meistbegünstigungsklauseln nach *ejusdem generis*. Sowohl die welthandelsrechtlichen Verträge GATT und GATS als auch BITs enthalten Meistbegünstigungsklauseln, deren Anwendungsbereich regelmäßig weit auszulegen ist, um dem verfolgten Liberalisierungszweck effektiv zu dienen.

Die systematische Offenheit investitionsschutzrechtlicher Meistbegünstigungsklauseln reiht sich folglich in deren wirtschaftsvölkerrechtliche Auslegung im Kontext liberalisierender Vertragswerke ein und trägt so zu einem einheitlichen begrifflichen wie dogmatischen Verständnis der Meistbegünstigung in diesen liberalisierenden Regimen bei.

---

793 *Sornarajah* Foreign Investment S. 50 ff.

794 Vgl. C. II. 2. b) Energiechartavertrag.

Literatur

Alenfeld, Justus

Die Investitionsförderverträge der Bundesrepublik Deutschland, Frankfurt/Main 1971

Althammer, Christoph/Löhnig, Martin

ZPO-Reform und Meistbegünstigungsgrundsatz, NJW 2004, 1567 ff.

Ambos, Kai

Der Allgemeine Teil des Völkerstrafrechts, Berlin 2002

Aust, Anthony

Modern Treaty Law and Practice, Cambridge 2000

Bhala, Raj/Kennedy, Kevin

World trade law: the GATT-WTO system, regional arrangements and U.S. law, Charlottesville 1998

Bamberger, Craig S.

An Overview of the Energy Charter Treaty; in Wälde, Thomas (Hrsg.) The Energy Charter Treaty - An East-West Gateway for Investment & Trade, London 1996, S. 1 ff.

Banz, Michael

Völkerrechtlicher Eigentumsschutz durch Investitionsschutzabkommen: Insbesondere die Praxis der Bundesrepublik Deutschland seit 1959, Berlin 1988

Basedow, Jürgen

Qualifikation, Vorfrage und Anpassung im Internationalen Zivilverfahrensrecht; in Schlosser, Peter (Hrsg.) Materielles Recht und Prozeßrecht und die Auswirkungen der Unterscheidung im Recht der internationalen Zwangsvollstreckung, Bielefeld 1992, S. 131 ff.

Blumenwitz, Dieter

Treaties on Friendship, Commerce and Navigation; in Bernhardt, Rudolf (Hrsg.) Encyclopedia of Public International Law, Vol. IV, North-Holland 2000, S. 953 ff.

Brownlie, Ian

Principles of Public International Law, 6th Edition, Oxford 2003

Bundesministerium für Wirtschaft und Technologie

Deutscher Mustervertrag 2005 über: die Förderung und den gegenseitigen Schutz von Kapitalanlagen, AdV 2007,276 ff.

Bunte, Hermann-Josef

Kartellrecht mit neuem Vergaberecht, München 2003

Cassese, Antionio

International Law, 2nd Edition, Oxford 2005

Correa, Carlos María

Investment protection in bilateral and free trade agreements, Michigan Journal of Int'l Law 26 (2004), 331 ff.

Dahm, Georg/Delbrück, Jost/Wolfrum, Rüdiger

Völkerrecht Band I/3, 2. Auflage, Berlin 2002

Damrosch, Lori F./Henkin, Louis et al.

International Law, Cases and Materials, 4th Edition, St. Paul 2001

Doehring, Karl

Völkerrecht, 2. Auflage, Heidelberg 2004

Doehring, Karl

Local Remedies, Exhaustion of; in Bernhardt, Rudolf (Hrsg.) Encyclopedia of Public International Law, Vol. III, North-Holland 1997, S. 238 ff.

Dolzer, Rudolf/Bloch, Felix

Der rechtliche Schutz ausländischer Investitionen; Abschnitt J. in: Kronke, Herbert/Melis, Werner/Schnyder, Anton (Hrsg.) Handbuch Internationales Wirtschaftsrecht, Köln 2005, S. 144 ff.

Dolzer, Rudolf

Meistbegünstigungsklauseln in Investitionsschutzverträgen; in: Bröhmer, Jürgen/Bieber, Roland/Calliess, Christian/Langenfeld, Christine/Weber, Stefan/Wolf, Joachim Hrsg. Internationale Gemeinschaft und Menschenrechte – Festschrift für Georg Ress, Köln 2005, S. 47 ff.

Dolzer, Rudolf/Myers, Terry

After *Tecmed*: Most-Favored-Nation-Clauses in Investment Protection Agreements, ICSIDRev. 2004, 49 ff.

Dolzer, Rudolf

Generalklauseln in Investitionsschutzverträgen; in Frowein, Jochen A./Scharioth, Klaus/Winkelmann, Ingo/Wolfrum, Rüdiger (Hrsg.) Verhandeln für den Frieden/Negotiating for Peace – Liber Amicorum Tono Eitel, Berlin 2003, S. 291 ff.

Dolzer, Rudolf

Anglo-Iranian Oil Company Case; in Bernhardt, Rudolf (Hrsg.) Encyclopedia of Public International Law, Vol. I, North-Holland 1992, S. 167 ff.

Dolzer, Rudolf/Stevens, Margrete

Bilateral Investment Treaties, The Hague 1995

Donges, Juergen B./Freytag, Andreas

Allgemeine Wirtschaftspolitik, 2. Auflage, Stuttgart 2004

Dörr, Oliver

Kompendium völkerrechtlicher Rechtsprechung, Tübingen 2004

Ebenroth, Carsten-Thomas

Code of Conduct – Ansätze zur vertraglichen Gestaltung internationaler Investitionen, Konstanz 1987

Ehlers, Dirk (Hrsg.)
Europäische Grundrechte und Grundfreiheiten, 2. Auflage, Berlin 2005

Essig, Holger
Plama v. Bulgaria – Erster ICSID-Schiedsspruch zur Energiecharta, SchiedsVZ 2006, 311 ff.

Fietta, Stephen
Most Favoured Nation Treatment and Dispute Resolution under Bilateral Investment Treaties: A Turning Point?, International Arbitration Law Review 2005, 131 ff.

Füracker, Matthias
Relevance and Structure of Bilateral Investment Treaties – The German Approach, SchiedsVZ 2006, 236 ff.

Gaillard, Emmanuel
Establishing Jurisdiction Through a Most-Favored-Nation-Clause, New York Law Journal (Vol. 233) No. 105, 2. Juni 2005

Gaillard, Emmanuel
Investment Treaty Arbitration and Jurisdiction over Contract Claims – the SGS Cases considered; in Weiler, Todd (Hrsg.) International Investment Law and Arbitration: Leading cases from the ICSID, NAFTA, Bilateral Investment Treaties and Customary International Law, London 2005, S. 325 ff.

Garcia, Carlos G.
All the other Dirty Little Secrets: Investment Treaties, Latin America, and the Necessary Evil of Investor-State Arbitration, Florida Journal of International Law 16 (2204), 301 ff.

Geimer, Reinhold
Internationales Zivilprozeßrecht, 5. Auflage, Köln 2005

Grabenwarter, Christoph
Europäische Menschenrechtskonvention, 2. Auflage, Wien/München 2005

Hambro, Edvard
The Ambatielos Award, AVR 6 (1957), 152 ff.

Happ, Richard
Aktuelle Rechtsprechung der ICSID-Schiedsgerichte, SchiedsVZ 2005, 21 ff.

Happ, Richard/Rubins, Noah
Awards and Decisions of ICSID Tribunals in 2004, GYIL 47 (2004), 878 ff.

Happ, Richard
Awards and Decisions of ICSID Tribunals in 2003, GYIL 46 (2003), 711 ff.

Happ, Richard
Schiedsverfahren zwischen Staaten und Investoren nach Artikel 26 Energiechartavertrag: eine Studie zum Wandel der Streitbeilegung im Investitionsschutzrecht unter den Bedingungen einer globalen Weltwirtschaft, Frankfurt/Main 2000

Herdegen, Matthias
Völkerrecht, 5. Auflage, München 2006

Herdegen, Matthias
Internationales Wirtschaftsrecht, .5 Auflage, München 2005

Hilf, Meinhard/Oeter, Stefan
WTO-Recht - Rechtsordnung des Welthandels, Baden-Baden 2005

Hobe, Stephan/Kimminich, Otto
Einführung in das Völkerrecht, 8. Auflage, Tübingen 2004

Honig, Frederick
Der Schiedsspruch im Ambatielos-Fall vom 6. März 1956, ZaöRV 17 (1956), 133 ff.

Ipsen, Knut
Völkerrecht, 5. Auflage, München 2004

Jaenike, Günther
Meistbegünstigungsklausel; in: Strupp, Karl/Schlochauer, Hans-Jürgen (Hrsg.) Wörterbuch des Völkerrechts Band II, Berlin 1961, S. 497 ff.

Jackson, John H.
World Trade and the Law of GATT, Indianapolis 1969

Jauernig, Othmar
Zivilprozessrecht, 28. Auflage, München 2003

Jauernig, Othmar
Materielles Recht und Prozessrecht; JuS 1971 S. 329 ff.

Jiménez de Aréchaga, Eduardo
International Law in the past third of a century, RdC 159 (1978-I), 1 ff.

Johnson, David H. N.
The Case Concerning Rights of Nationals of the United States of America in Morocco, BYIL 29 (1952), 401 ff.

Karl, Joachim
Das Multilaterale Investitionsabkommen (MAI), RIW 1998, 432 ff.

Karl, Joachim
Aktuelle Probleme des Investitions- und Enteignungsschutzes; in Baur, Jürgen/Hobe, Stephan (Hrsg.) Rechtsprobleme von Auslandsinvestitionen: Konzessionen, Vertragsanpassung, Vergabeverfahren, Baden-Baden 2003, S. 237 ff.

Kösters, Wim
Handelspolitik; in: Klemmer, Paul (Hrsg.) Handbuch Europäische Wirtschaftspolitik, München 1998, S. 799 ff.

Kramer, Stefan

Die Meistbegünstigung, RIW 1989, 473 ff.

Kropholler, Jan

Internationales Privatrecht, 5. Auflage, Tübingen 2004

Krugman, Paul R./Obstfeld, Maurice

Internationale Wirtschaft, Theorie und Politik der Außenwirtschaft, 7. Auflage, München 2006

Kurtz, Jürgen

The Delicate Extension of Most-Favoured-Nation-Treatment to Foreign Investors: Maffezini v. Kingdom of Spain; in Weiler, Todd (Hrsg.) International Investment Law and Arbitration: Leading cases from the ICSID, NAFTA, Bilateral Investment Treaties and Customary International Law, London 2005, S. 523 ff.

Langer, Stefan

Grundlagen einer internationalen Wirtschaftsverfassung, München 1995

Lettl, Tobias

Kartellrecht, München 2005

Lowenfeld, Andreas F.

International Economic Law, Oxford 2002

Lüke, Wolfgang

Zivilprozessrecht –Erkenntnisverfahren Zwangsvollstreckung, 9. Auflage, München 2006

McGhie, Teresa

Bilateral and Multilateral Investment Treaties; in: Bradlow, Daniel D./Escher, Alfred (Hrsg.) Legal Aspects of Foreign Direct Investment, Den Haag 1999, S. 107 ff.

Meessen, Karl Matthias

Völkerrechtliche Grundsätze des internationalen Kartellrechts, Baden-Baden 1975

Meessen, Karl Matthias

Wirtschaftsrecht im Wettbewerb der Systeme, Tübingen 2005.

Mehren, Georg M. von/Salomon, Claudia T./Paroutsas, Aspasia A.

Navigating through Investor-State Arbitration – An Overview of Bilateral Investment Treaty claims, Dispute Resolution Journal 59 (2004), 69 ff.

Mosler, Hermann

Die Erweiterung des Kreises der Völkerrechtssubjekte, ZaöRV 22 (1962), 1 ff.

Nagel, Heinrich/Gottwald, Peter

Internationales Zivilprozeßrecht, 4. Auflage, Münster 1997

Oellers-Frahm, Karin

Die Entscheidung des IGH im Fall LaGrand – ein Markstein in der Rechtsprechung des IGH; in: Marauhn, Thilo (Hrsg.) Die Rechtsstellung des Menschen im Völkerrecht, Tübingen 2003, S. 21 ff

Ohler, Christoph

Der Staatsbankrott, JZ 2005, 590 ff.

Ovey, Clare

The margin of appreciation and Art. 8 of the Convention; Human Rights Law Journal 19 (1998), 10 ff.

Parra, Antonio/ Shihata, Ibrahim

Provisions on the Settlement of Investment Disputes in Modern Investment Laws, Bilateral Investment Treaties and Multilateral Treaties on Investment ICSIDRev. 12 (1997), 287 ff.

Rosenberg, Leo/Schwab, Karl Heinz/ Gottwald, Peter

Zivilprozessrecht, 16. Auflage, München 2004

Sacerdoti, Giorgio

Treaties and Multilateral Instruments on Investment Protection, RdC 1997 (269), S. 251 ff.

Schack, Haimo

Internationales Zivilverfahrensrecht, 3. Auflage, München 2002

Schack, Haimo

Zur Qualifikation des Anspruchs auf Rechnungslegung im internationalen Urheberrecht, IPrax 1991, 347 ff.

Schill, Stephan

From Calvo to CMS: Burying an International Law Legacy – Argentina's Currency Reform in the Face of Investment Protection: The ICSID Case CMS v. Argentina, SchiedsVZ 2005, 285 ff.

Schoch, Magdalene

Klagbarkeit, Prozeßanspruch und Beweis im Licht des internationalen Rechts, Leipzig 1934

Schramke, Hein-Jürgen

Umbrella Clauses in Bilateralen Investitionsschutzabkommen, SchiedsVZ 2006, 249 ff.

Schreuer, Christoph H.

The ICSID-Convention: A Commentary, Cambridge 2001

Schwartmann, Rolf

Private im Wirtschaftvölkerrecht, Tübingen 2005

Seidel, Gerd

Die Völkerrechtsordnung an der Schwelle zum 21. Jahrhundert, AVR 38 (2000), 23 ff.

Semler, Franz-Jörg

Schiedsverfahren im Rahmen von Investitionsschutzabkommen der Bundesrepublik Deutschland, SchiedsVZ 2003, 97 ff.

Senti, Richard

WTO, System und Funktionsweise der Welthandelsordnung, Zürich 2002

Shaw, Malcolm

International Law, 5th Edition, Cambridge 2003

Silagi, Michael

United States Nationals in Morocco Case; in Bernhardt, Rudolf (Hrsg.) Encyclopedia of Public International Law, Vol. IV, North-Holland 2000, S. 1229 f.

Sinclair, Sir Ian

The Vienna Convention on the Law of Treaties, 2nd Edition, Manchester 1984

Soergel, Hans-Theodor/Siebert, Wolfgang (Hrsg.)

Bürgerliches Gesetzbuch mit Einführungsgesetz und Nebengesetzen, 12. Auflage, Stuttgart 1999

Sornarajah, Muthucumaraswamy

The International Law on Foreign Investment, Second Edition, Cambridge 2004

Stein, Thorsten/Buttlar, Christian von

Völkerrecht, 11. Auflage, Köln 2005

Stockmann, Frank

Völkerrechtliche Meistbegünstigungsklausel und Internationales Steuerrecht, IStR 1999, 129 ff.

Stoll, Peter-Tobias/Schorkopf, Frank

WTO-Welthandelsordnung und Welthandelsrecht, Köln 2002

Sutton, Stephen D.

Emilio Augustin Maffezini v. Kingdom of Spain and the ICSID Secretary-General's Screening Power, Arbitration International 21 (2005), 113 ff.

Tellerbaum, Ruth

Who's Afraid of Maffezini? Recent Developments in the Interpretation of Most Favored Nation Clauses, Journal of International Arbitration 22 (2005), 225 ff.

Tietje, Christian

Transnationales Wirtschaftsrecht aus öffentlich-rechtlicher Perspektive, Zeitschrift für Vergleichende Rechtswissenschaft – Archiv für Internationales Wirtschaftsrecht 101 (2002), 404 ff.

Tipke, Klaus/Lang, Joachim

Steuerrecht, 18. Auflage, Köln 2005

Ustor, Endre

Most-Favoured-Nation-Clause; in Bernhardt, Rudolf (Hrsg.) Encyclopedia of Public International Law, Vol. III, XXX 1997, S. 468 ff.

Vattel, Emer de

Le droit de gens ou Principes de la loi naturelle, II. Buch, 1758

Vesel, Scott

Clearing a path through a tangled jurisprudence: Most-Favored-Nation Clauses and Dispute Settlement Provisions in Bilateral Investment Treaties, Yale Journal of International Law 32 (2007), 126 ff.

Vinuesa, Raúl Emilio

Jurisdictional Objections to ICSID Arbitration under Bilateral Investment Treaties; in: Bröhmer, Jürgen/Bieber, Roland/Calliess, Christian/Langenfeld, Christine/Weber, Stefan/Wolf, Joachim Hrsg. Internationale Gemeinschaft und Menschenrechte – Festschrift für Georg Ress, Köln 2005, S. 331 ff.

Vinuesa, Raúl Emilio

Bilateral Investment Treaties and the Settlement of Investment Disputes und ICSID: The Latin American Experience, Law and Business Review of the Americas 8 (2002), 501 ff.

Vitzthum, Wolfgang Graf
Völkerrecht, 3. Auflage, Berlin 2004

Wäldle, Thomas W.
International Investment under the 1994 Energy Charter Treaty: legal, negotiating and policy implications for international investors within Western and Commonwealth of Independet States/Eastern European Countries, Journal of World Trade 1995, 5 ff.

Wäldle, Thomas W.
International Investment under the 1994 Energy Charter Treaty; in Wälde, Thomas (Hrsg.) The Energy Charter Treaty - An East-West Gateway for Investment & Trade, London 1996; S. 51 ff.

Walter, Christian
Subjects of International Law; in: Wolfrum, Rüdiger (Hrsg.) Max Planck Encyclopedia of International Law, Oxford 2007 (im Erscheinen)

Walter, Christian
International law in a process of Constitutionalization; in: de Wet, Erika/Nollkämper, Andre (Hrsg.) Theoretical perspectives on the Divide between International Law and National Law, Oxford 2006 (im Erscheinen)

Wegen, Gerhard/Raible, Martin
Unterschätzt die deutsche Wirtschaft die Wirksamkeit des völkerrechtlichen Investitionsschutzes? SchiedsVZ 2006, 225 ff.

Weiler, Todd
Saving Oscar Chin: Non-Discrimination in International Investment Law; in Weiler, Todd (Hrsg.) International Investment Law and Arbitration: Leading cases from the ICSID, NAFTA, Bilateral Investment Treaties and Customary International Law, London 2005, S. 557 ff.

Weiler, Todd
The Significance of NAFTA Chapter 11 for the Development of International Economic Law; in Weiler, Todd (Hrsg.) NAFTA Investment Law

and Arbitration: Past Issues, Current Practice, Future Prospects, New York 2004, S. 1 ff.

Weiler, Todd

Prohibitions against Discrimination in NAFTA Chapter 11; in Weiler, Todd (Hrsg.) NAFTA Investment Law and Arbitration: Past Issues, Current Practice, Future Prospects, New York 2004, S. 27 ff.

Weiler, Todd

Dodging Bullets: A First Look at the Final Award in Loewen & the Loewen Group v. U.S.A., Journal of World Investment 4 (2003), 659 ff.

Weiss, Friedl

The General Agreement on Trade in Services 1994, Common Market Law Review (CMLRev) 1995, 1177 ff.

Weiß, Wolfgang/Herrman, Christoph

Welthandelsrecht, München 2003

Werle, Gerhard

Völkerstrafrecht, Tübingen 2003

Wühler, Norbert

Ambatielos Case; in Bernhardt, Rudolf (Hrsg.) Encyclopedia of Public International Law, Vol. I, North-Holland 1992, S. 123 ff.

Zampetti, Americo Beviglia/Sauvé, Pierre

International investment; in: Guzman, Andrew T./Sykes, Alan O. (Hrsg.) Research Handbook in International Economic Law, Northampton 2007

Zweigert, Konrad/Kötz, Hein

Einführung in die Rechtsvergleichung, 3. Auflage, Tübingen 1996

Schriftenreihe der August Maria Berges Stiftung für Arbitrales Recht

Herausgegeben von Dr. Hubertus W. Labes

Band 1 August Maria Berges – Ausgewählte Schriften zum Schiedsrecht. Herausgegeben von der August Maria Berges Stiftung für Arbitrales Recht. 1998.

Band 2 Iris Koch: Außergerichtliche Streitbeilegung im japanischen Wirtschaftsverkehr unter besonderer Berücksichtigung der Schiedsgerichtsbarkeit. 2000.

Band 3 Hans-Claudius Scheef: Der einstweilige Rechtsschutz und die Stellung der Schiedsrichter bei dem Abschluß von Schiedsvergleichen nach dem deutschen und englischen Schiedsverfahrensrecht. Eine rechtsvergleichende Untersuchung. 2000.

Band 4 Dominik Lentz: Die internationale Wirtschaftsschiedsgerichtsbarkeit in der Russischen Föderation. Darstellung und Analyse anhand der Praxis des internationalen Handelsschiedsgerichts bei der Handels- und Industriekammer der Russischen Föderation. 2000.

Band 5 Torsten Lörcher: Neue Verfahren der internationalen Streiterledigung in Wirtschaftssachen. Verfahren vor dem Internationalen Seegerichtshof, WTO-Panelverfahren, ICSID-und WIPO-Schiedsverfahren. 2001.

Band 6 Julia Tief: Discovery und Informationspflichten der Parteien in der Internationalen Schiedsgerichtsbarkeit. Ein deutsch-amerikanischer Vergleich. 2000.

Band 7 Richard Happ: Schiedsverfahren zwischen Staaten und Investoren nach Artikel 26 Energiechartavertrag. Eine Studie zum Wandel der Streitbeilegung im Investitionsschutzrecht unter den Bedingungen einer globalen Weltwirtschaft. 2000.

Band 8 Jörn Schämann: Schiedsgerichte unter staatlicher Kontrolle. Das englische Recht und das UNCITRAL-Modellgesetz. 2001.

Band 9 Jana Dominique Jaeger: Die Umsetzung des UNCITRAL-Modellgesetzes über die internationale Handelsschiedsgerichtsbarkeit im Zuge der nationalen Reformen. 2001.

Band 10 Michael Kronenburg: Vollstreckung ausländischer Schiedssprüche in den USA. Die Rechtsprechung US-amerikanischer Gerichte. 2001.

Band 11 Jan-Michael Ahrens: Die subjektive Reichweite internationaler Schiedsvereinbarungen und ihre Erstreckung in der Unternehmensgruppe. 2001.

Band 12 Klaus Peter Berger: Arbitration Interactive. A Case Study for Students and Practitioners. 2002.

Band 13 Daniel Paul Simms: Das Recht der Schiedsgerichtsbarkeit in Irland. 2002.

Band 14 Johann von Pachelbel-Gehag: Das reformierte deutsche und schwedische Schiedsverfahrensrecht. Eine vergleichende Betrachtung unter Berücksichtigung des UNCITRAL-Modellgesetzes über die internationale Handelsschiedsgerichtsbarkeit. 2002.

Band 15 Volker Nienaber: Die Anerkennung und Vollstreckung im Sitzstaat aufgehobener Schiedssprüche. 2002.

Band 16 German Institution of Arbitration (ed.): Financial Capacity of the Parties. A Condition for the Validity of Arbitration Agreements? Based on a Conference organized by the German Institution of Arbitration (DIS) on November 29th 2002 in Berlin. 2004.

Band 17 Frank Martens. Wirkungen der Schiedsvereinbarung und des Schiedsverfahrens auf Dritte. 2005.

Band 18 Claudia Krapfl: Die Dokumentenvorlage im internationalen Schiedsverfahren. Ein deutsch-US-amerikanischer Vergleich. 2007.

Band 19 Michael Christ: Berichtigung, Auslegung und Ergänzung des Schiedsspruchs. Das schiedsgerichtliche Korrekturverfahren nach § 1058 ZPO. 2008.

Band 20 Carsten Schmidt: Prozessuale Meistbegünstigung im völkerrechtlichen Investitionsschutz. 2008.

www.peterlang.de

Claudia Krapfl

Die Dokumentenvorlage im internationalen Schiedsverfahren

Ein deutsch-US-amerikanischer Vergleich

Frankfurt am Main, Berlin, Bern, Bruxelles, New York, Oxford, Wien, 2007.
XX, 392 S.
Schriftenreihe der August Maria Berges Stiftung für Arbitrales Recht.
Herausgegeben von Hubertus W. Labes. Bd. 18
ISBN 978-3-631-55839-3 · geb. € 71.70*

Der Urkundenbeweis ist im internationalen Schiedsverfahren das wichtigste Beweismittel. Gerade beim Urkundenbeweis gibt es zwischen kontinentaleuropäischem und angloamerikanischem Rechtskreis große Unterschiede. Ein Rechtsvergleich zwischen Deutschland und den USA zeigt die Unterschiede, aber auch die Gemeinsamkeiten. In der internationalen Schiedsgerichtsbarkeit hat sich insbesondere zur Dokumentenvorlage ein Kompromiss zwischen den beiden Rechtssystemen herauskristallisiert. Dennoch bleiben viele Einzelfragen offen. Diese Arbeit beschäftigt sich insbesondere damit, wie die internationale Schiedspraxis umgeht mit Vorlagepflichten von Parteien und Dritten im Schiedsverfahren, Vertraulichkeit der vorgelegten Dokumente, Weigerungsrechten und Sanktionsmöglichkeiten bei verweigerter Vorlage.

Aus dem Inhalt: Die Dokumentenvorlage im staatlichen Verfahren und im Schiedsverfahren in Deutschland und den USA · Vorlagepflichten in der internationalen Schiedspraxis · Vertraulichkeit im Schiedsverfahren · Weigerungsrechte im Schiedsverfahren · Sanktionen in der internationalen Schiedspraxis

Printed by
CPI books GmbH, Leck

FSC
www.fsc.org
MIX
Papier | Fördert gute Waldnutzung
FSC® C083411

Kolibri 360 GmbH
Ferdinand-Jühlke-Straße 7
99095 Erfurt, Deutschland
produktsicherheit@kolibri360.de